新时期

出版人改革亲历丛书

XINSHIQI CHUBANREN GAIGE QINLI CONGSHU

顾问　柳斌杰

主编　聂震宁

U0636343

家重点图书出版规划项目

军旗下的出版人

齐学进　著

江西高校出版社
JIANGXI UNIVERSITIES AND COLLEGES PRESS

新时期出版人改革亲历丛书

军旗下的出版人

图书在版编目（CIP）数据

军旗下的出版人 / 齐学进著. —南昌：江西高校出版社，
2019.1

（新时期出版人改革亲历丛书 / 聂震宁主编）

ISBN 978-7-5493-8209-5

Ⅰ.①军… Ⅱ.①齐… Ⅲ.①出版工作—体制改革—
研究—中国 Ⅳ.①G239.2

中国版本图书馆 CIP 数据核字（2018）第 286927 号

出 版 发 行	江西高校出版社
社　　　址	江西省南昌市洪都北大道 96 号
总编室电话	（0791）88504319
销 售 电 话	（0791）88517295
网　　　址	www.juacp.com
印　　　刷	江西千叶彩印有限公司
经　　　销	全国新华书店
开　　　本	700 mm × 1000 mm　1/16
印　　　张	24.25
字　　　数	325 千字
版　　　次	2019 年 1 月第 1 版
印　　　次	2019 年 1 月第 1 次印刷
书　　　号	ISBN 978-7-5493-8209-5
定　　　价	58.00 元

赣版权登字-07-2018-1567

丛书编辑委员会

新时期出版人改革亲历丛书

作者 | 齐学进

1954年生,江苏淮安人,毕业于华西医学院,清华大学和中国人民大学工商管理研究生。曾任人民军医出版社社长兼总编辑,获得"全国百佳出版工作者""全国出版领军人才""中国百名优秀出版企业家""新中国60年百名优秀出版人物""中国出版政府奖先进个人""建设创新型国家杰出人才""全国最具影响力数字出版人物"等多项重大荣誉,享受政府特殊津贴。

留住出版家的改革记忆

——为"新时期出版人改革亲历丛书"序

柳斌杰

在世界四大文明古国中,中国有文字记录的文化得以传承,使中华文明的血脉得以延续,以造纸术和印刷术为支撑的出版业功不可没。从早期口传的神话故事开始,到后来成书的《诗经》、诸子百家学说,历经数代沉淀确定的经典著作"十三经",加上从汉代司马迁编修的《史记》开始,历朝历代从未中断修纂累积的"二十四史",中华民族的文化基因和宏大架构得以基本确立。经最早的龟骨、简牍、缣帛记载,进而到后来的雕版、活字印刷,世界上一个最古老的、最优秀民族的文化就这样保存下来了,世世代代传承并发扬光大。这是中华民族出版业足以彪炳世界史册的伟大功绩。

改革开放以来,我国出版业的发展进入了新的历史机遇期,走上了发展的快车道。出版工作者顺应时代潮流和技术变革大势,不断实现自我革新发展,解放了出版生产力。1979年在长沙召开的全国出版工作座谈会上,确定了地方出版业"立足地方,面向全国"的重大发展决策,打破了原来的"地方化、群众化、通俗化"的条条框框,促进了地方出版业的转型。在1982年召开的全国图书发行体制改革座谈会上,提出了以"一主三多一少"为主要内容的改革,使我国的图书发行业开始摆脱计划经济的束缚,突破了长期以来产销分割、渠道单一、购销形式僵化的局面,促进了出版社由生产型向生产经营型的转变,推动了国有书店由传统的计划经济向社会主义商品经济的转变。1988年,中宣部和新闻出版署提出了"三放一联"的改革目标，从单纯调整产销关系转向改革发行企业内部的管理机制，通过放权承包，建立各种形式的责任制，扭转管理过分集中、统得过死、行政干预过多的现象，搞活国有书店的经营机制；通过放开批发渠道、放开购销形式和发行折扣，引进竞争机制，利用经济杠杆调整产、供、销之间的利益关系，搞活了图书购销；通过推行横向经济联合，促进各种形式的出版发行联合体发展，发挥了促进竞争、优势互补的积极作用，图书发行体制改革进入了一个新的历史阶段。1996 年，新闻出版署颁布了《关于培育和规范图书市场的若干意见》，明确提出了建立全国统一、开放、竞争、有序的图书市场的改革目标。2003 年，党中央、国务院决定启动文化体制改革试点，确定在 9 个地区和 35 个文化单位进行试点，其中新闻出版单位就有 21 家。2005 年 12 月，在认真总结试点经验的基础上，中共中央、国务院下发《关于深化文化体制改革的若干意见》，这是新中国成立以来党中央、国务院第一次就文化体制改革做出的重大决策。《意见》从总体上明确了深化文化体制改革的指导思想、原则要求和目标任务。至 2012 年 9 月，全国有改革任务的 580 家出版社、3000 多家新华书店、4000 多家非时政类报刊社、38 家党报党刊发行单位全部完成改制，组建了一批出版集团，其中 35 家出版传媒集团成功上市。新闻出版系统实现了"局社分开"，新闻出版行政管理部门实现了由办文化向管文化转变，由主要管理直属单位向社会管理转变，由行政管理为主向行政、法规、经济等综合管理转变，宏观管理体制得到进一步完善。我国文化体制改革经过多年的不懈探索和实践，有力地促进了新闻出版生产力的解放和发展。深化改革中的中国出版业如凤凰涅槃，在新的市场机制中焕发出蓬勃生机，呈现出旺盛的生命力。在近年来传统纸媒受到网络、微信等自媒体猛烈冲击而纷纷萎缩的情况下，出版业逆势上扬，融合发展，充满活力。在近期颁布的第十届"全国文化企业 30 强"获奖名单中，出版企业占 60%，总产值超过 65%，继续保持了文化产业主力军的地位。

40年改革开放,40年风雨历程。我国出版业40年改革发展,有力地证明了:世界潮流浩浩荡荡,顺之者昌。五千多年的文明历史,证明中华民族是一个热爱学习、善于总结经验教训、善于借鉴他人长处、善于不断创新的民族。这个品质既是中华民族优秀文化基因的表现,也给出版业提供了市场空间和发展机遇。我们相信,只要抓住机遇,不断深化改革,在创新中求发展,出版业一定会有更加光辉的明天。

由江西高校出版社出版的"新时期出版人改革亲历丛书",是一套多视角、多方位见证、记录出版改革历程,讴歌出版改革成果,总结出版改革经验,推动和深化出版改革的大型丛书。丛书作者都是韬奋出版奖、中国出版政府奖等重要奖项的获得者,都是有影响、有作为的出版发行一线的领军人物,他们既是中国出版改革开放的见证者、记录者,也是中国出版改革开放的亲历者、推动者。他们生逢其时,在职业生涯的黄金时期,赶上了改革开放这趟时代快车,经历了改革的风风雨雨,经受了改革的磨炼洗礼,分享了改革的丰硕成果,实践了自己的职业追求,实现了自己的人生价值。他们有过攻坚克难的艰辛,有过艰苦创业的拼搏,也有过辛勤耕耘的甘甜;他们有过推出精品力作的惊喜,也有过培育出版新人的欣慰。在丛书写作中,他们紧扣新时期出版改革的主题,现身说法,讲述自己亲身经历的出版故事,写出了自己的真情实感,展现了新时期出版人的责任担当、文化情怀和创业精神。这套丛书也成为出版改革的真实记录,成为有保存价值的出版历史史料,成为培养、教育青年出版从业人员的生动教材。他们为纪念出版改革40周年献上一份厚礼,做了一件很有意义的事情。他们是中国出版史上又一批值得尊敬的人。

这套丛书表明,在波澜壮阔的中国改革开放40年中,中国出版人勇于实践、敢于创新,以改革促进发展,以发展推动繁荣,始终走在时代的潮头,为民族文化的传承发展,为中国文化软实力的提升,为中华文明走向世界,做出了应有的贡献。历史将证明：中国的改革开放，出版业一马当先，不仅自觉推进自身深化改革，而且为改革开放营造了良好的社会舆论氛围，提供了强大的精神动力。

党的十九大清晰地描述出中华民族伟大复兴的蓝图和时间表，中华民族进入了一个伟大的新时代，对满足人民群众日益增长的精神文化需求提出了更高要求。习近平总书记在党的十九大报告中指出：文化是一个国家、一个民族的灵魂。文化兴国运兴，文化强民族强。没有高度的文化自信，没有文化的繁荣兴盛，就没有中华民族的伟大复兴。要坚持走中国特色社会主义文化发展道路，激发全民族文化创新创造活力，建设社会主义文化强国。这不仅是强调文化的重要性，也是对新时代文化建设提出的战略目标。

实现中华民族伟大复兴的号角已经吹响，中国出版业作为文化领域重要的组成部分，肩负着做强文化软实力、实现中华民族文化大繁荣、建设社会主义文化强国的重任。回顾40年改革历程，我们为取得的辉煌成绩而自豪；展望新时代的伟大征程，我们为义不容辞的重任而自信。重任在肩，唯有奋斗。我们深知日益富裕的人民群众对高品质文化的渴望，中国人均阅读量和世界发达国家的差距，中国出版业转型升级尚在路上……这正是中国出版业努力作为的方向。我们有幸身处这样一个伟大的时代，当然要投身这样一项伟大的事业，才无愧于出版业的历史使命，做新时代敢担当、负责任、有作为的出版人。

是为序。

2018 年 6 月于北京

（柳斌杰，第十二届全国人大教科文卫委员会主任委员、原新闻出版总署署长、中国出版协会理事长）

自序

我与出版结缘,算是巧合,更是机缘。

1999 年年底,我正好 45 岁,在担任人民军医出版社社长之前,我以先是普通士兵、继是军医、后是机关助理的身份,在铁道兵部队战斗了 13 个年头,参加过成昆、襄渝、青藏铁路的修建。1984 年铁道兵解散后,我被调入昆明军区,除了在驻军 69 医院和军区保健办从事医疗管理和干部保健工作外,我还赶上了中越边境自卫反击作战,在战火中完成了由"和平兵"向真正军人的转变。从战场归来,在昆明军区疗养院副院长和成都军区卫生部助理岗位上工作三年后,因符合当时总后面向全军遴选"懂基层、参过战、文笔好"优秀机关干部的要求,于 1985 年年底正式选调进总后卫生部,先后担任综合计划局助理和两任部长秘书。1996 年开始走上领导干部岗位,先是担任卫生部研究室副主任,继而到医疗管理局和综合计划局任副局长。可以说,45 周岁之前,虽然我的工作岗位一直频繁变动,但我却从未想到会从事出版,更未想到这一干就是 15 年,并让这 15 年成为我人生旅途中最为闪光的一段岁月。

也许是机缘巧合,在 60 岁生日时,我对自己的人生进行回顾,发现正好是 15 年为一转折,大致可分为以下四个阶段:

第一个 15 年,0 到 15 岁。1954 年 3 月出生,记事日始,尽是艰辛。儿时苦难对于一生的影响,或真抵得上一所"大学"。初中伊始,即逢"文革",但不到 15 岁就有幸入伍,上了时人皆慕的军队这所"大学"。小小年纪,有幸得到了那个时代所能给予的一切。用一个字来概括,奇巧得很,就该是一个"齐"字了。

第二个 15 年,15 岁到 30 岁。是打基础的 15 年。从铁道兵的艰苦生活锻炼,到西南边陲自卫反击作战的点火淬炼;从初一的文化功底,到完成了中文本科等 3 个专业的成人自考;从卫生队的一名普通士兵,到迈进华西医学院这一国内著名医科大学的校门。如要用一个字来表达,那只能是一个"学"字了。

第三个 15 年,30 岁到 45 岁。从基层选调到军委总部机关,走上了局级领导岗位。如要用一个字来形容,那就是个"进"字了。

第四个 15 年,45 岁到 60 岁。我有幸在中国出版事业的黄金时期走进了中国的出版行业,在与我的战友们携手推进军医社跨越式发展的同时,也收获了个人在事业上的人生硕果。如用一字以述之,那就是一个"幸"字吧。

学进何等幸运! 我这 60 年,正好和我们国家与民族的伟大振兴同步。不论是幼时的贫寒发奋,还是铁道兵生活的艰辛备尝;不论是战场和震区的生死考验,还是出版战线上的另类拼搏;不论这种经历如何平淡,也不论这种奉献何其微薄,但我毕竟是把自己的生命,汇进了我们这个时代的进击步伐,融入了我们国家和民族的复兴伟业之中,构成了生命中最为激荡的美好时光。

再向后展望 15 年、30 年,为国家,为社会,该出的力,能做的事,都已尽心无愧。彼时也,或放迹山水,或静养颐年;或亲人相陪,或友人做伴,生活祥和,心中光明,用一字相期许,那就是一个"福"字吧。

以上文字,是我在 60 岁生日那天所写的随笔。

今天,距离 60 岁生日已过去了 4 年。这 4 年中,我虽然已经以文职一级、技术三级的待遇(享受大区副职、中将工资待遇)正式从军队退休,但却既未有暇与"友人做伴、放迹山水",也未能如愿与"亲人相陪、静养颐年"。而是应中国医师协会与国家卫生健康委领导相邀,从 2014 年起,担任中国医师协会副会长兼任毕业后医学教育部主任,并任国家毕业后医学教育专家委员会副主任委员兼秘书长、毕教委执行委员会总干事,《中国毕业后医学教育杂志》执行总编辑,负责中国的住院医师规范化培训、专科医师规范化培训、全科医师规范化培训、中医师规范化培训、公共医师规范化培训和援非专科医师培训的日常管理和技术指导工作,开启了一段新的在军医社相比同样紧张、同样繁忙、同样重要且有意义的人生。

值此"十三五"国家重点图书出版规划项目——"新时期出版人改革亲历丛书"出版之际,我谨将此"序言",连同《军旗下的出版人》这本回忆录,敬献给 60 多年来伴我一路走来、给过我无数支持关爱的我的亲人、我的师长、我的领导、我的战友、我的同事、我的同乡和我所有的至爱亲朋。并以此来表达我对你们最真诚的感激和美好祝福!

齐学进

2018 年 6 月 9 日

前言

　　《军旗下的出版人》是人民军医出版社原社长兼总编辑齐学进的出版管理经验之作，真实重现了其带领人民军医出版社以每年30%连续10年的高速增长，使一家只有57名员工、年出版码洋不到3000万元的小型出版社，最终跻身于国内强社名社之列的实践创举，清晰地展现了一家专业出版社的做大做强之路。同时生动诠释了作者开拓事业、追求理想的心路历程，朴素简洁地勾勒出其对企业管理的独到理念、思路和举措，尤其是他在数字出版领域的独辟蹊径与创新开拓，具有鲜明的时代意义与实践借鉴价值。书中既有经营管理的真知灼见，也有立身处世的人生感悟。全文洋溢着忠诚担当、奋发进步、一往无前的人生追求，是一部出版管理的深耕之著，也是一部催人向上的励志之作。作者将其几十年学习进步的成功人生历程娓娓道来，文笔流畅，清新自然，将会使青少年读者、新闻出版从业者、企业管理者们开卷有益。

目　　录

第一辑

上任 90 天，踢开了"头三脚"

如果说我人生的前 45 年，都是在为当社长做积淀、打基础，是人生的春夏，那么当社长这 15 年（当人民军医出版社社长兼总编辑 11 年，当人民军医电子出版社社长 4 年），则是人生的秋天，是收获的季节。我有时甚至这样想，前 45 年的充电与蓄积，仿佛都是为了这后 15 年的放电发光，照亮自己，也照亮同行的人。

2000 年，伴随着 21 世纪到来的隆隆脚步，我的人生也陡然翻开了完全不同的一页。

时间：2000 年 1 月 17 日下午。

地点：北京太平路南口人民军医出版社四楼会议室。

当我和全体军人一起起立、立正，聆听总后卫生部白书忠部长宣布胡锦涛主席于 1999 年 12 月 31 日签发的中央军委关于"任命齐学进为人民军医出版社社长兼总编辑"的命令时，既没有升职前的兴奋激动，也没有履新时的紧张不安。但我知道，从今天起，我将在军医社掌门人的岗位上，挑起这副不轻的担子，踏上一段充满挑战的人生征程。

新时期出版人改革亲历丛书

家有一老是一宝

在宣布命令的大会上,白书忠部长做了一个简短但令我印象深刻的讲话。他说,人民军医出版社是一个具有光荣传统和悠久历史的出版社,经过一代代人的努力,才有了今天的发展。希望人民军医出版社在齐学进为班长的新班子的带领下,在原有的建设基础之上,取得更大的进步,并具体提出了"一年打基础、两年迈开步、三年大发展"的目标。我在会上表了态,表示一定不负部首长重托,不负全社同志期望,团结带领全社同志,承前启后,继往开来,用军医社建设、改革和发展的实际成绩,来回报组织和全社同志。

宣布命令大会结束后,老社长余满松开始向我交班。为了交好这个班,他特地写了交班提纲,并用了整整两个半天才详细交完。通过交班,我才知道军医社虽然编制只有20名军人,但加上返聘老同志等已有57人;除了出版《人民军医》和《解放军医学杂志》外,每年还出版图书近100个品种;1999年年底销售码洋已有3000万元,还有2600多万元的家底。在全国的医学出版界,人民卫生出版社占领全国医药出版的半壁江山,一家独大。在医学科普出版方面,金盾出版社后来居上,一枝独秀。而人民军医则在专业出版方面处在与中国医药科技出版社、中国中医药出版社、科技文献出版社相比肩的位置。以前我在卫生部工作,虽然知道军医社办得不错,但听了老社长的介绍,我对军医社的发展有了更清晰的了解,也对余满松老社长更增添了敬意。因此，在交完班后，我首先征求他本人对下一步工作的安排意见，他提出如有可能愿到图书编辑部工作，并强调服从社支部的统一安排。

交完班后，我考虑有三件急事必须马上就办，一件要事必须周全办好。

三件急事分别为：一是学习贯彻白书忠部长代表部党委所做的指示，二是把老社长的工作安排好，三是明确社领导分工。在与副社长陈琪福、李恩江商量后，当即就召开了新的社务会，就上述三个问题进行研究。我谈了我的考虑意见，第一，要以白书忠部长在宣布命令大会上提出的如何加快军医社的建设和发展步子，实现"一年打基础、两年迈开步、三年大发展"的指示为依据，发动全社员工，进行深入研究和思考。第二，对余满松老社长一定要安排好、照顾好、尊重好。除了建议他继续留在支委领导班子，还提议任命他为社里的顾问，具体工作岗位则尊重他本人的意向，到图书编辑部工作，主要负责受社领导委托的图书的质控把关，以及对年轻编辑的带教。第三，新的社领导成员分工，我负责全面工作并分管社行政、财务和图书编辑部，陈琪福副社长负责出版和发行，李恩江副社长负责期刊出版。

一件要事是，组建成立社党总支委员会这个新的领导班子。虽然按照部队惯例，现有的几位社领导都会成为支委会成员，但一般情况下会选择一位中层干部参加，这位中层干部选择谁比较适合？总支成员如何分工？特别是老社长是否进班子？这些问题需要充分考虑，形成共识，并报部党委审批。在经过反复思考并广泛征求意见的基础上，最终形成了陈琪福副社长、李恩江副社长、杨磊石主编、黄栩兵主编、余满松老社长和我共六人组成的新班子方案。这个方案，我向部首长报告后，得到了支持和认可。2000年2月1日，总后卫生部党委正式下发通知，正式批准了我们军医社新班子的成立。

随后的新班子分工中，我为书记，陈琪福为副书记，李恩江为组织委员，杨磊石为宣传委员，黄栩兵为青年和保卫委员。这个包括老社长在内的六人班子，就是带领军医社实现大发展的火车头。在这个新班子中，我是年龄最小的一个，也是唯一一个没有出版经历和经验的。但好在除了我以外，他们五个人具有丰富的医学专业出版经验。其中，杨磊石和李恩江、黄栩兵分别是医学图书和医学期刊出版方面的行家里手，而陈琪福副社长和余满松老社长则兼备图书和期刊出版方面的全面经验。班子中有这样五位出版专家，使这个班子在出版业务管理方面很在行，从而让我这个外行社长在做出版业务决策时，感到有依靠、有把握、有底气。我和他们几个人共事，大家相互支持、相互配合，取长补短，非常和谐。从一开始，大家对我这个班长就很尊重，也很理解，如果发现我考虑不周全的问题，大家都会当面善意提醒指出，从来没有背后议论搞自由主义。正是由于这个班子的团结好、风气正，在快速推进军医社的各项改革中，才起到了名副其实的战斗堡垒和核心带头作用。

在这里，我还要专门讲一下余满松老社长进班子的问题。记得在酝酿军医社新班子组成时，也有的同志提醒我在老社长要不要进班子的问题上慎重考虑。当然提建议的同志是考虑到我这个新社长来了，肯定会有新思路新想法，也不可避免地会与老社长原来的做法不一致，担心我会与老社长发生分歧甚至冲突，这是出于关心我的好心。我当时就表态，老社长不仅应当进班子，而且必须进班子。道理很简单，老社长在领导军医社这几年的建设发展中，积累了很多宝贵经验，这是一笔极为宝贵的管理财富，我们应该珍惜并让它充分发挥作用。至于会产生不一样的思路和想法没有关系，只要对军医社建设发展有利，老社长必然会支持；反之，如有失妥之处，正好有老社长帮助把关提醒。至于在班子里谁说了算的问题，我说我从不考虑这个问题，因为在班子成员商量问题时，只有对错，没有尊卑，谁说的对，我就听谁的；而且根据我对余满松老社长的多年了解，他从来都是与人为善,对我也只会帮带扶持。我把想法向分管军医社的傅征副部长汇报后,得到他的完全同意。实践证明,把老社长请进新班子,对充分发挥好老社长的作用,提升新班子的决策水平,都起到了极为重要的作用。

除了安排余满松老社长外,军医社前几届班子领导成员,也都全部留在社里继续工作。新闻出版总署桂晓风副署长在了解这一情况后,感慨地说像军医社这样四世同堂的,全国出版界仅此一家。我作为后任,尽心把老社长老领导们安排好,使他们得到尊重和礼遇,工作得愉快顺利,这是责任所系,也是良心所在。

常言道,"家有一老,是一宝"。家是这样,一个单位又何尝不是如此?一个不敬老的家庭,是为不祥;同理,一个不敬老同志的单位,也绝不会有真正的兴旺发达。

再识军医社

军医社作为总后卫生部正式建制的一个正师级单位,应该说我对它的大致情况是有所了解的,一直感觉这是个不错的文化单位,不论是社领导还是编辑,都有一股儒雅之风、学者之气,令人敬重。在工作层面还真的谈不上有更深了解。老社长交班后,为了更快地进入角色,也为了更多地了解情况,我开始密集地找人谈话。先是社领导成员与老同志,然后是中层干部,再然后是每一位在职干部,最后是已退下来但不在社里工作的老同志。通过半个月的谈话,我对军医社的现状和历史,有了一个全新的了解和认识。

军医社是一个历史悠久、人才辈出的出版社。1932年,它诞生在红军时期的红都——江西瑞金。当时的军委总卫生部办了一本油印的小册子,叫作《红色卫生》,这个在今天看起来颇为简陋的出版物,就是《人民军医》杂志的前身。延安时期,为了适应建立抗日统一战线的新形势,被改名为《国防卫生》,刊名是毛泽东主席亲自题字。在这期间,毛主席还先后两次为《国防卫生》亲笔题词,一次写的是"增进军民健康,这个刊物是有益的",一次写的是"反对宗派主义"。后一幅应该是主张中西医相容,不搞门户之争的意思。作为一个出版社,能得到毛泽东主席的三次题词,这在出版界是罕见的殊荣,也反映了开国领袖对军事医学出版的重视。这个时期杂志的内容与质量,都较红军年代有了较大进步。1949年进城以后,杂志又改名为《人民军医》。1953年,经中央军委批准,正式成立了人民军医出版社。所以,军医社是先有杂志社,后有出版社。当然,在没有被批准为出版社之前的 1950 年,也已经开始出版图书。这在当时应该不算违规,或许新闻出版总署的功能还不像今天这样健全,就连人民军医杂志社改为出版社都是由军委而不是由总署审批的。"人民军医"这四个大字,则是朱德总司令于 1950 年亲自题写的,后又于 1954 年再次用简化体题写过一次。陈毅元帅、徐向前元帅、聂荣臻元帅等也都曾为军医社或题社名,或题刊名。江泽民主席于 1994 年 5 月为军医社题词"依靠科学技术,提高健康水平",还有杨尚昆、刘华清、张爱萍等党和国家领导人先后题词。所有这些,都显示出军医社有别于一般出版单位的特殊历史、特殊地位,以及它在国家和军队建设中的特殊作用。

从新中国成立初期一路走来,在我到任之前,军医社已有过 10 位社长。其中,走到军以上职务(含级别)的有 6 人。包括第 1 任社长黄树则,后曾任国家卫生部副部长,也曾任毛泽东主席的保健医生;第 2 任社长鲁敏之,后任军事医学科学院副政委;第 3 任社长刘民英,后任第四军医大学副校长;第 6 任社长高恩显,后任军事医学科学院政治部主任;第 8 任社长李超林,后任总后卫生部副部长;第 10 任社长余满松,为专业技术三级高级专家。曾任第二军医大学校长的卢乃禾,现在分管军医社的总后卫生部傅征副部长也曾在社里当过编辑。另外,副社长粟卓然、罗宁和高恩显社长一起,曾入选中宣部编写的《编辑家列传》,跻身于中国当代编辑家的行列。一个出版社,能够走出近 8 位我党我军的高级干部和 3 位编辑家,这非常罕见。如何在新的形势下续写光荣,既是全社员工对我的要求,也是走访中各位老社长老领导对我这个后来者所寄托的最大期望。

军医社是军队的出版社,它的出版特色也与姓"军"有关。除了每月出版《人民军医》和《解放军医学杂志》这两本月刊外,主要是出版医学图书。从出版结构看,军医社的医学图书专业出版能力比较强,但医学科普和医学教材出版能力比较弱;从选题质量看,虽然历史上曾出版过《手术学全集》《临床技术操作常规》等有影响力的品牌图书,但品种较少,且延伸品种没有跟上;从出版能力看,虽然已形成了加工、校对、排版、出片、美编、印装、物流的完整体系,但专业化水平还不高,出版周期还比较长,出版体量还不大,还难以满足快速、大量、高品质出版的需要;虽然市场总体较好,特别对新书需求旺盛,但退书量近两年明显增多,库存量急剧增大,书均效益和总体效益已开始下降。出版社于 1997 年搬到了一栋有着近 980 平方米的新楼,虽然能满足当时的规模,但已没有更大的发展空间,加之办公楼紧挨马路,运装图书的汽车包括上班的自行车都停放困难。机构设置还不健全,办公室、总编办、质控室等职能机构还未建立,策划、加工、出版编辑都在一个图书编辑部而未形成专业化的细分。内部管理上虽然有一些基本制度,但管理还比较粗放,制度还不够健全,运行机制仍然是以字数奖励为主,工作导向仍是以数量型增长为主。两个期刊为部队的服务属性与图书以市场为导向的竞争属性,造成了社内的两种不同工作标准、考核标准及分配方法上的双轨,并由此带来"划船"与"坐船"之争,影响着对双方的认可和积极性。在职编辑与总后机关在职军人相比,虽然每年有一定数额的奖金,但与地方同类出版社编辑相比,收入落差还比较大,部分编辑也有到地方工作的想法,在我上班的第一天,就有一个中年骨干来向我辞行而转业到地方工作。看来要把军医社推向快速健康的发展轨道,在让它做好为部队服务的同时,又能真正地做大做强,这是一项相当严峻的任务。我这个社长当得好不好,能否继往开来,再续辉煌,不仅事关我个人的进退去留,而且事关能否续写军医社的光荣历史。此时,我开始感到了这副担子沉甸甸的分量。它不仅考验着我的忠诚与勤奋,更考验着我的智慧与勇气。

用拐杖绘出来的发展蓝图

把握军医社的昨天和今天,相对容易;但要把握军医社的明天,绘制好军医社的发展蓝图,就不那么容易了。要不要加快发展? 如何加快发展? 特别是在军医社这种军事出版单位中,如何既面向部队又面向市场? 是稳住规模还是驱动发展? 是做全业务还是做深专业? 是自力更生还是借力发展? 发展的速度多少为宜? 发展的重点和突破口在哪里? 如何培育和形成军医社的核心竞争力? 如何调整机构设置? 如何优化人员安排? 如何让管理手段跟上? 如何引进缺门人才? 如何调整激励机制? 如何形成思想共识? 这些问题,成了我当时集中思考的主要问题。

为了更准确更深刻更全面地认识、把握和解决好这些问题,我一边在社内广泛征求意见,一边到先进社进行走访,以问计于大家,求计于同行。在社内一轮谈话结束后,我就紧锣密鼓地安排了对金盾出版社、国防工业出版社、人民大学出版社、清华大学出版社、化学工业出版社的走访。这几个出版社大都是抓住改革开放的机会,利用十年左右的黄金发展期快速崛起于业内的。其中,金盾社刘新民社长带我参观他们社印数超过 100 万册的系列农家图书,还介绍他们服务"三农"的经验;国防工业出版社张又栋社长介绍他们分配改革的经验;人大出版社王社长和清华出版社李社长介绍成板块推出精品图书及走进去的经验,这些都给我留下了深刻印象。特别是化工出版社俸培宗社长介绍他们调动全员积极性和快速拓展新出版领域的经验,给了我很多启迪和借鉴。而这些社长,后来也都成了我很好的朋友。

就在我白天晚上都为寻觅军医社的发展之计而奔波和思考时,一天,我无意当中发现科技出版委员会周谊主任在第12届全国科技出版社社长总编辑年会上的讲话摘要,虽然记不清原文了,但仍然对主要意思印象很深,那就是做好新世纪、新形势下的科技出版工作,必须要深化改革,加强创新,抓住机遇,加快发展。要抓住"十五"规划起步的难得机遇,把本单位的现状、目标、战略研究透,制定好。周谊主任的这番讲话,对我启示非常大。是啊,我来当社长的时机,不仅是新世纪起步,更是"十五"起步,这对我来说是一个多好、多难得的机遇啊!当时,我感到眼前一亮,一个新社长切入工作的抓手找到了!也许是心中过于高兴的缘故,当天傍晚在下办公楼台阶时,不小心因踩空而摔了一跤,导致右足踝部严重受伤,当即被送到301医院急诊,拍片诊断是右足踝外侧副韧带撕裂,医生当即给我打了石膏,并告诉我一定要固定休息3个月,才能防止日后踝关节松动失稳而导致终身残疾。

在这个节骨眼上要休息3个月,我当时内心的焦急可想而知。但转念一想,事已至此,不如就利用卧床养伤之机,把社里的发展思路好好梳理清楚,同时把社里的"十五"建设发展规划也一并起草出来。这样,岂不是一举三得?就这样,我躺在床上,开始了对军医社发展蓝图和"十五"建设发展规划的思考、梳理与起草。

经过深入思考,我觉得,尽管军医社的发展面临很多问题,但党和国家正在全力推进以经济建设为中心、包括文化建设在内的科学发展,广大人民群众对健康知识的需求随着生活改善而不断增长,军队正在推进的国防建设中的军民融合式发展,为军医社的发展提供了难得的外部机遇和良好的大环境。而军医社经过几十年的建设积累,已在行业内树立了良好口碑和形象,已建成了一支风气较正、业务较熟、作风较硬的编辑出版队伍,已积累了较为丰厚的家底,具备了快速发展的基本条件。只要把战略蓝图规划好,推动军医社走上快速发展的轨道,实现白书忠部长提出的"三年大发展"的目标是完全有可能实现的。

在考虑制定发展规划时,遇到的核心问题就是两个,即要不要发展和怎么发展的问题。当然,怎么发展的层面上又有两个问题,即战略目标、战略步骤如何确定? 以什么样的措施来保证战略目标实现? 在战略措施这个层面上,又要把思路调整、结构调整、机构调整、人力调整、分配调整等一系列问题解决好,才能为发展提供方向、布局、团队、人才和动力保障。

当把上述这些问题都反复思考并理清以后,军医社的发展蓝图已经了然于胸。当时我的考虑是,在战略目标和战略步骤上,从第二年起,每年要实现 20% 的年均增长,到 2005 年实现翻一番的目标,即达到 6000 万元;再经过五年的努力,实现 1 个亿的销售额,进入亿元医学出版大社的行列。为了实现这一目标,在出版总体思路和布局上,要由原来单一的医学专业出版,调整为以医学专业出版为主体,以医学科普和医学教材出版为两翼,以军事医学出版为后盾的出版格局。为了保证战略目标和总体思路的实现,必须对现有的出版机构、人员先做调整,然后跟进分配机制的调整。

之所以与战略调整同步,对图书出版部门的机构设置进行调整,主要是当时的图书编辑部力量太过薄弱,根本无法适应新的发展战略所要求的快速发展的需要。担负着全社市场开拓主力的图书编辑部,当时只有 4 个人,即杨磊石主编带着姚磊、张建平、靳春桥三位编辑,号称"一个主编三个兵"。如不抓紧调整加强,这个瓶颈势必严重制约整个军医社的起飞。因此,我在制订全社发展战略时,就准备对图书编辑部做点"大手术"。具体考虑是,把现有的图书编辑部一分为四:以现有的一位主编和三位编辑为骨干,组建三个图书编辑室。另外,把当时编在图书编辑部的负责出版、美编的人员分流出来，分别成立出版中心和美编室。

在对图书编辑部机构和人员大幅度调整的同时，我还考虑新成立一个社办公室。记得我报到的那天，总后卫生部办公室通知要去领取打扫卫生的拖把扫帚，因为找不到人，还是余老社长亲自去卫生部办公室扛回来的。当时，我既为老社长的身先士卒而感动，也感到社里如果没有个办公室，大量的行政事务实在不方便。正好总后卫生部机关调整到我们社的胡仲清助理员，是一个从野战部队基层成长起来、参过战、能力强、精明强干的机关干部。他是个很理想、很难得的人选，让他来牵头，最合适不过。

在家里养伤的一周内，我对社里的发展思路、机构设置、人员调整这三个方面，已有了一个比较清晰的通盘思考。腹稿打好后，我又用两个半天时间，将它以《人民军医出版社"十五"建设与发展规划》的形式写了出来。修改后，我还比较满意。下一步，应该要和支委一班人商量，以取得共识和支持。而且此事必须趁热打铁，越快越好，因为全社人员中有的在等待，有的在观望，如要等到伤好三个月后，势必对社里的工作和人心稳定都将带来很大影响。想到这里，我再也躺不住了，马上打电话和 301 医院骨科联系，借了一副拐杖。当我架着双拐，一个一个台阶从一楼蹦到三楼我的办公室时，身上出了一身汗。也许是各位社领导看到我这个样子不容易，在他们交换意见时，竟是出奇顺利。也就从这天开始，我开始了两个多月架着拐杖上班的难忘经历。因为我家住在五楼，我在军医社的办公室在三楼，每天都要架着拐杖，一级一级台阶地上上下下，全部重量就只能靠左膝关节来独力承担（据专家介绍，这种单膝负重量是体重的 7~8 倍）。时间一长，我的左腿膝关节开始疼痛，去 301 医院检查诊断为左膝关节半月板损伤，需要做手术。考虑到右踝关节还未好，石膏还未取，最后一直等到右踝关节痊愈后的 2003 年春天，才又到 301 医院骨科做了左膝关节半月板手术。当时，为我开车的车队队长宋成宝同志不忍心看着我每天架着拐杖，上下楼这么痛苦,就开始每天背着我上下楼。那几年我的体重是 93 公斤,而宋成宝队长也是近 50 岁的人了,每天他把我从五楼到三楼背上背下,也是气喘吁吁,满头大汗,实在让我于心不忍。十多年过去了,每每念及此事,心中总是感动不已。

就这样,靠着拐杖和一班人的理解,终于完成了对《人民军医出版社"十五"建设与发展规划》的制订,军医社跨入新世纪的发展蓝图终于绘就。它或许不完美,但它确实饱含着自己的全部心血和辛劳,也充满了自己对军医社发展的美好憧憬。当然,这也是新社长交给军医社全体员工的一份作业,是否合格,它要接受军医社全体员工的评判,接受实践和历史的检验。

建立在"自行车"上的奋斗目标

我是当兵的,我深知目标的重要,它是一个单位、一个团队进击的方向,也是凝聚人心、激励士气的根本。

在谋划全社"十五"建设发展规划时,我反复考虑过军医社今后五年的发展指标,可以有低、中、高三个选择,即 5%、10%、20%。对于 5%,大家普遍认可接受,但我觉得这种发展太慢;10%,做工作后大家能勉强接受,但十年才能翻番,仍觉步子太慢;20%,当时绝大部分人难以接受,但却是我最希望的。

记得在和各位总支委员交换意见后,我把我起草的《人民军医出版社"十五"建设与发展规划》下发给全社中层以上领导和老领导征求意见时,不少同志纷纷找我反映:有位年轻编辑说,军医社现在家当不少,存款不少,即使一分钱不赚,就是靠现有的存款和利息,也够我们这几十人发奖金了,小日子很滋润,没有必要搞得这么辛苦,冒这么大风险。一位中年骨干对我讲,军医社是个老社,如同一辆开了多年的汽车,如果油门踩得太急、太快,这辆车不仅快不起来,还有可能散架。一位老社长则语重心长地对我说,以他多年来从事出版工作的经验看,一个医学专业出版社,能保持年均 5%的增长速度,已算是很不错的了;如果领导有方,人人尽力,最多能达到 10%的增速,且不能年年保持;你现在提要年均达到 20%的增速,实在是太高了,一旦完成不了,你这个新社长会很被动。为此,他建议我将此调为 6%~

媒体对"自行车理论"的重点报道

8%为宜，以留有余地。

方方面面的意见，归结起来就是三条，那就是要不要发展，能不能发展，以什么样的速度发展的问题。我觉得，不从思想上进行交流，在认识上达成共识，这个发展蓝图是很难为大家接受和认可的，也就很难变成大家为之自觉奋斗的共同纲领和行动指南。为此，我在社里先后组织了社领导与中层干部座谈会，还分门别类地组织了老同志座谈会、策划编辑座谈会，让大家充分地敞开思想，发表意见。在此基础上，我结合正在组织学习的"三个代表"重要思想和部首长的要求，认清发展是顺应时代大潮，落实上级要求。用"快则稳、慢则晃、停则倒"的自行车理论，来统一大家对发展速度的认识，强化落后就遭淘汰的危机感，认清安于现状、墨守成规的危害；用中外中小企业特别是出版社创业成功的实例，并结合军医社骨干力量较强、而骨干们需要事业发展平台、我们能够把这个平台与团队建成的实际，来统一大家对需要快速发展、能够快速发展的认识，认清不发展、没有发展的平台留不住骨干，军医社的现状也难于维持的危险；有计划、有目的地带领社领导和中层骨干，多次到西单和王府井图书大厦，认清出版社市场地位下降带来的可悲后果，到现场感受军医社图书出版上的现实差距和图书市场的强烈竞争压力；到人大、清华、华工、金盾等成功实现快速发展的出版社参观时，则有意地尽可能让全社中层领导都前往参加，通过学习他们快速做强做大的成功做法，增强快速发展的信心和勇气。

通过上述学习、调研、讨论(也包括激烈的争论),全社领导层和骨干层统一了认识:在当前军医社正面临有利于发展的内外环境下,我们应当抓住机遇,快速发展;否则,不仅当前仅有的市场份额维持不了,已有的甚至可能会失去。军医社骨干不稳、品牌不硬、效益不高、后劲不足等一系列问题,也只能依靠发展来解决。发展的速度,在可能的情况下,应该力争高一点、快一点、稳一点。而快和稳,又应该统一在一个正确的节点上。这个点,确如"自行车理论"所揭示的规律那样,太快则险,太慢则晃。就军医社来讲,实现每年增长 20%的目标,力争五年翻番,实现出版、销售码洋双过亿,从而实现由全国医学出版小社向中等社的跨越,是一个较为科学而合理的发展速度,是一个跳一跳就能够得着的奋斗目标,也是一个能起到鼓劲加油、凝聚人心、激励士气的行动纲领。认识统一了,目标确立了,如同在军医社竖立起了一面高高飘扬的旗帜,一下子激起了军医人的精气神。这也是军医社发展史上的一次思想解放活动,当做大做强军医社成为全社上下的共同追求时,它所焕发出来的力量,是什么也阻挡不了的。

此刻的军医社,就好像一艘航船,就要拨转船头,驶离平静的港湾,驶上高速行进的航线,开始它五彩缤纷的寻梦航程。

组建队伍上战场

确定战略目标以后，关键就是如何组织一支能攻善战的队伍，向着既定的目标冲锋陷阵，攻城略地。

当时，军医社面向市场的主要战场是医学图书。而图书竞争的一线部队是图书编辑部和发行部。考虑到军医社的策划编辑只有杨磊石主编和姚磊、张建平、靳春桥三位编辑，这样一个主编三个兵的队伍，要想在烽火四起的医学专业市场上独领风骚，有所作为，这支队伍显然势单力薄，难有作为。因此，抓紧力量组织一支能打仗的图书编辑团队，就成为当务之急。

考虑到对医学策划编辑的综合素质要求太高，既要懂医，又要有出版工作经验，还要有人际交往能力，因此仅靠自我培养周期太长，远水解不了近渴，只能走引进与重组相结合的路子。好在现在的主编和两位老编辑，都是有着多年医学图书编辑出版丰富经验的老编辑，完全具备带队伍的能力与水平，关键是给他们搭建平台，让他们尽快走上领军岗位，配上部属并带领部属赶快干起来。

对于如何尽快打造一支结构合理、实力强健的图书编辑队伍，当时我考虑从三个方面着手。首先，是以现有的杨磊石主编和姚磊、张建平几个骨干编辑为基础，成立三个图书编辑室，由他们分别担任主任，先把机构的架子搭起来。当时和事后也曾有人问过我，为什么成立三个，而不是两个也不是四个编辑室。主要是当时能够带兵打仗的将才，社里除了陈琪福副社长和黄栩兵主编外,只有他们三位的能力、经验和综合素质,才能担此重任。杨磊石在总后卫生部医疗局和卫勤研究室先后当过助理员和研究员,有丰富的机关工作经验和各方人脉,并且他已担任图书编辑部主编多年,兼任主任显然不成问题;姚磊从大学一毕业就担任图书编辑,已经参与完成了不少重要图书的出版,并已取得了不少有影响力的成果,当时他年纪也已近40,需要抓紧搭个平台和梯子,为他更好地锻炼成长创造条件,这不论是对他本人的发展,还是为社里培养储备重要骨干,都是非常重要的;张建平虽然比姚磊小几岁,但在图书策划方面也很有经验,且正值年富力强,独当一面也没有问题。正因为有了这样三位将才,所以组织三支队伍,成立三个图书编辑室,是水到渠成、顺理成章的。

有了将,还得有兵,光杆司令打不了仗。为此,从社内《人民军医》杂志抽调了曾星编辑,从《解放军医学杂志》编辑部抽调了张怡泓编辑,加上图书编辑部原有的新编辑靳春桥,配置到三个图书编辑室作为骨干力量。在确定选调曾星编辑和张怡泓编辑到图书编辑室的过程中,不论是他们本人,还是分管《解放军医学杂志》的李恩江副社长和《人民军医》杂志的黄栩兵主编,都给予了高度理解和支持。说实话,当时如果没有他们的理解和配合,机构调整要这么快地顺利开展,是不可能的。再就是尽快从社外选调条件合适的优秀编辑,充实到三个编辑室中。但到社外选人,当时在网上和在《新闻出版报》刊登了招聘编辑的启事,却迟迟不见效果。正当我为此事发愁时,两个意外的机会帮了我的忙。

其一是2000年上半年的一天,我受邀参加空军的航空医学研究所举行建所10周年纪念活动时,发现有一个叫郭伟疆的年轻空军军官,在会场上接待客人,安排座位,帮助照相,显得非常勤快;待人彬彬有礼,热情周到;谈吐条理清晰,不卑不亢。经向所领导了解,他是第四军医大学本科临床专业毕业的。我感到,这正是我要找的策划编辑人才。午餐时,我就找他征求意见,谈了希望调他到人民军医出版社工作的打算,他当即表态同意。回社后,马上报告,并获得批准,很快就把郭伟疆调到了军医社。在以后的几年中,郭伟疆同志不负众望,很快脱颖而出。先是担任社里的第一策划中心主任,后担任发行部主任,成为社里的一名重要骨干。

其二是部里政协室主动征求我们的意见,说河南省军区有一位叫丁金玉的医学硕士,各方面条件都不错,建议调到我社任编辑。当时我正在为找编辑发愁,有这么一个医学硕士能来正是时候,所以社里很快将丁金玉和郭伟疆一起,直接调了过来。

通过这样紧锣密鼓的选人进人,图书编辑部很快从原来的一个主编三个兵,一下了建起了三个能独立作战的编辑团队,形成了规模虽小但却具有强大发展后劲的图书编辑成长平台,使得图书编辑部中策划编辑这支面向市场的先头部队,有了明显增强。2000年3月1日,在我报到后的第42天,新的三个图书编辑室正式成立了,各编辑室成员如下:

第一编辑室　主任:杨磊石(兼)

　　　　　　编辑:曾　星　郭伟疆　丁金玉

第二编辑室　主任:姚　磊

　　　　　　编辑:靳春桥

第三编辑室　主任:张建平

　　　　　　编辑:张怡泓

4月11日,召开编辑部大会,宣布了三个编辑室的分工:

第一编辑室:负责内科、妇科、儿科、眼科、传染科;

第二编辑室:负责外科、皮肤科、口腔与耳鼻喉科;

第三编辑室:负责医技科、药学、中医、军事医学、教辅、护理。

在这之后,又先后从《解放军医学杂志》编辑部调进了医学外语编辑杨化兵,从北大引进了心理学博士秦速励,这使得图书编辑部的力量、图书的对外引进与输出以及心理学方向的组稿，得到了进一步加强。

在筹划成立三个图书编辑室的同时，为把好图书质量控制关，经余满松老社长和李晨老社长同意，决定同步成立图书质控室。李晨老社长是余满松老社长的前任，是一位编辑与英文造诣都很深、在国内科技出版界颇有影响的资深编审。由他们两人组成的质控室，起到了图书质量总把关、编辑业务总指导、年轻编辑总顾问的重要作用。

2000 年 4 月中旬，发行部孙家嵘主任因年龄到点而退休，我从军事医学图书馆调进了该馆政治部张卫民干事，到军医社接任发行部主任。他到任后，对发行工作进行了多方面的改革，使发行部工作很快出现了崭新的局面。

与此同时，为解决美编力量分散导致封面和版式设计周期太长的问题，我把图书编辑部和《人民军医》杂志编辑部，进行职能打通，实现任务互助，使得美编忙闲不均的问题得到了较好解决。

经过上述调整，面向市场一线的图书编辑部、发行部面貌焕然一新；支撑图书一线质量的质控部门也开始快速运转；美编力量也在整合中增强了实力。所有这些，都为向图书市场进击，给予了有力的支撑。

此刻的军医社，正如临战前的部队，厉兵秣马，整装待发。

奔跑后的踏步

俗话说，新官上任三把火。

一个单位换了个主官，实际上是换了一个脑袋，换上一种新思路。你的一言一行，大家都在关注。一般来说，一个主官，到位 3 个月左右，对这个单位的建设发展，应该会有一个总体思考。当然，它或者清晰，或者模糊；或者卓见，或者庸识；或者萧规曹随，或者另辟蹊径。不管怎样，它都将清晰地反映出一个主官的追求与价值观，因而具有深刻而稳定的方向性、引领性。

而我，不想把上任前 3 个月的动作称作"三把火"，因为再大的火，再温暖，也是转瞬即逝，而火会伤人，留下的后遗症久治难愈。

我愿意把我走马上任 3 个月内的思考与改变，称之为"头三脚"，因为这是我带领军医社踏上快速发展之路的第一次起步。当然，这个起步，要像部队的"正步走"一样，"头三脚"一定要踢得漂亮、洒脱、有气势。当然，它也代表着我的追求、我的价值观，并代表着军医社未来的方向。

第一脚，是报到后的第 15 天，即 2000 年 2 月 1 日，新的支委会领导班子成立，从此，军医社开始在这个新的火车头的带领下全速前行。

第二脚，是报到后的第 45 天，即 2000 年 3 月 1 日，全社新成立 3 个图书编辑室、质量控制室、社办公室和以我为组长的选题领导小组（统一负责全社的选题审核与报批），图书出版全部按这个新架构运转。

第三脚，是报到后的第 90 天，即 2000 年 4 月 12 日，凝聚全社希望的发展蓝图——《人民军医出版社"十五"建设与发展规划》正式经社支委会讨论通过,并经部首长批准,正式开始下发全社施行。

上任 90 天,从建一个好班子、筹划一个好战略、建一支好队伍入手,办成了这三件大事。实践证明,这三件大事,确实是事关军医社当前和长远发展的战略性、全局性、基础性工程,它们对军医社建设和发展的影响,远远超出了当时的预料。正是因为建了一个好班子,军医社的建设与发展才有了坚强有力的大脑和司令部,从而带领军医社在大发展的征程上迅速奔跑;正是因为有了一个好战略,军医社开始迈上了高速发展的轨道,从而创造连续十年的高速发展奇迹;正是因为有了一个以市场为导向的具有坚强战斗力和成长活力的先头部队——图书编辑部,军医社的医学图书出版才得以摆脱平面化的出版格局,开始向着深度专业化出版大步推进,并引领出版水平的节节攀升。

与这三大动作相配套的,是同步推进了对原有制度的重新修订及对缺门制度的制定;组织单本书成本核算,为下一步的分配改革提供依据;筹划组织"千万图书下基层",等等。

在这种高频率、高节奏的工作推进中,不少同志反映跟不上,吃不消。我也开始认识到"前三脚"步子太大,变化太快,加之有些工作的意义还不被大家所了解和认识,放慢脚步,统一思想,凝集共识,从而使全社上下每一个同志都能跟上队伍,而不至于掉队落伍。为此,我提出了利用 3~5 天时间来做统一思想的工作。当时,我给这个活动起了个名字,叫作"踏步"活动。"踏步",这是我借助部队"队列条令"的一个术语。当过兵包括参加过军训的都知道,"踏步"的主要功用就是调整步伐和整齐队伍。当前面的人行进得太快了,后面的人跟不上队,步伐就会凌乱,这时,为了统一步伐,也是为等等后面的同志,指挥员就要发出"踏步"的口令,两脚在原地上下移动。虽然队伍不再前进,但通过踏步,重新把步伐调整一致,则是为了更好地继续前进。

为此,我于4月10日和4月11日两个半天,特地召开了"征策恳谈会",请来全社的老同志和主要骨干,逐个征求意见,并针对部分同志存在的怕变、怕苦、怕跟不上趟等疑惑和担心,反复进行说服;主要是通过阐明赢家通吃的理论:书架的图书,不是你把别人挤下来,就是别人把你挤下来,不可能让你的图书四平八稳地永远摆在那里,来破除稳稳当当保现状的思想;确立需求本身就是在不断变化的思想,来说明我们只能以变应变,以快变胜慢变,才能适应瞬息万变的市场,来消除部分同志怕变怕快的思想;用"舒舒服服干不好出版、平平庸庸创不了一流、人生难得几回搏"的道理,来激励大家的拼搏精神与竞争斗志;特别是用我社面临着难得的发展机遇,人生价值只有在实现全社大发展中来实现,来增强大家的事业心和使命感。通过这样真诚的交流互动,全社同志都能自觉地把投身大发展、实现大发展,不仅看成是个人的责任所在、机遇所在,也当成个人的价值所在,事业所在,从而使全社的发展蓝图,变成每个人的共同追求。而我在军医社所踢出的"头三脚",也成为大家的共同行动。

古人说:"二人同心,其利断金。"真正心齐的团队,将无敌于天下。

从这次"踏步"的实践中,我再次体会到这一点。

战斗的班子兄弟的情

短短三个月，开局顺，步子大，势头好。虽然有多种原因，但班子团结和成员对我的真诚支持是关键。

在新的总支成立的第一次会议上，我讲了一个"马拉车"理论，意思就是几匹马拉车，即使不是千里马，只要齐心协力，朝着一个方向，也一定能把单位建设这驾马车拉起来；相反，即使都是千里马，如果你东我西，马车只能在原地踏步，甚至把马车拉散。因此，我们一定要抓住把军医社做强做大这个方向不动摇，齐心协力，拉着军医社这辆马车奔上快车道。在以后的多个部门和场合，我还多次讲到这个论点，希望大家重视团结，协力齐心，共同奋斗。

2000年6月16日下午，为了对上半年工作进行总结回顾，同时也是为了更好地听取大家的意见，我主持召开了支部的民主生活会，并于事前提前通知大家认真准备。会上，大家对我的工作给予充分肯定的同时，也给予了真诚鼓励、提醒和帮助。大家的发言，使我既深受鼓舞，又深为感动，为自己能和这样一些胸怀广阔、坦诚相处的战友们共事而庆幸。下面，我把当时几位支部成员的发言抄录如下：

余满松老社长：我从社长岗位退下来，早有思想准备，无拐不过弯来的问题。社领导对我很尊重，心情很愉快，没有不适应之处。半年来，改革的动作很大，轰轰烈烈，力度大，步子快，全社精神状态好，主要业务工作完成得不错，各方面都显现上升势头。一是支部成员尤其是支部核心成员的思想、工作、言行等在全社起到了模范作用，支部发挥出了战斗堡垒作用，员工也感到没法偷懒了。二是全社的向心力、凝聚力得到加强。人员调动、任务改变、机构调整、制度建设，都进展得很顺利。以前多年酝酿却未能做成的事，都很好地做起来了。三是思想稳定，工作积极性高。各项要求得到有效贯彻，支部能组织得起来、发动得起来，体现了支部的战斗力。四是半年调整为军医社今后的发展奠定了非常好的基础。可以预见，下半年或者明年会有明显效果。总的来看，上半年的形势很好，非常喜人。建议：在抓紧业务工作的同时，要进一步加强思想工作。作为老社长，我发自内心地全力支持新社长工作。

陈琪福副社长：上半年，支部一班人团结，互相支持，工作是得力的。虽然齐社长来社仅半年，但不论是抓"十五"规划、制度建设、机构调整，还是抓为部队服务，都有一种废寝忘食的工作精神，所做决策都是有利于出版社当前和长远发展的。工作思路调整、机构调整后，大家积极性都起来了。班长这个头带得不错。作为副书记，由于我前段时间未能参与外语考试，下一步会全力赶上。

李恩江副社长：我要先说个感觉，说参加这个会——支部民主生活会的感觉，大家畅所欲言，推心置腹，情感真诚，从一个侧面反映了我们支部的凝聚力、战斗力。我在这个环境中，心情很愉快，很顺畅。我也为自己在这个单位工作，感到幸运；而我又作为这个单位的一个领导，更感幸运。我们这个集体是很好的集体，很融洽，很宽松，很和谐。还有一个感觉，上半年在配合新社长工作中，感觉他胆魄很大。齐社长抓的思路调整、人员调整、机

与余满松老社长(右一)及领导班子合影

构调整,是和整个国家的整体改革思路相联系的。不像我们过去抓的调整改革,仅局限于本社、本部门,而没有和全国的发展相联系。这种调整,和国家的大走势很合拍。也许眼前效果不明显,但从长远看,肯定是好的。比如在人才引进上,北大的博士下周一就要来,突破了多年来受编制限制而引进不了高素质人才的瓶颈,体现了开阔的思路。尽管做起来有不少麻烦,但长远效益会很好。虽然我本人在副社长岗位上已工作了几年,但习惯于原有思维,新社长来后,感到跟不上,但从心底里是支持的。今后,要紧跟不掉队。

黄栩兵主编:齐社长来后虽然才5个月,但做了几件根本性的工作,一是人员调整上,成立了3个编辑室,1个质控室,1个办公室,都是我们过去一直想做而未能做成的工作。这几个机构成立后,都形成了各自的阵地,对实现社里的总体目标很有利。二是利益调整上,已开展着手,并有一个很好的思路。对此,我和班子每个成员一样,都是支持、配合的。我对新社长的态度,一是支持班子,二是把住口子。支持班子,就是支持新社长的工作;把住口子,就是对自己分管的《人民军医》杂志,认真负责地做好,为社长分担,让齐社长有更多的精力和时间去考虑全社的改革。建议:在推进发展时,要注意把握好各方面的协调发展。同时要减少会议。

杨磊石主编:我同意以上同志的看法。齐社长来后,支部工作和全社工作有了很大起色,他对社里的建设考虑很多,并做了大量的调查研究。从组织机构上,人员上,推出了大的举措。他确实在干事业,一心想把事业搞上去。我和两位副社长、主编一样,对新社长的工作都是全力支持的。只是我在图书工作上,仍习惯于过去的做法,有些方面一下子还转不过来。但有一条,组织上坚决服从。在商量问题时,我会把问题提出来。我相信,按目前的思路做下去,到明年会有成效,到后年会有较大的发展。希望社长也不能太性急。建议:在强调效益的同时,对质量建设也要同步抓紧。

虽然这么多年过去了,但在军医社的改革起步时,从老社长到每一位成员,从军医社发展大局出发,对我这个新社长所表现出来的宽容、理解和支持,以及在十年如一日的改革与发展实践中,他们每一位成员所给予的实实在在的帮助、支持与贡献,都始终在温暖着、感动着我,同时也在激励、鞭策着我:不负班子里各位战友的真情,为了军医社这个共同的家,为了军医社发展这个共同的梦,而尽到自己最大的努力。真的,有了这么好的携手并进的战友,有了这样一个团结奋进的班子,还有什么样的困难不能克服,什么样的追求不能实现呢?

18年后的今天,当我再重温这些发言,仍然再一次被深深地感动。今天,我如实地记录下这些,就是为了永远铭记战友真情,铭记战友们为军医社发展所做的无私贡献。

军医社有了这样的火车头,还有什么能阻挡它一往无前的脚步呢?

打一套"组合拳",强筋壮骨

踢开了"头三脚",明确了军医社的发展主攻方向,组织了一支能朝着这个方向冲锋的部队,也有了一个能够带领部队冲锋的指挥部,但要赢得战斗,这还远远不够。

有了方向,还必须修好道路,建好路标;有了部队,还必须去掉包袱,添足动力;有了指挥部,不仅要指挥,还要组织好增援部队,跟上后勤保障。只有这样,才能确保一线部队敢打仗、能打仗、打胜仗。

在出版社中,这道路,就是流程;这路标,就是制度;这包袱,就是缺乏专业分工;这动力,就是激励机制;增援部队,就是加工、校对、美编、出版等二线部门;而后勤保障,则是人事、财务、行政等后方支持服务与保障;军医社要姓"军",职能要高标准履行到位,市场与战场这双轨要并行不悖;引凤要筑巢,必须要把办公楼建漂亮;改革成效最终体现在把握产品与质量上,体现在市场与部队的认可上,真正在市场和部队有影响、有地位。

为此,我在踢开"头三脚"的基础上,又紧跟着打了一套由 10 个方面构成的"组合拳"。那就是推进出版流程、运行模式、分配机制、期刊运行等四项改革,抓好人才、制度、网络出版平台和新办公楼四项建设,强化对外和对内两项任务(对外指为部队服务,对内指各二线部门为出版发行等一线服务)。

我期待,这套"组合拳",能让军医社这个几十年的老社强筋壮骨,在快速发展的道路上,像年轻人一样,飞奔!

用一张卡片，打通出版流程

一本图书，从选题、组稿开始，到最终形成成品出版，前后经过从策划编辑、加工编辑、校对编辑，到美编、版式、照排、出片、印装、入库，要经过包括社领导、主编、编辑室主任、质控室主任、出版部主任等各级领导，包括三审三校在内的 30 多个环节。任何一个环节的疏忽和延误，都将给出版质量和出版效率带来影响。要确保本本图书都是合格产品，前提是图书生产过程中要做到环环合格。而这么多环节，如仅靠各级领导来监管，很难把工作做深做细；而书出来以后才抽查，即仅靠终末质量监控，问题又很难得到及时发现和纠正。虽然军医社每年出书不到 100 种，出版总量较少，都以单本书的形式由各位责任编辑自主管理，包括该本书的各环节流转、把控、督促，都是责任编辑一人掌控，整个流程还停留在小作坊的阶段。在这种情况下，如果编辑的责任心较强，对各个环节督促比较认真，书的质量和周期或许能得到保证。如果编辑责任心不强，或工作太忙，则书的出版就会非常迟缓，有的图书出版周期竟达到一年半左右。导致新书出来后内容就已过时陈旧，严重影响市场竞争与销售。加之对众多环节缺少监督，为了赶进度、图省事，加工和审读成了走过场，不仅质量难以保证，且一旦出了问题，也难以进行责任追究和惩罚。而质量监控和责任追究的整体缺失，则导致质量和效率只能建立在依靠员工的责任心和职业精神的基础之上。在这种情况下，负责任且水平高的老编辑（审）手中稿件积压如山，严重超负荷运转，导致工作布局严重失衡。

为了解决这个问题,当时我找了几家兄弟出版社,想找一个参考的样本,但当时各个出版社都还没有推出此项流程管理。我只好找负责出版部工作的徐英祥主任,请他设法设计一张图书编辑出版流程卡。徐英祥主任虽然是总参工程兵的一位副师长,退休后于 1996 年前改行到我社做出版兼绘图工作,但他作为哈军工大的高才生,头脑敏捷,思路清晰,很快就掌握了出版流程等相关业务,并担负起了相当于总编办主任的工作担子。我对他说了我的意图后,他很快就拿出了样稿。经过几轮修改后,正式决定把这个流程卡作为随书稿流转的一个工作文书。其要点是,根据每个岗位的加工制作任务量和每本书的内容、字数与出版制作的难度,对每本书在每个环节上的时间进度和质量要求,由专人在图书流程卡上予以明确规定。各环节则按照图书流程卡上规定的时间进度,来确定加工制作的先后与急缓次序,以确保该书在各个生产流程环节中保质按时地完成。为确保诸环节真正负起各自责任,我们规定了上环节对下环节负责、下环节对上环节实施质控的要求,即在图书生产流程各环节中,下一环节对上一环节交下来的书稿,对照进度、质量指标要求,对上环节的工作进行评价,并把这种评价记载于图书流程卡,最后由社里根据图书流程卡对出版制作环节的每一个人、每一本书和每一天的工作效率和质量进行精确、量化、科学的跟踪与评价,努力使奖惩真正建立在公开、公平、及时、量化的基础之上,较好地实现了奖快罚慢、奖多罚少、奖优罚劣的目的。从形式上看是利用图书流程卡这种手段,实际上是利用制度和机制这只看不见的手,使抓质量、抓效率、抓效益的要求,在每一个人、每一本书、每一个出版环节中,都能得到实实在在的落实。

这个流程卡在正式实行后,把每个工作环节都及时、严格纳入了管理程序,在实践中很快起到了督促各环节编校人员负起责任、过细把关、防止延误、加快书稿周转的作用，有效地减少了书稿梗阻和编校环节空转情况的发生。做到了人人都在管理中，人人又都接受别人的管理。从而在军医社的历史上，第一次铺设出了出版运转的正式通道。尽管它还不是高速公路，但毕竟在没有路的地方，开辟出了这样一条通道，在科技出版界探索出了在书稿流转中环节质量控制模式，较好地解决了书稿运转无序的一大难题。

立一套章法，让工作循轨运行

军医社是个老社，在长期建设中形成了一些基本制度，但由于时间较长，多数制度已显过时陈旧，急需更新，也还有不少急待新建补充。否则，大量的工作都靠随机运转，或靠领导临时调度，必然使工作出现无序和忙乱现象。为了解决这个问题，我从管理制度、工作制度和会议制度三方面入手，进行了建设和理顺。

在管理制度方面，我请办公室胡仲清主任牵头，会同两个期刊编辑部、图书编辑部、出版部、财务室，分门别类地对原有行政管理、选题与发稿管理、质量管理、印装管理、书库管理、财务管理等六个大类制度，进行了系统清理，修订和新制订了 46 个制度，于 2000 年 6 月 19 日下发执行。这些制度，包括了出版社工作的各个部门、各个环节。这一套基本制度使得全社工作都建立在有章可循、循章办事的基础之上，同时也为有章必循、违章必纠提供了管理基础和依据。当然，这些制度，不少随着出版社建设和发展的需要，在后来又陆续进行了多次修改。比如《图书流程卡管理制度》和《图书编辑部分配制度》，自 2000 年下半年推出后，在以后的岁月中，就曾经历过六轮大的修改，直到 2007 年以后才比较成熟定型。当然，这每一轮新的修改，都是为了解决实践中遇到的新问题新矛盾，是对原有制度的不断补充和完善。这些基本制度，整整运行了十多年。对军医社的长期持续快速发展，起到了基础性的支撑作用。其中，于 2001 年 1 月对出版合同进行修改确立的字数稿酬和版税稿酬二选一的方式,目的是从根本上建立出版社与作者双赢的机制,打破过去作者把书稿按字数卖给出版社而销售却与作者无关的状况,拉着作者与出版社一起闯市场;而合同中明确规定作者在军医社出版的图书,其电子书、网络图书、数字图书的传播权都归人民军医出版社,这为军医社后期的数字出版奠定了最为关键的内容根基。直到 2010 年学习科学发展观中,才又一次对全社制度进行了整体梳理和重新修订,并形成了由 100 多项制度和流程组成的更为完整的军医社的制度体系。

当然,制度建立重要,但制度的严格执行更为关键。落实制度,关键看领导。领导带头,坚持在制度面前人人平等,不搞特殊;不讲人情,不搞"下不为例";一视同仁,不搞"法外施恩",制度才能硬起来。记得在 2000 年的 9 月下旬,全社下发《出版质量事故差错处罚规定》,不久,即发生了三本书的质量事故与差错,而这三本书,除了涉及相关美编、版式制作人员外,担任该书的策划编辑和加工编辑,分别是社里的一位副社长、两位主编和三位室主任。考虑到这次严重差错,分别给予了每人 1800 元的处罚。一下子处罚了三位社领导,同时也反映了我这个主官对质量问题重视不够,抓得不狠,因此,我觉得自己也负有不可推脱的领导责任,故主动提出自我处罚。这样的一起处分通报公布后,不仅受处罚的几位社领导不再有想法,而且对大家的震动也很大。从那以后,质量问题不管是谁,只要一经查实,就按规定处罚,包括经济处罚和通报(到新办公楼后还在社里一层大厅的大屏幕上进行公布),从无一人有过不满或提过意见。社里当时规定迟到罚款 5 元,但我有两次因故迟到,社办公室负责考勤的行政秘书都把我的名字悄悄删掉了,我发现后把名字加上并坚持接受了扣罚。从此,再也没有出现员工因迟到扣罚而闹意见的事。

在工作制度方面,先后建立了各部门月报制度,并要求与上一年同期对照,是增长还是下降,并说明原因;编辑部与市场部人员每月深入书店调研制度,以便及时了解本版图书上架及销售情况,掌握竞争对手的动态,听取读者及书店反映和建议,并带回来进行梳理改进。后来,又和开卷公司进行战略合作,由开卷公司每月对全国医学图书市场和各主要卖场及各类专业图书、各专业出版社的主要产品,按我社要求提供月报,供全社策划编辑和发行人员更准确全面地了解医学图书市场最新情况,从而为及时调整对策和策略提供了重要依据。此外,还建立了每年七一党的生日与党员谈心制度,由社领导分头找全体党员进行一次有质量的谈心,了解想法,理顺情绪,帮助解决困难。

在会议制度方面,建立了每周周会、每半月一次社办公会、每月一次选题领导小组会、每季一次质量领导小组会议、每季一次总支会议、每年八一建军节召开老同志座谈会。后来,又建立了每周一新书介绍会制度,由图书策划编辑向发行部和市场部介绍每周出版的新书,从而有针对性地做好发行和市场营销。

随着这些制度的建立健全,全社各项工作很快走上了按章办事、有条不紊、忙而有序的工作轨道,不仅大大提高了工作效率,减少了随机性运转与忙乱,而且逐步养成了全社上下按制度办事、按流程办事、按职责办事、按能级办事的良好习惯,为后续的快速发展,从制度层面上提供了支撑与保障。

创一种模式，叫作文策分流

2000 年的军医社，和当时的各个出版社一样，分为编辑部、制作部（有的叫印制部）、发行部三大板块。而每位编辑都是既做选题策划，又做文字加工。自己的书自己加工，大家也都习以为常。沿袭成俗，便成惯例。这时发生的四件事，使我下决心对这一约定俗成的体例动"大手术"。

第一件事，发生在 2000 年 9 月 4 日，余满松老社长参加总政宣传部组织的全军优秀图书评选，他负责全军几家医学类出版社的送选审读图书。在抽检军医社入选的 4 本送选图书时，他发现这 4 本书的差错率都超过万分之三十（国家规定是万分之一），是所有出版社中差错率最高的。第二件事是，2000 年 11 月底，一名校对员扛着一箱书稿来找我反映，这箱书稿，应该是策划编辑加工后再交她校对，而这箱书稿，策划编辑连作者邮寄稿子的纸箱都未打开，就直接将箱子连稿子一起交给了校对员。这样未经编辑加工的稿子，质量能有什么保证？第三件事是，2000 年 12 初，我对加工稿件进行抽查时，发现有一本近 80 万字的大书，从头到尾翻下来，该书的策划编辑只改了一个标点，但实际上这个稿子有不少问题未能得到发现和纠正。尽管这样，这个编辑仍领取了两万多元的加工费。当我找这两位编辑了解情况时，第一位编辑说，太忙，整天忙于外出组稿，实在没有时间坐下改稿子；第二个编辑则说，作者原稿水平高、质量好，就没有细改，当然主要是太忙。第四件事是，我接到来自一位江苏徐州市郊区农民的来信，反映他出于发家致富的考虑,七拼八凑,买了一头已怀胎的母牛,为了喂养好,他专门买了一本军医社出版的如何喂养母牛的书,并按照书上介绍的方法,在母牛临产前,给母牛加喂麦麸,结果母牛连同未出生的小牛一起不明不白地死掉了。经过请教专家,发现是因为军医社的书中,将麦麸的用量每次0.7公斤误写成了每次7公斤,用量是正常用量的整整10倍,从而导致了母牛和小牛死亡,并要求赔偿7000元。接信后,我立即查找了有关书稿存根,发现读者反映的问题属实,而图书流程卡记录表明,该书的加工编辑是《人民军医》杂志编辑部的一位编辑。他是《人民军医》杂志编辑部的骨干,工作一向很细心,很负责任,但是由于在做杂志编辑工作之余,还承担大量图书编辑的文字加工任务,长期超负荷运转,导致了这次书稿加工上的事故与差错。在接到读者投诉后,虽然加工编辑毫不含糊,爽快地按照读者的要求,一分不少地给读者邮去了7000元赔偿款,使这次事件得以顺利平息。但这件事还是引起了我的高度重视和反思,我想,如果这本书不是一本兽医书,事故不是发生在牛而是发生在人身上,那后果该是何等严重。我社出版的图书,绝大部分都是医学图书,而这些图书,大量涉及药物名称及剂量,药名错一个字,就可能变成另外一个完全不同的药品,剂量多一个或少一个小数点,用量就会增加10倍或减少10倍。如果病人按照写错的药或剂量来服用,那引起的后果将是多么可怕。如果军医社的图书质量长期停留在这样一个低水平,又如何来打造军医社的品牌? 如何树立军医版图书的形象? 又通过什么来赢得市场和读者? 没有质量支撑的快速发展,又怎能有价值及保持长久? 特别是在军医社快速发展、出书数量直线增长的情况下,如果在质量上不把住,“萝卜快了不洗泥”,那后果真是不堪设想。显然,对人命关天的医学图书,必须采取比其他图书更加严格的质量保障措施,全力以赴,把质量提上去,事关根本,刻不容缓。

　　分析造成加工质量不合格的原因,是当时军医社没有一支高水平的专业编辑加工队伍。多年来，军医社的图书，主要依靠策划编辑自我加工、期刊编辑帮助加工、社领导等有加工能力的相关人员协助加工。在前几年出书量不到 100 种的情况下，这种零散式的加工尚可应付，但当三个图书编辑室成立起来后，书稿量开始直线增长，这种方式已远远难以适应。当策划编辑年出书量都普遍已达到 30 ~ 60 个品种时，市场调研、选题策划、组稿及跟流程的任务都已相当繁重，如果让他们每年再承担数百万字的书稿加工任务，只会导致他们在加工上甚至在选题上忙乱对付，最终带来选题与加工质量的双重降低。期刊编辑也一样，如果加工任务过重，也必然影响他们的期刊主业，并同时影响到书稿加工质量。为了解决这个问题，我决心采取"文策分离"的新模式，即把现有的图书编辑部一分为二，分别组建专门组稿的策划编辑部和专门负责文字加工的加工编辑部。一方面，把加工任务从策划编辑身上剥离下来，取消他们每人每月的人均加工指标，以确保策划编辑都能集中精力做好选题组稿工作；另一方面，不适合、不喜欢、不擅长做策划的编辑，改行做专门的加工编辑。从而使各人扬长避短，排除干扰，集中精力，做好策划和加工。

令我始料不及的是，这个决定正式出台征求意见时，竟引发了一场轩然大波，绝大部分策划编辑都希望仍然身兼二任，不同意"文策分离"。原因是随着加工任务的剥离，减少了每月在加工书稿方面的收入。这个原因，实际上也是大部分出版社走不开"文策分离"步子的真正原因。通过会上会下反复做工作，不仅和大家讲清集中精力做好选题、打造精品的责任，而且重点讲清这样做对军医社发展、对个人成长的好处，讲清精力分散以致加工和策划都做不好的危害，同时还加大了对重大选题、精品图书、获奖图书的奖励力度，让每一位策划编辑都认识到，只要把选题做好、图书做好，不仅可以，而且完全能得到比身兼二任时更高的收入，从而使策划编辑提高了集中精力做好选题的自觉性。通过反复做工作，一场差点夭折的改革才终于在非议和纷争中蹒跚前行,最终上路了。

实践证明,"文策分离"这种模式,不仅仅是对编辑工作模式的调整,它对于打造精品、提升质量、锻炼队伍、成长人才,都起到了极为重大的作用,而且它对于后续的策划编辑专业化学科细分,打下了极为重要的基础。在采取"文策分离"这种模式后,上述质量问题很快得到了有效控制,也再没有出现过严重的出版事故与重大差错。在2002年、2003年、2004年总政组织的年度图书质量大检查中,军医社每次的质量合格率都达到100%。在2003年年底组织的大检查中,还发生过一件趣事,当时带队检查的组长是位叫杨麟慧的老同志,他是一位老出版,新中国成立前就担任华北印装厂的厂长,他来之前就听检查组的成员讲,军医社的图书已连续获得100%合格,他说:"我不相信,没有100%合格的,肯定是你们工作不细,或者是军医社在迎检中做了手脚。这次检查,事前不通知,而且到军医社的库房随机抽查。"但当他带领检查组在库房中现场抽查了十多本图书后,终于承认军医社的图书质量确实是过硬的。在总结会上,他说:"军医社的书经得起查,翻一遍是这样,翻两遍还是这样。说军医社的书100%合格,真实,可靠,可信!"在以后的近十年里,中国出版政府奖、"国家图书奖""中华优秀出版物奖""'三个一百'原阶图书出版工程"等国家级精品图书评奖中,军医社的图书也开始大步跻身其中,其获奖数量也一直名列国内各医学出版社前列。"文策分离"在提升质量、提升专业化出版能力、提升编辑水平和能力等方面起到的作用,已被军医社的出版实践一再反复证实。从一定意义上讲,没有"文策分离"这种模式作为早期铺垫和质量支撑,就没有后续的一系列深度改革,也就没有军医社持续十多年的高速发展。

军医社从2001年开始实行"文策分离"模式,至今已13年。作为国内出版界首先吃螃蟹的一家,在当时遭到不少出版同行的非议,认为"编辑不改稿,就不再是编辑了"。但这种模式在实践中显示了它在提升质量和效率方面的巨大作用,以至于到后来,原先持非议的同行和所在单位,也陆续开始实行这种模式。

理论是灰色的,实践之树常青。实践再一次让我深深体会到,如果我们固守一些所谓的传统"惯例""常理",各项改革就无法迈开步子。真正有作为的人,一定是实事求是、不循陈规、敢闯新路的人。

办一所"出版黄埔军校"，建设过硬队伍

如果说流程改造是图书出版的高速路，"文策分离"是铺就双轨的话，那么没有一支出版部队，这趟高速列车还是开不起来。

首先是加工编辑队伍的建设问题。在"文策分离"中，原想可能有一批人会因做策划编辑市场压力太大而主动选择做加工编辑，出人意料的是，尽管绝大部分策划编辑只是对不让兼做加工编辑有意见，但在选择岗位时，却没有一个人愿意放弃策划编辑而只做加工编辑。"文策分流"后，规定策划编辑已不再加工书稿，导致大量书稿一下子处于无人加工状态，就像现今的一幢幢毛坯房没有装修一样，加工编辑缺失一下子成了燃眉之急。而在社会上医学编辑人才奇缺的情况下，只能靠走自我培养的路子。于是，我和几位社领导商量，决定紧急招聘一批有医学背景、文字水平较好的人来做加工编辑。我找余满松、李晨两位老社长商量，请他俩帮助编一套医学编辑指导教材，并担任加工编辑培训班的主讲老师。同时，请办公室胡仲清主任把一直空闲着的五楼大会议室进行简单装修，作为教室使用。

准备工作开始后，首先碰到的难题是招人困难。由于医学加工编辑必须具有正规医学教育的背景，而这类人员大都从事临床一线医教研工作，很少有愿意从事编辑加工的，光从网上招聘，应聘者很少。为了解决这个难题，我和胡仲清、曾星、周晓州等同志商量，决定印好招聘广告，到医务人员比较集中的总后医学高等学校、301医院、军事医学科学院和空军总医院、

海军总医院等单位张贴。其中，广告效果最好的是张贴到每个单位的食堂门前，排队就餐时都可以看到。当时，有的单位不让贴，周晓州他们就利用中午或晚上没有人的时候去贴，有的刚贴上就被撕掉，他们发现了就悄悄地再去补贴。当时，有的单位领导打电话找我核实此事，经过解释说明，他们也开始理解并支持我们，有的单位干部科还主动向我们推荐他们刚退下来的老同志。通过这种办法，很快招到了50位素质较高、本人愿意从事加工编辑的人员。

教材经过余满松和李晨两位老社长的精心编写，已形成一套内容齐全、体例完整、非常实用的医学编辑实用教程。五楼的大会议室经过简单装修，特别是挂上我社美编、著名书法家吴善茂写的大幅书法——毛泽东《沁园春·雪》的诗词，摆上新买的桌椅后，可坐上百人的会议室兼教室焕然一新。

当学员、教员、教材、教室等条件都具备后，一个由军医社自行筹办的医学编辑"黄埔军校"，终于在2001年2月10日上午正式开学了。当天参加学习的学员共有50名。想到为办好这个培训班，两位老社长加班加点编写讲义的辛苦，胡仲清、周晓州等人为招收学员费尽心血曲折奔波的艰辛，想到我们将建成一所自己的"出版黄埔军校"，我觉得应该为这个班筹办一场隆重热烈的开学典礼。为此，我找总后卫生部傅征副部长做了专门汇报，并请他出席开学典礼。正式开学的那天，傅征副部长特地过来祝贺，并为大家做了一个非常有鼓动力、也充满感情的讲话，使大家深受教育和鼓舞。开学典礼后，由余满松和李晨两位老社长分别上了开学的头两节课。40多天的系统培训和实际工作带教后，我们特地为每位学员办了结业证书。这个培训班的顺利开办，为军医社的发展提供了急需紧缺的编辑人才资源的支撑。一些当年参加过培训的学员如黄建松、马莉、郭威、于哲、王三荣、周文英及王峰等人，后来都成为重要的骨干力量。

从那以后，军医社的编辑培训班，在周晓州编辑2003年初调任加工编辑部主任以后,就逐步形成常态化的工作,一年一期(特殊情况下一年两期),每期都在 40~50 人。到 2010 年,已开办了近 10 期。依靠这个培训班,解决了编辑人才补充和提高的一大难题。军医社当时在社工作的编辑,除了少数由外社引进的编辑以外,其他编辑绝大部分都是在这个"黄埔学校"中成长起来的。为了做好这项工作,余满松老社长和周晓洲主任付出了巨大的心血和辛劳,也为军医社的发展做出了重要贡献。

靠一种机制，储足发展动力

机制，特别是分配机制，是一个单位的原动力，它用无形之手，体现、强化和实现着工作导向。

就军医社来讲，当时的体量太小，发展是首位矛盾，所以前几年编辑岗位的收入只和出书种数和字数挂钩，而不和效益挂钩，导致出书效益好坏一个样，只是本头越来越大；还有一些岗位不和考核挂钩，导致干好干坏一个样。要把军医社上百号人的积极性、创造性和工作激情都真正调动起来，把他们的聪明才智都激发并释放出来，设计好分配机制，就成了当务之急。

考虑到是为实现一个单位的发展目标服务的，理应服务与服从于单位的近中远期目标。分配要强调效率，激励竞争，这是第一位的，但也体现一个单位一个团队的人文关怀与温暖，兼顾公平，而且具体操作上必须巧妙，做成一种"傻瓜型"的工具，简单、适用、管用，好用。

有了上面一个清晰的方向，我结合军医社图书出版的实际，开始思考这个方案的指导思想、基本思路、总体架构、操作方式，并于2000年11月12日执笔起草了《人民军医出版社分配制度改革实施办法》。

在改革遵循的指导思想和基本原则上，明确为"三个有利于"，即衡量各项改革措施是否正确，是否采用，就是看它"是否有利于提升质量和效益，是否有利于提升核心竞争力，是否有利于调动全社员工的积极性"，这既是衡量一切改革措施是上还是下的唯一判断，也是衡量一切改革得失成败的原则与标准。

　　根据上述目标和原则,在改革思路上,提出了"四个挂钩""三个倾斜""两个打破""一个目的"的总体考虑。"四个挂钩"即与岗位责任挂钩,与工作数量挂钩,与工作质量挂钩,与工作效率挂钩。与岗位责任挂钩,主要靠基本工资来进行区分;而与工作数量、质量、效率挂钩,则主要是通过绩效浮动来体现。"三个倾斜"即向面对市场一线的编辑和发行部门倾斜,向技术含量高、工作复杂的岗位倾斜,向效益高、贡献大的员工倾斜。"两个打破"即打破干多干少、干好干坏、干快干慢一个样,打破学历、身份、在职军人与聘用员工同工不同酬的规定。"一个目的"就是建立最大限度调动全体员工积极性的机制,进而实现军医社持续快速稳定发展。

　　在总体设计上,确定由基本工资收入、浮动工资收入、奖金收入、各类补助收入四个板块构成。基本工资按各岗位等级不同而确定,解决计件难以实现的基本报酬问题;浮动工资主要解决与工作数量、质量、效率挂钩问题;奖金主要解决好管理导向的实现问题,包括与出勤考核、任务奖、劳动纪律、精神文明、作风建设等挂钩;补助则用于解决特殊情况和用于调剂公平,包括岗位补助、伙食补助、通信补助、节日补助、加班补助、生病及困难生活补助等。其中,在基本工资等级的设计上,注意压缩级次与级差,从社领导到平均奖金,只设立了4个级次,以防止领导干部与员工差距拉得太大。对工资的计领方式上,则尽可能采取计件工资,实在难以采取计件工资的岗位再采取计时工资。在奖金的设计上,则采取上不封顶下不保底的做法,奖罚项目和比例、额度则全部对应,实行同奖同罚。

　　在基本操作上,一是民主与集中相结合。分配方案充分讨论,征求意见,社里再决策。由于分配方案和方法公开透明,每月月底各人的收入,本人都能计算,有些人甚至能发现财务计算上的错误,并找财务核对,找回财务少发的部分。二是公开与保密相结合。一个部门内相同岗位的人,各人拿多少是公开的,可相互比较的;而不同岗位的收入,则强调保密。为什么?因为考虑到相同的岗位，标准是相同的，收入不同说明工作与贡献不同，比收入就是比贡献，比贡献是可以比出差距、比出干劲的。而不同岗位间工种不同，标准不同，就像相声《五官争功》一样，各个器官之间不具可比性，硬要比较，只能比出牢骚、比出怨气、比出不团结，甚至比出消极怠工。时间一长，收入保密，互不打听，已在军医社形成了大家自觉遵守的规矩。三是为适应既要快速发展又要讲求质量效益的要求。分配方案中对发稿、出新书都设立了奖励，以鼓励多出书、快出书，同时还在单本书核算的基础上，加大了对效益提成的奖励力度，分设了不同额度的提成比例，对单本书创效和年度创效高的，都设立了更高比例的提成，从而使做得快的和做得好的都能得到鼓励。四是突出一线。在分配方案的设计上，奖励重点是一线和贡献大的同志。我在军医社任社长兼总编辑的 11 年间，没有一次拿过最高奖，不论是月奖金、年奖金，还是全年和每月的总收入，拿得最多的永远是一线的编辑，有的甚至超过了我这个当社长兼总编的一倍。姚磊副总编辑原来当编辑和编辑室主任时，一直是全社编辑中也是全社员工中收入最高的，但在当了副总编辑后，收入就再没有达到以前的水平。但他从全社发展大局出发，毫无怨言。全社员工看到班子成员不是说得好听，而是十年如一日地做到这样，真正靠干在前边，拿在后面，由此赢得了全社的认可，群众舒心，骨干服气。

军医社的分配改革方案，自 2000 年 11 月启动，以后又调整过多次，差不多每年微调一次，但总体思路和架构一直没有变，因为它得到全社员工的倾心拥护，在实践中真正起到了发展导向和动力作用。当然，这个方案之所以能从 2000 年 11 月以来一直持续贯彻执行到今天，和军医社有个好"婆婆"——总后卫生部党委和首长的开明有很大关系，历届部首长从不干涉军医社的具体分配和奖惩，使得军医社党总支能够放开手脚，按照出版规律和军医社的实际，不断调整、完善，使之臻于完美。没有这一点，军医社不可能有如此生动活泼的工作局面，更谈不上十多年如一日的高速发展。

树一种理念，以编辑工作为中心

军医社作为一个以服务军民健康为宗旨的文化出版单位，在鲜明地提出快速发展、做大做强的目标之后，全社上上下下，只有以市场为导向、以一线为重点，凝聚成一个拳头，才能一体互动，形成合力。针对当时存在的"编辑是基础，发行是关键""出版社要以财务管理为中心"等口号，以及部分人员对编辑不重视，导致编辑人员感到社里无地位、不受尊重、不被认可的问题，我在社里鲜明地提出了要"以市场为龙头""以编辑工作为中心""全员为一线服务""编辑与发行两轮驱动"等带导向性的理念。在这种理念指导下，编辑的主体地位和主干作用很快得以确立，形成了全社工作围着市场转、二线围着一线转、一线围着效益转的崭新工作氛围。

出版社以编辑工作为中心，本来是没有歧义的。但十年"文革"把这个问题搞乱了。1983年，中共中央在《中共中央、国务院关于加强出版工作的决定》中再次明确提出，编辑工作是整个出版工作的中心环节。我在起草《人民军医出版社"十五"建设与发展规划》的指导思想中，反复强调要坚持以编辑为中心这一思想。理由很简单，出版社的根本任务是生产图书这一精神文化产品，出什么、出多少、怎么出，虽然是社领导或社委会的决策，但出版物的直接孕动、催生、培育，却是由编辑来完成的。如果把出版社比作一个企业的话，编辑则是这个企业的工程师和设计者，编辑在出版社中的这种主导责任，又是通过其在出版全程中体现出来的定位需求、策划选题、培育作者、把控质量、产品宣传这五大功能来凸显和实现的。因此,编辑在出版社中是责任最大、风险最大、压力最大、技术含量最高的工作岗位,是出版社最为重要的一个关键性支撑性岗位。一个出版社要建设好,必须要有一支政治可靠、业务精专、作风过硬、工作安心的编辑队伍。而确立编辑工作的中心地位,必须在全社形成尊重编辑、关心编辑、爱护编辑的工作氛围,给编辑建好平台,帮他们干成事业和实现人生价值,一个出版社才有活力和希望。

为了在这个问题上统一认识,我曾在全社大会上举了新中国成立初期总后饶正锡副部长在第四军医大学(现改名为空军军医大学)指导工作时的一个例子说服大家:"文革"前,四军医大盖了幢住宅楼,在分配时,按编制序列,机关的处长们优先排在前面,并都挑选了好的楼层。饶部长为此专门召集四军医大的领导和机关干部开会,饶部长说,一所医院要办好,靠医生;一所大学要办好,靠教授。现在你们大学盖了新楼,是优先给教授还是机关干部先占呢?饶部长说完这番话后,原先分了好楼层的机关干部,全部掏出了钥匙。同样的道理,办好一个出版社,首先要靠编辑。我们不仅要旗帜鲜明地提出这个口号,还要理直气壮地践行这个口号。举个简单的例子吧,比如,其他人员和编辑同时要车,车队往往先派给其他人员,不派给编辑;早上送水,对各位领导和部门领导都送上门,而编辑却自己打水;发放冬储物品,对领导同志送货到家,编辑则不分男女都是自己动手,等等。从现在起,我们就要把这一切改过来。

胡仲清同志作为办公室主任,对于贯彻以编辑工作为中心的思想,态度非常坚决。他从小事入手,采取了一系列具体得力的措施,包括编辑要车要优先满足需要,编辑加班要主动订好加餐,每天早上为编辑主动送水,定期上门为编辑发放办公用品,发放大米苹果等为编辑送上家门,等等。社里领导对此认识很一致,出国或社里、部里的重大活动和重要场合尽量创造机会多让编辑人员参加，各类培训、考察、评奖、评比活动优先考虑编辑，评职调级优先保证编辑名额，社里的各项重要决策尽量多听取编辑的意见。特别是按照责权利相统一的原则，给予编辑与其担负责任相适应的权利，体现编辑在诸多出版环节中的主导作用，让编辑对选题策划形成的认识与理念，能够向出版、发行等部门渗透与发散，帮助出版制作部门、设计部门、发行部门和营销部门人员在较深的层面上，把握好每个产品的特点、内涵及其卖点。使以编辑工作为中心的指导思想，在一点一滴的工作中，得到体现，得到落实。

强一种氛围，让"坐船"的也争着"划船"

从我到军医社当社长第一天开始，就常听到社里有"坐船"和"划船"的两类人之分。原来，因为《人民军医》杂志和《解放军医学杂志》这两本期刊是由上级拨款，免费向部队下发，因而难以产生效益，所发奖金都是靠面向市场的图书编辑、发行部门效益。故图书编辑和发行部门认为，期刊编辑部门的奖金都是靠他们辛辛苦苦挣来的，他们是"坐船"的，我们是辛苦"划船"的；期刊编辑部的同志则认为，自己的工作虽不挣钱，但却是为部队服务所必需的，产生的是军事保障效益和社会效益，我们"坐船"也是应该的。这样，不仅导致了双方的理念偏差，也影响了双方的团结、信任和书刊间的协同配合。

了解情况后，我觉得图书和期刊作为社里工作的两个主力部门，如长时间处于这种状态，对社里的整体建设和发展都很不利。解决这个问题，首先要正确看待各自的分工和贡献，为部队服务是军医社立身之本，两个期刊又是为部队服务的主力，正是两个期刊的存在与发展，才为军医社面向市场创造条件。而图书所产生的效益，又为期刊提供了更好的发展条件。两个部门如同自行车的前轮与后轮，互为依存，缺一不可。实际上在市场经济条件下，期刊也是可以通过改革把发展的路子走宽的，不能一味依赖别人"输血"，而要立足于培养自身"造血功能"。而图书部门不要因为给了期刊部门一些支持，而产生"划船"吃亏之想；期刊部门也不要自恃贡献特殊，而长持"坐船"理所当然之念。认识问题解决后,我和当时分管期刊工作的李恩江副社长一起,反复商量期刊的改革方案,针对《人民军医》和《解放军医学杂志》作为完全不同的两类期刊,提出了完全不同的解决办法。

《人民军医》作为完全为部队服务的保障类期刊,其经费缺口不能依靠图书部门"划船"来维持,而应该通过向上级说明情况,实现足额经费支持来解决。为此,我多次向总后财务部主管领导反映,说明情况,最终取得了财务主管部门的认可。经过两次大幅度地提高经费标准,《人民军医》的经费保障问题终于得到了较为理想的解决。从此,《人民军医》虽然还在"坐船",但不再坐图书部门之船,而是乘上了军队后勤保障这艘航空母舰,图书部门再也不用为《人民军医》杂志"划船"了。由于《人民军医》不再有创收负担,能够集中精力,瞄准部队需求,提供部队特别是基层卫生人员急需的医学知识,杂志的学术质量和影响力日益增长。到王敏同志当编辑部主任时,已由一个非核心、非统计源期刊,进入了核心期刊和统计源期刊的行列,并跻身中国医学综合类期刊前10名之列,在军队卫勤保障中日益发挥出更大的作用。

《解放军医学杂志》则是一本既面向部队也面向全国和全球的高端学术期刊,但由于多年来走的是只管编稿、不管经营、不求效益、不计成本、不算盈亏的粗犷式发展路子,期刊的学术影响力一直上不去,办刊经费依靠上级拨款,奖金全部靠图书部门的创收而吃平均奖,由于长年以来依靠"坐船",在社里也没有地位。在我到社里报到,总后卫生部分管部长找我谈话时,就曾征询我是否要把《解放军医学杂志》停办或撤销。在这种情况下,如果我们还抱着"坐船"的心态不放,其前景确实令人担忧。但《解放军医学杂志》作为一本全军性的医学学术期刊,只要我们放开思路,完全可以在做好为部队服务的同时,通过提升学术质量和影响力,从而更好地为国内外读者服务,并在这种服务中提升中国军事医学的影响和地位,同步赢得保障效益、技术效益和经济效益。因此，我提出了"分灶吃饭、多劳多得、盈亏归己、综合平衡"的十六字改革方针，并依其拟订了具体改革方案，决定从2002年开始，社里对其补助性拨款与图书效益增长不再挂钩，编辑部人员的奖金也不再与图书部门人员平均奖挂钩，社里除维持前两年的补贴外，其他部门包括部门人员工资、奖金及日常开支，完全依靠自己创收来解决。这个改革方案刚推行时，对于长期以来习惯于"坐船"的《解放军医学杂志》编辑部来讲，是一个极大的压力。但他们面对压力，迎难而上，直面挑战，克服重重困难，想方设法拓展广告市场，并在增收节支上想了大量办法，并逐步走开了举办学术会议、开办学习班等新路子，走上了依靠提升学术质量和学术影响力，促进期刊建设大步走上良性循环的轨道。在之后的几年发展中，在曾星、贾万年副社长的带领下，杂志的整体水平、学术地位和影响力，每年都上一个大台阶。近几年，《解放军医学杂志》已跻身于中国"百种优秀科技期刊"之列，在期刊的影响因子和被引频次、基金论文比等主要的学术质量指标中，《解放军医学杂志》已进入国内医学学术类期刊前5名，并进入了"中国政府出版奖"和"解放军出版奖"的行列，成为中国医学出版界的医学名刊大刊。《解放军医学杂志》编辑部的奖金，不仅大大超过了期刊改革之前，甚至还明显超过了图书部门的平均水平。当然，由于这是他们自己"划船"创造的效益，在理直气壮地赢得效益的同时，还赢得了全社上下的认可和钦佩。

最近几年来，这本期刊在李勇副社长和范晨芳主任的带领下，又新申办了英文版的《解放军医学杂志》，正在朝着军事医学大刊的方向迈进。如果我们今天再回过头看看当年的改革，应该算是这个期刊发展历程中的一个历史性转折吧。

守一份职分，姓"军"就要为军服务

军医社作为一家军队出版社，自它成立那天起，就一直行进在"八一"军旗下。对于军队，它始终有一种至真至深的情感。但作为军队出版社，其军队属性要求它面向战场讲职能，其文化出版单位属性又要它面向市场谋发展。而战场和市场，又是根本不同的两种属性，必须遵循不同的规律。而这两种规律之间，在很多方面又是相对立和矛盾的。作为一家军队出版社，如果只面向战场，虽然完成了上级交给的任务，也有基本的成本保障，但根本谈不上效益和发展；如果仅面向市场，放弃了为部队服务，那又会失去自身存在的价值和立足之本。如何遵循好两种规律，把面向战场和面向市场的工作同步做好，这是对一家军队出版社领导的智慧、胆识和能力的多重考验。

我到军医社上任之初，就在《人民军医出版社"十五"建设与发展规划》中提出了"要把为部队服务作为第一责任，把部队卫生人员和部队官兵需求，作为工作的第一信号"，并把"围绕中心、服务大局、主动跟进、务求实效"作为全社工作遵循的根本原则，使全社上下都始终绷紧姓"军"这根弦，为做好具体服务工作奠定了思想基础。为了解决出版军事医学图书所带来的市场销售难、印数少、效益低、奖金少的问题，制定了给予军事医学选题特殊补贴、提高奖励比例、亏损由社里全额承担等一系列政策，从制度和机制上实现了与市场图书的并轨，保护了军事医学图书出版的积极性。

做好为部队服务的出版工作，首先要成立一个军事医学编辑室。当时，我向人民军医出版社的老社长、总后卫生部退下来的李超林副部长汇报，想请他亲自主持这个编辑室的工作，得到了他的热情支持。为了做好这项工作，他多次到北京和外地部队调研。发现全军基层师团营连各级基层部队图书馆中，不仅缺少医学专著，也缺少基本的健康科普读物包括心理健康读物。为了解决这一问题，他亲自起草了一份关于为部队出版系列卫勤服务保障用书的选题策划报告，建议为师医院、团卫生队、营卫生所分别出一套诊疗丛书和团卫生队军医手册、营军卫生所医手册，为部队基层官兵出一套包括训练伤防护、青春期保健、心理健康知识在内的科普健康丛书，为舰艇军医和空军场站军医各出一本舰艇军医手册和航空军医手册，总共30多个品种，以构建基层军医完整读物体系，从根本上解决基层军医和官兵的医学和科普读物缺乏的问题。这份报告上报到上级有关部门后，虽然由于经费问题未能落实，但其选题方向和思路为后续的出版提供了方向性指导。

为了组织上落实力量，从《解放军医学杂志》编辑部调来杨化兵副编审，专门负责这项工作。杨化兵同志来了以后，和总后卫生部各个机关局室都进行了很好的沟通协调，并根据总后卫生部业务工作需要，策划了一批军事医学和卫勤保障类图书。同时，姚磊主编、杨磊石老主编和张怡泓、秦速励、郭伟疆等各位编辑，为配合军事斗争卫勤保障需要，特别是围绕部队作战、救灾、训练等重大军事行动，策划推出了一批有影响力的重要军事医学出版物。短短几年时间内，就推出了包括航天医学、航空医学、航海医学、防原医学、防化医学、防生物医学、预防医学、野战外科、野战内科、训练伤防护、官兵心理健康、部队基层卫生手册在内的12个学科100多种出版物，实现了对军事医学出版领域的全面覆盖，形成了比较健全的军事医学出版格局。

为了解决基层缺书又无钱买书的实际困难，从2001年开始，我们组织了"千万图书送基层"活动。从库房中挑选了部队需要的总价值为1000万元码洋、近 500 个品种的图书,根据部队的不同需要,分类分批无偿向基层和边防部队赠送,受到了部队基层的广泛欢迎。在前期开展的几批赠送活动中,我先后参加了对总后大院通信营、总后直属分部汽车团、云南省军区边防部队的送书活动,中央电视台在新闻联播节目中以"千万图书送基层"活动为题,专门进行了报道。云南省军区还专门精心制作了"军医图书送云南边防,边防官兵热爱人民军医"的横匾,至今还挂在军医社二楼的电梯口,这也算是对这一活动的纪念与见证吧。

在图书部门做好为部队出版的同时,两本期刊和音像编辑部也做了扎实努力。音像部每年要组织一批部队卫生人员喜闻乐见的产品,并以其形象、直观、生动而深受部队卫生人员和官兵的喜爱。两本期刊都专门开辟了军事医学、预防医学、基层军医等专栏。《解放军医学杂志》则主要围绕全军医学发展的前沿和高端领域来展开,如果把它比作军队医学殿堂的话,《人民军医》则是一支贴近基层的卫生轻骑兵,不仅其内容是实用技术,读者和作者也主要是部队卫生人员,每期的"综述讲座"也都紧紧围绕部队卫生人员关心的热点难点问题来展开。广大基层卫生人员都把这两本期刊看成是自己的良师益友,亲切地称它们为"不见面的老师""没有围墙的学校",它们在部队卫生建设中发挥了独特的不可替代的重要作用。

通过从导向、机构、机制和书刊盘配套服务入手,实现了为军服务的扎实推进,并形成了规模和成果,实现了为全军卫生人员建成学术园地、培养作者和读者、提供知识保障、提升全军卫勤保障水平和能力的目标。尽管为部队服务毫无经济效益可言,甚至大都是赔钱,但军医社上上下下仍把它看成是比所有赚钱项目更重要的工作,始终充满感情地忘我投入。这其中起根本性作用的,还是军人的职责、本分和觉悟。从而使得战场与市场、挣钱与赔钱这两条本来对立矛盾的轨道,能够并行不悖、协调同行,共同奏响军医社的发展之歌!

建一个共同的家，一个漂亮的大本营

2000年初我刚当社长时，军医社办公楼是位于太平路东端的一栋面积980平方米的五层楼，建于1996年，应该还算是栋新楼。但随着军医社的快速发展，980平方米的空间已不能满足需要，特别是解放军音像出版社合并入军医社后，其办公用房无法解决。建一栋新楼，已成为全社员工的共同期盼。

2001年春节前，总后周友良副部长来社里走访，临走前专门问我，还有什么困难和问题。我趁机提出办公用房紧张，能否批准我们筹建新办公楼的问题。周友良副部长说："你们到总后大院周边看看，如能找到合适地点，先到管理局提出意见。"

有了总后首长的表态，我在向总后卫生部白书忠部长报告后，第二天就找了总后管理局营房处的顾正芳处长，他很热心地为我在总后大院东南和西南方向各选了一块地方。我经过反复比较，选中了大院东南角即总后大院毗邻万寿路南端的一块近3亩的地皮，当时是总后机关的豆腐房。这里不仅交通方便，而且门前还有一个能停10多辆车的停车场（2005年因万寿路地区道路拓宽被征用）。如按地下1层、地面6层设计，可以盖近8000平方米的大楼，完全满足军医社需要。能在万寿路上找到这么一块宝地，我真是大喜过望。白书忠部长在听了我的汇报后也很高兴，决定召开一次部党委会进行专门研究。

2001年4月7日下午，白书忠部长主持总后卫生部党委全，听取了我的专题汇报。大家一致认为,上马这个项目需求明确,机遇难得,论证清晰,对未来发展十分有利,一致同意向总后正式申请立项。白书忠部长明确对我说:"建设军医社办公楼,是事业发展需要;早建不行,晚建也会丧失机遇;机不可失,时不再来,要下定决心;建设要着眼于21世纪的发展,设计、布局、装修,都要有长远眼光,要管50年,而不是十年八年就拆了重建;面积不要太大,但造型、结构、功能要搞得好;各项工作要抓紧,包括报规划、出方案、抓设计、拆房、挖坑。建房经费可向总后申请一部分,部里支持500万元,其余由军医社自筹。"

遵照白书忠部长的指示,我连夜给总后卫生部、总后管理局、总后营房部和总后首长起草了正式书面报告。第二天一上班,在向白书忠部长呈上报告并得到他签字同意后,我就紧接着向总后管理局裴保兰局长、总后营房部杜云生部长、总后勤部陆增祺部长助理、总后周友良副部长、总后温光春副部长、总后周坤仁政委等首长逐一汇报,首长们听了报告后,都明确表态给予支持。在上述首长都签字同意后,最后呈报总后王克部长签字批准。从报告发出到首长全部签字同意,总共只用了7天时间就完成了这个项目的立项、审查和批准,这在高级机关中是难以想象的。

楼房好不好,设计是关键。我和胡仲清主任在多家前来招标的单位中,选择了清华大学设计院、总后勤部营房设计院、中建设计院等三家实力雄厚的设计院作为正式投标单位。投标设计前,我专门召集了这三家设计院的有关负责人和设计人员,谈了我对设计的意见。我说,第一,我们要建的楼面积只有7000多平方米,高仅6层,这样一栋小楼,在北京随处可见。如果我们在设计上不下足功夫,就会毫无特色可言。因此,如何让这栋小楼盖大,让人感到它很大方、很大气,真正把小楼建大,这是第一个要求。第二,我们这栋楼虽然是军队单位建造的,但军队单位并不等于土气,我们首先是个文化单位,如何在设计上体现文化元素,出版特色,让人感到这栋楼很漂亮、很现代、很洋气,真正把土楼建洋,这是第二个要求。第三,我们能投入的经费有限,但绝不能粗制滥造、马虎对付,建楼的钱,绝大部分是军医社几代人用汗水挣下来的家底,一分一厘都来之不易,我们作为后人用前人的钱,必须铢锱必较、倍加珍惜,每一块钱都要用在刀刃上,在设计上就是要求体现精致、精细、精美,精益求精,真正把楼建精。最后我强调,你们三家设计的方案能否中标,就是看你们的设计方案能否体现和达到"小楼要建大、土楼要建洋、钱少要建精"这三条标准。

根据上述要求,三家设计单位都按期拿出了 5 个设计方案,全社经过反复比较,选了古典、现代和综合型的 3 个设计方案,排好序列,报部首长审查。2001 年 7 月 13 日上午,经白书忠部长和傅征副部长共同商定,最终确定了由总后勤部营房设计院石续然副总工程师亲自设计,也就是目前使用的这个式样,典雅里透着现代,庄重中含着飘逸,外观是文化色彩浓烈的砖红色,四外侧边均使用了极为张扬的拓展式造型,整栋建筑大气、洋气、精致,透着一个有着厚重文化积淀单位的精气神!

2002 年新建的军医社办公大楼

还好,迎着建房中的风风雨雨,这栋房子于 2003 年 1 月 18 日顺利建成并通过了验收。从此,军医社有了一个崭新的家,一个能够支撑它快速发展、健康发展的大本营。当然,它既不高又不大,但还是凭借它那典雅大气的造型、硬朗挺拔的身姿、恢宏沉稳的气势、独具一格的气质,成了万寿路南口的一个地标性建筑。这在高楼林立的北京,还是很不容易的。年过半百的解放军营房建筑设计院的杨道荣高级工程师在交付仪式上感慨地说:"我干了一辈子营建,从未见过这么好的工程!"

2003 年 4 月 10 日,在"全军百项工程大检查"中,新楼代表总后系统受检,从设计、施工、管理、成本四个方面综合评定,最终以 98 的高分获第一名;5 月,被北京市建委评为"2002 年北京市青年文明号优秀工程"。2005 年,军医社的新楼荣获"全军优质工程奖",这是全军几十年历史上第一个建筑面积不足 10 000 平方米而破格获奖的项目。当然,这也是一栋名副其实的优质楼、形象楼、干净楼。在全军营建专家组来我社检查时,组长非让我介绍一下建这座办公楼的体会,我说:"我从未建过楼,要说体会,只有一条,那就是用给自家建房的追求来盖楼。"中午,我和胡仲清主任请他们吃饭。席间,组长和几位专家说:"我们这几个,都是一辈子干营房的,为什么几十年都盖不出一栋像军医社这样的楼?"

当时,每个人都陷入了沉默。但我知道,每个人的心中,都有一个属于自己的答案。

建一个网络，让信息也跑起来

2000年前后，信息化建设逐步成为出版业讨论的热点，也成为很多出版社的重点。但是，出版社信息化建设需要投入一定的人力和财力，投入不足，不易见成效；投入太大，出版社又难以承受。在当时没有足够经验积累和有限的信息技术条件下，有些出版社的信息化建设过于激进，摊子铺得太大，付出较大的代价；也有一些出版社害怕被拖入信息化建设的泥潭而错失了信息化建设的良机。

在这种情况下如何推进军医社的信息化建设，既不能盲目跟进，又不能按兵不动；不能图省事，赶时髦，急急忙忙靠花钱买进一套出版软件系统；又不能像好多出版社那样一拖多少年，搞成"胡子"工程。这里的关键有两条，一是确立一条适合军医社特点的信息化建设发展思路，二是要选一个有思路、懂业务、肯实干的人。经过反复考虑，我提出了"需求牵引、功能实用、合作建设、分步实施"的总体思路，并决定专门成立网络信息办公室，从《解放军医学杂志》编辑部调来既懂医学又懂编辑出版并热爱信息化建设的丁震担任主任。

丁震同志接手这项工作后，按照社里确定的总体思路，以极大的热情和干劲，投入到这项对军医社发展具有全局性意义的开创性工作中。并从以下四个方面，很快推进了这项工作。一是办公局域网建设。从2000年12月实施招标，到2001年3月就完成了中心机房建设，全社近100台计算机实现联网。2003年1月，新办公楼启用，办公局域网进行升级改造，联网计算机近200台。二是全社计算机接入互联网。2001年2月，全社计算机通过中心机房的网络设备统一接入国际互联网，军医社的编辑可以在互联网上直接查询选题等相关信息。三是门户网站建设。2002年7月，签订网站建设合同，注册独立域名，经过一年多的图书信息整理，将军医社历史上约2000本图书的封面及简介制作成电子版。2003年7月，网站正式上线，实现了网上图书的宣传和检索。四是出版管理信息系统（MIS）开发，这是难度最大的一项工作。前提是要把总体思路、定位、架构搞好，把需求搞准搞清晰。在MIS系统建设过程中，我强调在软件设计中，要结合军医社图书出版流程改造的管理理念，把进度、质量、成本这三条主线扭在一起，逐部门逐环节逐项业务向前推进。各部门在提需求的过程中，也都按照这个总要求，从而抓住了软件管理的核心。

2001年7月，军医社与电子工业出版社签订了软件开发合同并投入开发，2003年12月投入使用，实现了网上选题、发稿、材料等集中管理。2001年12月和10月，分别上马了标准化的发行和财务管理软件，实现编辑选题和图书销售、图书成本等重要信息的共享，大大提高了出版管理的效率。

一转眼15个年头过去了。现在回过头来看，军医社的信息化建设之路之所以走得比较成功，主要是在起步时遵循了出版信息化发展规律，紧扣出版行业信息化建设的关键节点，既不冒进，也不保守，走了一条扎实、稳健的发展道路。

梦想成真的第一次腾飞

2002 年 12 月 31 日夜,我刚从新办公楼工地回到老楼,起草向总后卫生部党委的年终工作报告。

面对从 2000 年、2001 年到 2002 年连续三年的各项数据,看到从出版到回款等各项数据质量指标的直线上升,心中充满了自豪和欣慰。

回想刚到社里时,一位社领导说:"一辆跑了几十年的汽车,如使劲踩油门,它会散架。"这集中表达了从领导到员工等一大批人对一个老社能否高速发展的担忧,也引发了我对一个老社改造工程的高度重视和一系列策划。这种系列改造的主体工程,通过从调整导向、班子、规划,到后来配套地推开的四项改革、四项建设和两项服务,从被员工们称之为"新官上任头三脚"的开篇之作,到我称之为"10套组合拳"的密集漂亮而环环紧扣的到位实施,军医社这个老社已完成了脱胎换骨的改造,实现了从"1.0 版"到"2.0 版"的全面升级换代。如今,它虽已年近七十,但却年轻无比,充满活力。今日的军医社,从里到外,从上至下,都焕发出勃勃生机!

实际上,这三年中,伴随着改革强社的步伐,它已经开始了奔跑!

新时期出版人改革亲历丛书

排行榜上零的突破

随着"文策分流"模式的正式推行，原来压在策划编辑肩上沉重的文字加工负担，被彻底地卸下来了，这就使得策划编辑有了更多的时间进行市场调研、联系专家、研究选题；而社里推行的三级选题论证制度，即由编辑个人、室主任和社选题领导小组三级，对选题的读者需求、作者水平、销售前景、市场风险及盈亏预测进行深入的研究与把关，从而有效地把住了不少低水平的选题，保证了选题水平和质量。改革分配制度，对效益好的图书进行重奖，对亏损的图书实行同比例扣罚，对重印书给予持续激励的机制，使得编辑对选题如履薄冰，精益求精。正如有的编辑所说："书对编辑来说，就像自己的孩子，好书会一直给你挣钱，差书会让你亏得吐血。"也正因为有这样一个政策机制，即使在社里实行"文策分流"，策划编辑加工书稿不再给钱后，杨磊石等老编辑仍然会对书稿进行认真把关。有了这样一种像对待孩子一样的负责态度，书稿就有了一个精心呵护它的主人。当然，分配机制中对新书出来即给一定奖金的政策，也对各位策划编辑盯紧出版流程，加快出书速度，缩短出版周期，起到了有力的促进作用。而流程改造的顺利推进，各项奖惩措施的落实到位，都为快出书、出好书提供了有力保障。

讲到选题，我还想到了那几年老编辑、发行部老同志和书店老朋友们的贡献。由于当时编辑部的快速扩充，不少编辑缺乏市场意识和组稿能力，对市场需求若明若暗，加上作者资源匮乏，对如何策划受市场欢迎的选题感到无从下手。在这种情况下,杨磊石老主编和新任主编姚磊,为带教年轻编辑,不厌其烦,悉心指导,不仅无保留地传授宝贵经验,还经常把自己的优秀选题和作者介绍给年轻编辑。在图书编辑出版工作方面有丰富经验的余满松老社长、陈琪福副社长、黄栩兵老主编,也是全社年轻编辑的良师,他们利用一切机会,对年轻编辑给予热心帮助指导。发行部的张卫民主任、刘建富副主任和祝世源、付水生等老同志,每次出差回来,都结合读者和卖场的最新需求,向编辑部的策划编辑提供一些来自市场一线的新鲜的选题建议。我曾经看过付水生的一个小笔记本,上面密密麻麻地记满了这方面的建议和想法。而与军医社常年合作的一批书店的老朋友,比如张曙光、韩雪岩、于凤才、邹勇等,都为我社的选题贡献过不少极有价值的意见和建议。所有这些,如同春雨润物,共同催生军医社选题水平的快速提升。

虽然决定图书能否出版靠社务会,但衡量选题成败的却是读者与市场。2000 年,虽然新书出版量与 1999 年相比上升不大,但 2001 年、2002年,新书出书量分别增长了 30% 和 38%,更重要的是,新书的市场竞争力有了明显增强。2002 年下半年,在全国医学图书销售前 100 名排行榜上,人民军医出版社的 5 本图书,终于第一次高挂榜上。这也是有史以来,军医社的图书第一次上榜。它是军医版图书开始贴近市场、贴近读者的标志,也是军医社选题水平与质量真正提升的标志。以这次"零的突破"为起点,军医社的图书开始走上了又好又快发展的轨道。

出好看家书

军医社在几十年的出版积淀中,有一批在国内有影响力的好书。把这些看家书维护好,就能使之成为军医社经久不衰的品牌。因此,在强调各位策划编辑做好发书、修订、重印的同时,还在分配机制中对重印书给予了同新书同等额度提成的重奖,以鼓励编辑做好对品牌图书的维护。但一些大部头的重点系列图书,就需要社领导出面组织实施。我作为身兼总编辑的社长,更有义不容辞的责任。因此,在大力推进改革的同时,我还下大力抓了"手术学全集"和"全国成人高等医学院校教材"等大型系列图书的修订再版。

"手术学全集"是由军医社组织出版的我国历史上第一部大型手术学系列专著,编著者集中了当代外科学界的名家大师。记得开第一次编委会的时候,我陪同张立平部长去杭州参加此次会议,见到了享誉中外医坛的姜泗长、吴孟超、盛志勇和黎鳌、黎磊石、黎介寿三兄弟等院士。为了这套手术学的编写,这么多重量级专家,如此强大的编写阵容,在国内医学编写史上是少见的。这套共有 13 个分册的皇皇巨著,历时三年,于 1995 年出版,在国内医学界产生了很大影响。但到 2000 年时,距第一版编写已时隔 8 年,不少内容已显陈旧,急需重新修订。但由于近半数专家年事已高,难以承担如此大部头巨著的修订工作,以至于对是否组织修订一直未能下最后决心。

经和姚磊、杨磊石同志反复商量，综合各方意见，觉得这样一部深受广大医务人员重视和欢迎的重要医学专著，我们有责任把它维护、传承下去，修订中的困难都是可以解决的。经选题领导小组会研究决定，正式启动第二版的修订工作。经过紧张细致的筹备，第二版编写工作会议于 2000 年 8 月 24 日在北京新兴宾馆召开，姜泗长、吴孟超、黄志强、黎介寿、盛志勇、葛宝丰、卢世璧院士和周树夏、傅才英、宋琛、刘桂枝等一批著名医学大家出席。我在会上就修订体例、重点、分工及主编调整问题做了说明，总后卫生部傅征副部长也赶来看望大家并讲话。专家们就如何修订好这部巨著，特别是就如何瞄准国内外最新进展、保持权威实用特色、密切各分卷协同、确保编写进度等方面，发表了重要意见。作为会议主持人，我深为中国这些顶级的医学大家科学、严谨、求实的精神所感动。会议确定，第二版总主编仍由黎介寿、黎沾良担任，黎介寿、吴孟超、黄志强、姜泗长、盛志勇、葛宝丰、卢世璧等分别担任普外、耳鼻喉、烧伤整形、骨科等各分卷主编。会后，经过各位名家大师近 5 年的努力，这部 2300 万字的新版巨著终于得以问世。出版短短几年间，普外、妇产等分册已重印 5～6 次，销售都达到 6 万册以上。在中国当代外科工作者心目中，这部巨著已成为一部极为重要的必修书，在提升中国外科水平方面起到了难以替代的重要作用。

“全国成人高等医学院校教材”是军医社于 1997 年组织的专为“文革”中被耽误的一代人出版的全国第一部成教医学大专教材，由于内容与体例对路，出版后就受到了热烈欢迎。这也是军医社有史以来推出的第一部教材。经过与参编院校校长达 3 个月的联系协调，在时任河南省新乡医学院党委书记马建中（现为国家中医药局副局长）和成教学院高体健院长（现为全国政协常委、河南省政协副主席）的鼎力支持下，于 2002 年 5 月，在新乡医学院成功召开了有 23 家院校参加的第二版编写工作会议。由于定位准确、内容精炼、定价合理，各参编院校踊跃使用，教材于 2003 年初推出后，一直在国内同类教材中保持领先地位。

在组织推出第二版"全国成人高等医学院校教材"的同时，还组织了"全国成人高等护理教育专升本教材"编写工作会议，这是军医社首次涉及本科教材，从此在本科教材领域进行了积极尝试。

与此同时，我还在时任中国工程院医药卫生学部主任的王正国院士的帮助下，在2001年11月15日下午召开的中国工程院医药卫生学部全体会议上，就与中国工程院各位院士合作出版医学经典专著与继续教育高级参考书一事，做了一个20多分钟的专题报告，主要是就如何与院士合作，打造医学精品专著，提出了我们的想法和建议。为了做好这个报告，我在事前做了充分准备，并准备了一个精彩的PPT，报告受到了出席大会的近百名院士的重视和好评。会间休息时，好几位院士对我讲，我是第一个登上中国工程院院士大会讲台的出版社社长。通过我的介绍，他们开始认识了军医社。军医社的名誉和影响力，也在这次大会上得到了提升和扩大。会后，一

被誉为医务人员"四书五经"的《临床技术操作规范》签约仪式

些院士陆续与军医社展开了合作，并推出了一批由院士领衔的合作成果，在新办公楼竣工前聘请顾问并征集院士墙照片时，42 名院士答应建立长期合作关系并担任顾问。在国家政府出版基金的支持下，由我牵头策划了有 100 名院士参加的大型系列出版物——"中国医学院士文库"，终于圆了军医社与中国医学院士群体合作之梦。

以上这些大型出版物，加上之后组织修订的《实用骨科学》，以及作为《临床医疗技术操作常规》的替代产品——《临床技术操作规范》，直到今天都是军医社保持长盛不衰的品牌产品，也是体现军医社形象与地位的看家之作、领衔之作。它们与军医社在之后几年中打造的多部品牌书一起，共同构成了军医社快速发展的品牌书集群，支撑并引领着军医社在通向大社名社的道路上快速行进。

品牌书，是一个出版社与众不同的名片。有了它，才有底气昂起头前进。

五年规划三年实现啦

通过持续的密集改革和深度调整，特别是通过机构重置、人员重分、机构重构、机制重建，从发展方向、发展理念、发展思路、发展方式和运行体制、运行机制等大的方面，凝聚了全社共识，理顺了重大关系，激发了发展活力，全社员工的积极性和工作热情得到了极大调动与发挥，软硬件等快速发展条件也基本具备，从而使人民军医出版社这个老社，开始在发展的快车道上高速前行。

然而，开局的第一年，结果并不令人满意。截至 2000 年 12 月底，出现了形势不好的"两降两增"：全社的发行码洋只达到 2780 万元，比 1999 年下降了 220 万元；相反，库存却出现了大幅度增长，达到历史上最高的 3680 万元；回款下降，退书量明显增长。经过总支和社务处分析，大家一致认为，这些数据反映的是改革当时的图书选题和销售状况，加之当年全力推进各项改革，各项工作处于并轨、减速、转弯状态，业务量向下走一点应该是正常的。不能因此动摇改革的决心，相反，要变下降为上升，最根本的出路仍是改革。

形势发展正如预料的一样，经过 2000 年一整年的改革，蕴藏在全社员工中的巨大积极性和创造精神开始迸发，全社的发展开始全面提速。由于上一年在配套改革上奠定了体制、机制基础，这种高速发展便如同上了高速路的快车，一路呼啸向前。2001 年年底，全社的新书达到 403 种，发行码洋达到 3800 万元，年增长为 38%；2002 年年底，新书达到 523 种，发行码洋则达到了 5900 万元，年增长达到 48%。图书市场份额也由 2000 年的第 5 位，上升到 2001 年的第 4 位，继而上升到 2002 年的第 3 位。

增长势头喜人。但这是不是只有数量而没有质量的增长？是不是单项冒进？是不是带短期冲刺性质的增长而难以持续？对此，我做了认真分析与思考。第一，由于全社的图书成绩是与期刊工作、音像工作同步发展的，一线工作是与二线工作同步进步的，因此，它不属于单项冒进，而是全面整体协调的发展。第二，这三年随着出版体量的增大，虽然投入总成本增加，但书均的出版成本、发行成本、管理成本，已较第一年分别下降了 23%、19% 和 11%，而人均利润、书均利润和总利润率却分别增长了 31%、42% 和 47%，说明这种增长是有效益、有质量的增长。第三，虽然由于盖新的办公楼用光了社里的全部积蓄，但 2001 年、2002 年的回款已较前两年增长近 50%，待回款较前两年增加近 2 倍，年利润总额较前两年增加了 6～7 倍，说明这种增长是有后劲、可持续的增长。虽然两年后的发展，完全证明了我的判断，但当时有了这个结论，还是使我对毫不动摇地继续推动快速发展充满了信心。

军医社的快速发展，也获得了新闻出版总署和总后卫生部首长、部党委和部机关的高度认可。出版社连续三年获得新闻出版总署颁发的"守信誉重服务先进单位"，社总支也于 2001 年和 2003 年先后被总后卫生部党委授予"先进党支部"，标志着全社的整体建设也上了一个大的台阶。

军医社从 2000 年到 2002 年年底，短短三年时间，就整体上翻了一番，从而使《人民军医出版社"十五"建设与发展规划》中提出的五年翻番的目标，提前两年圆满实现。

五年目标三年实现，对全社同志都是一个极大的鼓舞，大家对做大做强的信心更足了。而对原先怀疑五年计划能否实现和埋怨指标太高、步子太快、难度太大的同志，则是一次深刻而现实的教育，不少同志从原先的改革摇头派,变成了改革的积极支持者、参与者和中坚力量。

目睹了军医社三年来翻天覆地的发展变化,我从内心对全社的每一位员工充满了深深的感激。正是他们,用他们的忠诚与勤奋、智慧与汗水,为军医社的发展谱写着这一曲曲的发展篇章。为此,我在 2003 年中国邮政为我社特制的新年贺卡上,写下了这样几句话:

当新的军医出版大楼在京西矗起,
我们的心中还矗立着一座更高的丰碑,
丰碑镌刻着一串令我们永远难忘的名字:
你的名字正在其中闪光!

社庆中难忘的三件事

2000年,是军医社成立50周年的大庆之年。

军医社的前身如从成立于红军时期的1932年的《红色卫生》杂志算起,实际上已有68年的光荣历史。但以"人民军医社"名义正式出版《人民军医》杂志和图书,则是在1950年9月,这也就成了人民军医出版社正式诞生的标志。

搞好这次大庆,关键是总结回顾军医社几十年所取得的成绩,继承发扬军医社在长期的奋斗中形成的光荣传统,感谢长期以来关心、支持、帮助军医社的各级首长和专家、同行及书店、印装厂的朋友,激发全社员工作为军医人的自豪感和拼搏进取的精神,为军医社更快更好地发展鼓劲加油。为此,我考虑要重点办好三件事:一是要出好一本画册,二是要准备好一份能体现军医人心意的礼品,三是要组织好一个庆祝大会。

为了出好这本画册,我和美编室主任成智颖同志早早就动手准备。按照分工,由我进行总体策划并撰写文字稿。当时我就想,在军医社正开足马力奋进的今天,要让每一位员工留下他们在奋进中最喜欢的一句话。我相信这句话既然能振奋他自己,也一定能振奋和他同行的人,合在一起,就是一股巨大的力量。而这句话和它的主人,作为推动军医社快速发展的有功之臣,完全有资格载入军医社的发展史册,让他们的业绩和他们的思想一并传之未来,激励后人。这个提议也改变了一般单位纪念册中只有领导出彩而没有普通员工形象的通常做法,很受全社员工的欢迎。每一个员工都在自己照片旁边写下自己发自内心的话语,妙趣横生,精彩纷呈,各具特点。照片由成智颖同志负责排版,最后找了当时全国印刷质量最好的深圳雅昌印刷公司专门空运到深圳进行印刷。应该说在十年前,这本画册达到了很高水平。每次翻看这本画册,都仿佛看到一个个员工正在微笑着用心和你对话。这本画册,将一个老社的厚重历史和大发展时期的青春朝气,跨时空地完美融合在一起。十多年过去了,常听军医社员工对我说,他们都把这本画册一直珍藏着。我相信,因为一本有真情、有温度的画册,是珍藏在每个人的心里的。

为了做一件有意义的礼品,我反复思考,最终还是决定为这么多年来支持帮助军医社的各位首长、各位专家和各界朋友,每人特制一块带有自己名字的手表。手表寓意着友情经历住了时间的考验,而刻着名字的表则被予以独特、尊显和唯一的含意。手表选用天津手表厂新出的一款非常轻薄漂亮的电子表,尽管手表厂反复强调一表一人名,会导致一表用一表模,费工费时,非常麻烦,但经过反复交涉,他们还是答应了,最终生产出了根据我社每个部门每个员工提供的近 2000 人名单而特制的手表。这些手表送出后,收获了无数真诚的感谢。2013 年,有一天碰到总后秦银河副部长,他告诉我 2000 年我送他的刻有他名字的手表他一直用了十多年,并把手表取下让我看,表的背面都磨得很光了,但他一直舍不得丢弃。作为我军总部的一位高级首长,解放军的中将,竟然十多年就戴着这么一块只值 60 元的普通电子表,这让我十分感动。我觉得自己当初在设计手表时所投入的那份情感,已经在每个人心中得到感知、传递、共鸣和放大。一块并不值钱的手表,一旦和真挚的情感所联系,就会远超过世俗对其物质价值的考量。

办一个好的庆典,是这个社庆的核心和关键所在。2000 年 10 月中旬,社庆大会在总后文化活动中心举行,由陈琪福副社长主持大会,我做了工作汇报后,白书忠部长和总后周友良分别做了重要讲话,对军医社的工作给予了高度评价,并对做好下一步工作提出了殷切期望。为了确保社庆能办出特色,我专门找了总政歌舞团的左青团长,经他同意派出了克里木等十多名军中知名艺术家,专门为社庆赶排了一台非常精彩的节目,把庆典的气氛推向了高潮。在社庆之前,中央军委委员、总后勤部王克部长专程到军医社来看望大家,这也是军医社建社 50 年来,第一次中央军委首长莅临视察。整个庆典简单、热烈、隆重,完全达到了我的预期。

把简单的事做好,就是不简单。筹办 50 周年的社庆,我更深地体会到这一点。

第四辑

众志成城的第二次腾飞

新时期出版人改革亲历丛书

从 2000 年到 2002 年年底,军医社实现了历史上的第一次翻番。更重要的是,它把军医社送上了登山的快车道,并一下子鼓起了军医人发展的精气神。

快车道上自有它独到的风景:创新的激情,爬坡的辛苦,登临一峰又一峰的喜悦;在超越别人的同时,更在超越着自己。那是奋斗与进取的快乐,奉献与付出的快乐,简单与纯净的快乐,助人与被助的快乐,成长与成功的快乐,登高与望远的快乐!

那几年,我们在快速地登山。

但,我们一路都唱着歌儿!

转型期的"三大转变"

2003 年的春节,我是在喜悦和思考中度过的。

五年目标三年实现,搬到了新办公楼,这带来的既是喜悦,也是新的挑战。但下一步何去何从?是继续保持高速发展?还是调整、稳定、减速?这个问题从搬到新楼上班的那天起,就在全社员工中有了两种不同的认识。有的说,近三年发展得太快了,就像汽车长时间高速行驶,一定要维修保养;有的说,高速发展必须有高成本,在盖楼把家底用完了还欠了 400 万元债务的情况下,千万不能借钱搞发展,为安全起见,必须经历一个调整期,稳住规模,稳住速度,稳住投入;但也有不少同志说,现在军医社刚翻了一番,如果就此止步,慢下来,再提速会很困难;气可鼓不可泄,应该一鼓作气,保持调整发展势头,把军医社做大做强。

怎么办?军医社到底何去何从?我知道,此时此刻,军医社又来到了一个重要的转折关头。

春节这几天,我一直在思考这个问题,并带着这个问题,进行了走访和深入思考。几天下来,我的思考日益清晰。我认识到,这三年实现翻番是结果,而在它的背后,是一果多因。主要是,通过这三年持续推进系列改革,已经消除了影响制约军医社快速发展的各种体制性、机制性障碍;通过推进各项软硬件建设,已经创造了快速发展的必备条件。现在,引领军医社这趟高速列车的方向是正确的,路基是坚固的,路轨是通畅的,机车是强健的,动力是充沛的,车头与各车厢衔接紧密,连动和谐,运作顺当,系统协调。特别是军医社近三年实现的第一次翻番,这是有质量、有效益、有后劲的翻番,使全社员工对军医社的发展质量和发展潜力深信不疑。我坚信,军医社的快速发展,绝不是那种只顾规模、只求速度、只讲码洋的发展,而确实是优质、健康、可持续的发展。只要对此判断准确,那欠下的外债,应是指日可还,盖楼花光的家底,该会快速垒起。至于把人和车类比而提出的保养维修一说,我觉得这是牵强,对人来说最好的保养、维修,就是给他们创造一个能做事、做成事、舒心做事的环境,如以丧失机遇、牺牲发展、做平庸事业为代价,那种保养是对人的摧残。显然,此时的军医社,天时、地利、人和俱备,军医社历史上罕见的快速发展机遇已经到来。真可谓,八面来风,风归一处;时不我待,机遇难得。作为军医社的当家人,我必须紧紧抓住这一难得的历史机遇。否则,我将有愧于历史,有负岗位和责任,也有负我自己。

基于这个基本认识和判断,于2月8日,也就是春节上班后的第一天,我就主持召开了总支会与社务会联席会议,在会上,我主要说了春节期间的几点思考:

一是军医社的"十五"规划已提前完成,现在军医社的建设、发展和改革正处在一个新的发展起点,也是新的转折点上。我们要研究提出一个从现在起到下一个三年的新的工作指导思想、奋斗目标和发展战略,以明确努力方向,凝集全社共识,动员全体员工为实现新的目标而奋斗。

二是在确立工作指导思想之前,必须对军医社面临的现状、形势、机遇、挑战有一个正确的判断,那就是必须快速发展、能够快速发展、完全可以实现快速发展。

三是提出了当前和今后三年的工作指导思想:以科学发展观为指导,以发展为主线,以管理创新为动力,实现搬迁到新办公楼后的"三大转变",即由小社向大中型出版社的转变,由规模效益型向质量效益型的转变,由常规式发展向跨越式发展的转变。以搬迁新楼为契机，以质量建设为重点，进一步理顺流程、精细管理、降低成本，最大限度地激发全社员工的工作激情和创新精神，探索符合军医社特色的更好更快的发展模式，保持全社高速、持续、稳定、健康的发展局面，为实现国内一流、军内领先的目标，为早日跨入全国优秀出版社行列而努力奋斗。

四是根据上述指导思想，我提出了主要的实现思路与路径，那就是要以"三大转变"为基本依据，围绕如何创新管理、挖掘内涵，主要从以下七个方面着手：(1)制定图书选题的精品战略，使发展建立在优质产品群的支撑之上；(2)进一步提升精细化、专业化出版水平，使快速发展建立在确保质量的基础之上；(3)进一步优化出版流程，使快速发展建立在高效顺畅的产品线平台之上；(4)进一步降低成本，使快速发展建立在低成本竞争的优势基础之上；(5)深入开展全员改进活动，使全社各岗位各环节各项工作建立在精益化的追求之上；(6)进一步深化分配制度改革，把发展建立在依靠全社员工的工作热情与创新基础之上；(7)要开展深入人心的社风文化建设，把全社发展建立在保持全社员工经久不衰的拼搏精神与进取活力之上。

五是为实现上述总体战略与基本思路，必须有坚强的组织力加以保障。为此，提出了组织调整与部室主任调整意见。新设立的机构主要有网络计算机室、人力资源办公室、房管办、图书资料室等，分别由丁震、胡仲清、康福登、李惠芳任上述部门主任(注：在此前后，由于李恩江和杨磊石主编到年龄退出领导岗位，由曾星和姚磊分别接任副社长和主编；解放军卫生音像出版社合并到军医社，张肖苏副社长兼任音像社社长。2004年陈琪福副社长退出领导岗位后，贾万年接任副社长)。

我的上述思考，得到了班子的一致认可。第二天上午，在全社员工的大会上，我又对全社人员进行了以"三大转变"为重点的新时期工作指导、发展目标、主要思路的宣讲。出乎我的意料，这个讲话引起了全社员工的强烈反响与共鸣。新的目标在召唤着大家,一个更加辉煌的前景,已经展示在大家的面前。

新的大楼,新的起步,从进驻新楼的第一天开始,我和战友们一起,又激情满怀踏上了一个新的奋进征程!

手电筒理论与深度专业化之路

工作指导思想和方向、思路确定以后，接下来就是分块落实。要把小社做成大社，这个大社不是自封的，也不是上级授予的，而是靠图书产品在市场上打拼得来的。要变规模效益为质量效益，必须改变产品模式，走专业化、精细化出版之路。这就要求我们打破常规，找出跨越式发展路径。而这条路径，对一家专业出版社来说，就是以专业细分为标志的深度专业化之路。

先从编辑部来讲，自从 2000 年将一个图书编辑部裂变为三个编辑室，继而又实行"文策分流"将加工工作负担剥离后，编辑的生产力得到了极大解放，一时间，组稿、发稿，你追我赶；报选题、出新书，局面一新。原来整天抱怨新书少的发行部各位业务主办，个个笑逐颜开。到 2002 年年底，全年出书已达到近 400 种，达到平均每天一书。但新书多了，品牌书、畅销书却并未增加，说明我们的选题水平还不高，发展还停留在比较粗放的层面。显然，我们在做到从少到多以后，下一步就要朝着从多到好、从多到精的方向努力。要做到这一点，只能靠进一步走好深度专业化之路。推行编辑部的第三次分流，势在必行。

按照上述思路，我提出了以医学二级学科为主体，对策划编辑室进行重组，在全社组建 10 个策划中心，并对策划编辑进行深度专业细分的设想。想不到在征求意见时，竟和上次推行"文策分流"时的情况一样，又遭到部分同志的强烈反对。有一位编辑室主任在会上大声对我说："齐社长，你给我们说说看,在医学领域,还有哪个领域、哪个专业、哪个学科的书,我们还没有出? 医学本来就很小,全国医生不到 200 万人,医学出版空间本来就很窄小,即使现在学科还没有细分,我们的选题都很难做,如果你把专业和学科再细分,非让我们只做一两个学科的书,我们的选题就没有办法做了,我们这个策划编辑也没有办法干了。"

　　面对这位有着相当丰富的策划经验的编辑的提问,我这个连一天策划编辑都未做过的人,还真有点为难。我真的说不出在医学领域,还有哪个领域、哪个专业、哪个学科的书,军医社没有出过。但我从认识论和方法论的角度,回答了他的问题。第一,出版的主要矛盾是出版物的内容、质量、时效与读者需求不相适应的矛盾。对读者不断增长的需求,我们只能接近它,却永远不能穷尽它;需求无限而提供有限,我们的工作永远没有做到顶的时候,也就是人们常说的没有最好只有更好。从这个意义上说,军医社的图书还远远没有做到位,没有达到让读者满意的程度。而实践中也确实如此。第二,要把工作做深做精,只能借鉴现代工业化,当然这也是现代出版的思路,走深度专业化之路。这就像一个手电筒,当它聚光时,能够照得很远;而当它散光时,虽然它照的面积扩大了,但它却照不了几米。因为它的光照面积和距离是成反比的,面积越大,距离越近,要想照远,必须聚光。这个手电筒理论和前面提到的所谓"自行车理论"一样,都很简单,但大道无形,很多真理就寓于这简单浅显之中。只是当我们用这个原理跨界解决一个现实难题时,就会显示出真理之光的神奇力量。

　　认识解决了,共识形成了,具体工作就好办了。从 2003 年 3 月起,我们开始把原先的以编辑室为单位的粗放分工,变成从二级学科的层面进行细分,共组成了外科(妇产)、内科、骨科、口腔、中医、影像、教材、科普、电子 10个策划中心,分别由郭伟疆、秦速励、黄建松、杨化兵(后为杨淮)、王显刚、郭威、丁震、郝文娜、焦健姿、王敏等我社的重要骨干担任中心主任。在我社历史上第一次实现了以策划中心为单位,形成了各个重点领域中的作战团队,并以团队形式按分工、按学科进行深耕细作,为进一步提高选题质量打牢了基础。这样做的另一个重要意义还在于,实现了机构重组,我们就从根本上突破了一般军队出版社都是按编制设置机构的常规,改为按需求设置机构。军医社建社50年来,社内机构一直是按上级颁发的"编制表"执行的。全社只有"4部2室",即2个杂志和1个图书编辑部,加上发行部和印装室、财务部。通过这轮改革,在两三年的时间内,先后完成了在机构设置上的多次调整,把原来的"4部2室"调整加强为"10部24室"的运行编制,不仅搭起了一个现代化的组织框架,理顺了内部关系,更重要的是,为出版社后几年的快速扩张,顺利推进我社建设发展史上的"三大转变",提供了有力的体制架构支持,也为后续一系列改革奠定了基础。

在从二级学科层面完成机构改革的同时,在策划编辑部内部,又从三级学科层面,对策划编辑的专业进行了进一步细分。有的重要的三级学科如骨科,也专门成立了相应的策划中心,从而使每个中心、每位编辑的专业都聚集得十分清晰,一改过去那种粗放的"大面积广种薄收型"的选题组稿方式,如心内科的编辑,就集中精力研究心内科的市场,联系心内科的专家,瞄准心内科专业国内外做得最好的对手,集中精力做精做细做深心内科的图书。这样,那种"大面积广种薄收式"的"万金油"策划,变成了"小面积精耕细作式"的"专家型"策划。为这一步的工作基础,也为后来推行"二次策划"模式,即在选题完成后的跟进策划,包括内容策划、制作策划、营销策划,或者深度策划、精细策划与全程策划,打下了坚实基础。这为军医社后来成批量地打造精品,大幅度地提升品牌,为在实践中迅速成长出一批专家型编辑,创造了最为重要的前提条件。

在对策划编辑部进行重组的同时,我们也对加工编辑部进行了重组。首先,我们按照策划编辑的方式,对加工编辑同样根据医学二级学科的专业分类,将加工编辑也细分为内科、外科、妇科、儿科、中医、口腔科、科普等多个编辑小组。道理很简单,要想把加工做精、做到位,同样需要掌握精深的专业知识。你让一个未学过医的人去加工临床专业图书,或让一个学普通内科的人去加工口腔图书,都是让他难以胜任并难以确保加工质量的。专业细分既是人才使用上的扬长避短,也是对加工编辑专业的一种认可和尊重,在推行中没有推行策划编辑分工中的那种阻力,很受加工编辑的欢迎。为了使加工编辑部的专业细分与其上流——相同专业的策划中心相衔接,我们把相同专业的加工中心、策划中心进行一对一对口搭配,有的加工编辑把工位都搬到策划编辑中心,以便就书稿中的问题进行面对面沟通商量,大大减少了问题积压,提高了工作效率,使策划与加工编辑都感到工作更加便利。在推动社内加工编辑专业细分的同时,针对近180多名社外编辑专业分工不清晰,无专人管理、帮带、督导、检查的问题,我们对社外加工编辑也进行了专业细分,并对管理模式进行了重大改进,即由过去的集中管理,改为交给社内加工编辑分散管理。具体做法是,将社外180多名加工编辑按专业特长分为近20个小组,由社内20名加工编辑分别担任加工组长,负责对社外加工编辑分活、检查、督促,并把社外编辑的工作质量与进度与组长的奖金及收入挂钩,使社外加工编辑队伍的建设很快走上了轨道,加工质量和效率也有了迅速提高。在2005年中国版协举办的编校质量大赛中,军医社代表队一举获得科技类出版社第一的成绩,说到底,这既是走深度专业化之路的硕果,也是对深度专业化之路的充分肯定。

通过这样的三轮专业的深度细分,军医社前进的步伐,在前三年已经走得更快的基础上,走得更加自信、更加坚实。在此后的3年中,全社的新书品种每年增长29%,造货码洋每年增长32%,图书的重印率上升了40%,进入全国医学图书排行榜的品种较三年前增长了15倍。与国内其他医学出版社相比,军医版图书的质量优势迅速显现,市场竞争实力一年上一个大台阶。三年前，军医社还排在上海科技、中国医药科技、中医药科技、科技文献出版社之后，如今快步赶上并超越这几家国内医学出版强社，专业细分是最为关键的策略之一。

专业化出版还迅速地培养了一批优秀策划中心，如外科、骨科、内科、口腔、中医、教材、考试、科普等中心，短短几年间，年出版量和盈利就接近甚至超过 2000 年军医社全年的总和；一批从未做过医学图书出版的同志，如丁震、郭伟疆、黄建松、秦速励、张怡泓、王显刚、郭威、郝文娜、杨淮等，他们过去都没有做过一天医学策划编辑，但在专业化的道路上，都有了飞速的成长，很快就成了各自分管领域的行家里手，赢得了同行们的认可和尊敬。比如黄建松于 2002 年来社时，还是一个刚从医科大学毕业的本科生，从 2003 年分管骨科专业，不到三年，他就将骨科做得风生水起，成为国内医学出版界骨科出版领域公认做得最好的首席编辑，2005 年年底，就有猎头公司来挖他，开出了 40 多万元的年薪。高爱英来军医社还是一个 20 岁刚出头、非常腼腆的小姑娘，负责超声编辑专业后，短短几年，就将这个专业的市场占有率做到了国内第一。最近，她策划的图书，已占领国内超声医学图书的半壁江山。

2004 年 4 月，中国科技出版委于国华主任、曾铎副主任和周谊、张学良顾问一行，到军医社调研，对军医社坚持专业化出版方向，特别是对实行深度专业细分，给予了高度评价。这几位德高望重的老一辈出版家的评价，更坚定了我们走精细化、精深化、精品化专业出版的信心。

"从起点到目标，两点间的最近距离是直线。"十多年来，如果说军医社的发展未走什么弯路，我想，在很大程度上，是因为当年选准了深度专业化出版这条直线，然后就把持定力，排除干扰，心无旁骛，坚持走下来。

我想，一个单位如此，人生，又何尝不是这样呢？

建一条军医社的出版"高铁"

　　图书市场不仅仅是大鱼吃小鱼,而且是快鱼吃慢鱼。随着选题量和出书量的大量增加,出版周期太长就成了制约快速发展的瓶颈。一家慢慢腾腾迈着八字步前行的出版社,一家平均出书周期达 9 个月的出版社,市场是不会给它留位置的。但出版讲质量,信奉慢工出细活,要缩短出版周期,攻克这一困扰出版界的沉疴顽症,谈何容易! 为此,历时五年,我在全社先后推行了三轮大的流程改造。

　　2001 年推行了第一轮流程改造,对流程环节进行梳理,对于畅通社内出版通道,起了重要作用。这一次,相当于为军医社新建了一条出版"铁路",出版周期有了普遍提升。但由于是首次制定流程标准,各环节的质量指标和效率指标偏严偏紧,对效率的提升未达到预期。2003 年,为解决第一轮中的问题,我对指标进行了部分调整,使各项指标更加切实可行,促进了流程的顺畅运转,也便于考核。这一次,相当于把军医社的老火车换成了一列"动车",显著地提升了书稿运行速度。但终末监督、考核、奖惩还有不到位之处。

　　2005 年上半年,在认真总结前两轮"流程改造"的经验教训的基础上,我们学习借鉴国际上通行的 ISO 9001 管理思路,组织策、审、加工、出版、校对等部门负责人,历时 3 个月,反复 10 余稿,终于设计推出了新的出版流程。新一轮出版流程的主要特点是:一是要素分解,责任明细。即将全部出版过程分解为 28 个环节,对环节质量标准和效率做了更严格、也更合理的规定,对每本书、每个环节的责任人均明确规定质量、时限要求,从而把新闻出版总署〔2005〕6 号令中关于图书质量的标准要求,逐一分解落实到每本书、每个人、每个具体出书环节,实现了质量到人、时限到人、责任到人、奖惩到人的目标。二是环环督察,逆向问责。即规定上一环节向下一环节提供合格产品,下一环节要对上一环节实施质量和效率监控,使整个出版流程环环相扣,首尾相连,从运行制度和机制上将过去被动的专家质控、终末质控,改造为主动的全员质控、全方位质控、全过程质控(这也是我在中国人民大学在职研究生班时,听老师介绍海尔质控经验所受的启发,而向出版领域的成功引入和移植)。三是严格考核,奖惩到位。为了防止因监督、考核和奖罚不到位而导致的"虎头蛇尾"现象,我们指定市场部专人每月月底对每本书、每张流程卡进行逐一核查,对质量、时限不合格者和下一环节未对上一环节负责任的监控者,提出处罚意见并报社质控小组,最后以社名义每月对查处结果进行通报,同时在社《军医人通讯》上公布。通过上述努力,我们消除了推进流程改造中存在的阻力和问题,终于打赢了"流程改造"这场硬仗。这一次,相当于为军医社新建了一条出版"高铁"。日臻完善的出版流程,对全社书稿的高速顺畅运转,起到了极为重要的作用,有力地支撑了军医社"三大转变"战略目标的顺利实施,呈现出出版数量、时速、质量、效益四大发展指标全面跃升的喜人态势。

出版流程改造成功引起了业内的高度关注,前后有近 20 家兄弟出版社专程前来学习取经。我也曾多次去兄弟出版社介绍相关具体做法。一些军地出版社来我社参观后,对出版流程改造给予很高的评价,称之为"对出版管理难题的一个突破"。流程改造对军医社快速发展所起到的重要支撑作用,对出版社流程改造所起到的先河和引领作用,必将载入中国当代出版史册。

　　军医社的出版流程改造，从我 2000 年下半年酝酿提出，到不断修订成熟，前后历时六年。军医社的原出版制作部徐英祥主任，加工编辑部的周晓州主任，和后来分管加工编辑部的曾星副社长，都曾为此付出了大量心血。特别是周晓州主任，更是为此付出了无数辛劳。他和我合作的论文《图书出版流程图的改造与实践》，曾在 2006 年荣获中国编辑学会当年唯一的"中国编辑二等奖"，然后又于 2009 年获得中国出版政府奖。当然，在荣誉的背后，他也曾为此遭受过责难，承受了委屈。因此，好多年过去了，只要一想到军医社的出版流程改造，我就会不由自主地想到他，心中充满了对他的感激和敬意。但我相信，每当看到军医社每年的上千本书稿都在跟随着出版流程卡运转，他一定和我一样，心中满是甜蜜和欣慰。

获得首届中国出版政府奖（先进个人奖），左一为作者

不停顿的机制创新为发展提供动力

如何最大限度地挖掘、调动、激励、维护全体员工的积极性、创造性,最大限度地激发、保护好他们的工作激情和创新精神,这确实是我当社长时持续关注思考的问题。调动积极性,用好人才,有很多方面的因素,但最为重要的,一靠机制,二靠文化。前者是利益分配,后者是价值认同。但建立机制的意义绝不是单纯意义上的分钱、提利润、涨奖金,而是利用、借助分配这种方式,即利用经济杠杆这只强有力的"手",去找准全社员工的兴奋点、关注点、着力点,从而调动他们的积极性,真正聚全社之智,积全社之力,投入到为实现全社战略目标的服务中来。因此,在抓社风文化建设的同时,我一直把建立一种能最大限度调动积极性、实现"不用扬鞭自奋蹄"的动力机制,作为主要追求和目标。自2000年开始,每年都针对问题推开一轮分配改革。到了2003年,随着"三大转变"战略的实施,分配机制必须要随之调整,以便更好更快地实现新时期发展战略目标。又经过三年的摸索,直到2005年,我社终于建成了一套与"三大转变"战略相适应,能够适应快速做强做大的发展节奏,融分配与考核为一体,并与军医社文化建设相同步、相互配套、紧密衔接的激励体系。其特点主要集中在"任务主导、弹性调控、双向选择、奖罚到位"四个方面。

说"任务主导",就是说分配如同"藤",始终是围绕着任务这个主干来展开的。一个单位的发展规划、战略也好,发展目标和年度任务也好,如果不层层分解到每一个具体部门，进而层层分解到人头，那么，所有的规划、战略、目标就都是空的。只有分解到人头了，才算是落地。从 2003 年实施"三大转变"，提出三年再翻一番的目标，具体到每个部门和每个员工，年增长平均都要达到 33%。就拿策划编辑来讲，每个策划编辑的年度选题增长量、新书和重印书增长量、出版与发行码洋增长量、回款及利润增长量，成本控制比例等，都要定得非常清晰。每年一开年，我首先抓的就是这件事。这件事情未办好，我这个当社长的就会睡不好觉。道理很简单，社里的年度任务，一天不分解下去，就一天扛在我身上。"谁的孩子谁抱走"，只有逐级分解下去了，把我肩上的压力经过层层传导，最终落到具体责任人身上，孩子有人领、有人养了，年度任务落到实处了，我才会真正轻松下来。接下来，就要靠各位分管领导操心了，因为指标都在他们身上。每年的任务都按30%的幅度增长，大家之所以不畏难、不叫苦、不怕累，除了责任清晰、事业追求之外，另一个重要原因就是钱随事走，分配机制紧紧跟上来了，任务重的收益大，贡献大的奖金多，从而让每一位员工在完成任务、担当责任的同时，能够实现个人的价值与追求。一时间，人人以多承担任务为自豪；年底，也个个以多赢得奖金为荣。这种任务主导的一个重要意义，就在于它是一种前激励，而奖金则属于一种后激励。如果都等到秋后算账，对当事人算出的只能是懊悔，社里却丧失了宝贵的时间和机遇。而任务主导的激励，是在年初确定任务的同时，就跟着任务指标高低多少，同步确定工资的级别，包括任务指标的效益也逐月予以预提。刚开始时，社里领导和财务有人担心，怕提超了，怕人拿了奖金跑了，但十年来，军医社还没有一个员工因为拿了预提奖金而离开的；至于有的预提超了，大部分发生在刚来社的年轻编辑身上，一般工作两年左右，他们就都会把预提部分全部还来。这也算是社里为这部分年轻人成长所给予的无息贷款吧。但这种方式的实行，对培养全社员工不怕压力、敢于争先、勇挑重担、挑战自我的精神，对军医社实现持续10年的高速发展，所起到的重大作用，绝非金钱所能衡量，也是多少金钱都换不来的。

说"双向选择"，是指每年年初由社里提出任务指标下发到各部门，作为部门和员工确定本年度任务指标的指导性依据，但同时社里又配套下发了各类指标与收入、等级的对应参照表，每个策划编辑、加工编辑和发行人员，根据本人的能力与意愿，各自提出本人的任务与指标选定意见。你承担什么样的任务，完成什么样的指标，完全由你自己选定。当然，你完成什么样的任务，也就相应地享受什么样的收入和提成。这就防止在任务分配上的摊派和"一刀切"等强迫命令现象出现，体现对每个员工的高度尊重，也体现了多劳多得、效率优先的原则。刚开始我提出这个设想时，有不少人担心，这样任务会不会分配不下去？我说，基于对人、对人性、对员工素质的基本判断和信任，我相信，不仅不会分不下去，而且可能会比我们由上向下分配更顺利、更易接受，也更顺畅地得到落实。果然，我发现有位编辑，在未实行这项改革措施前，社里年初给她下达的指标是20本新书、10本重印书、600万元造货码洋、500万元发行码洋、250万元回款的任务，她一直认为太高，难以完成，反复找领导要求降低指标。但第二年，采取自主选定任务指标时，出人意料的是，她选的比社里下达给她的还高出一个等级。这使我从中得到一个重要启示，那就是同样的指标任务，由领导命令、指示、要求、强迫员工去做，和员工本人自觉自愿去做，可能在表面上的结果是一样的，但落实效果和内在质量是大不一样的。前面一种方式，员工是作为被动的领受者、执行者；后一种方式，员工是作为自主决策者、主动承担者，虽然指标一样，但它给予员工的心理感受，它对员工内在潜能的激发与调动，是前一种方式所无法比拟的。从那以后，我每年都采取后一种方式来分解任务。而这种方法即由员工本人自主选择和受领的方法，其对任务指标的选择强度、高度、难度，往往超过我们的预期。依我设计激励方案的初衷，年轻编辑一般是 4 年左右跃升到上一个级别，但采取自选任务、自调级别、自定收入后，大多数年轻编辑普遍两年左右就会挑战上一个级别。有的年轻编辑到社里也就 6～7 年，已经开始挑战编辑的最高级别，年底的奖金也超过了我这个社长。看到军医社以年轻人为主体的编印发队伍的快速成长，这些几年前的毛头小伙或小姑娘，能够这么快地成才，我真是感到由衷的喜悦和欣慰。我想，如果在他们来社之初，就采取强制性摊派指标任务的方式，不用说 10 年，不出 3 年，他们不是被逼走，就是被逼垮。年轻人的成长就如同一棵树，只有让他枝条舒展地生长，才能成长为一棵大树，太多的束缚，过多的外压，只会促使其变形枯萎。这种奋勇前行的气概，这种对个人价值的自主追求和实现，这种个人成长与单位发展的互融式进步，这种对人性光明一面的照耀和发光放大，才是深藏在这种方式背后的真实意义所在。

说"弹性足够"，是指员工如年初选多了、选高了，本人可以选择退回到下一个任务级别，社里财务室也会在每个季度末对每人完成任务的情况进行核算，对连续 2 个季度未完成任务指标的，则会提醒本人；如下一个季度仍未完成，就要自动下降一个等级。少选了，也可申请追加。这样做，可有效减轻每人在年初选择任务指标时的过大压力，帮助年轻人勇于挑战高一级的台阶。从军医社这么多年的实践看，大多数老同志都选得比较准确，一般一经选定，都能如期、保质、保量完成。而年轻人由于缺少经验，在前 5 年中会有一些调整现象出现。但一般情况下，一个人调整的次数大多也仅一次，从没有反复调整的情况出现。"弹性足够"还有另外一层意思，就是一个部门的负责人与员工之间、员工与员工之间，年底任务指标可以相互调剂支援，比如甲员工超额完成了，乙员工可以借用甲员工的超额部分，作为部门内部的相互支援和调剂。这样做，从社里来讲，总任务和部门任务已经完成；从部门来讲，可以增进内部团结。当然，对员工本人来讲，既是激励又是保护。而实践中，也没有常年靠他人支持才完成任务的员工。"弹性足够"，说到底,也就是在员工选择任务级别时,给出足够的空间和余地,让他们能够游刃有余、心情舒畅。正像不少员工所说的那样:"我们是在爬山,但我们在唱着歌。"是的,一旦唱起了歌,即使爬山很辛苦,也就不会感到太累了。

说"奖惩到位",其核心是激励要到位。

一是指奖惩的要素要齐全,不要有遗漏、缺位。凡是社里的工作导向、工作要求,大到发展战略,小到具体工作要求,凡是需要员工落实的,都要在分配机制中有所体现。比如,为贯彻总署关于质量不超过万分之一的要求,我们就得在分配中明确,超过的扣罚;造成损失的要重罚,即承担直接损失的相当比例部分;再比如,在发展初期,为解决新书少的问题而鼓励多出书,就规定每出一本新书,额外奖励 400 元;而到后几年,要控制出书数量提高单本书效益时,就改为停发新书奖金,而增设对高效益单本书的提成比例。还比如,当社里鼓励多做对外输出的产品、为部队服务的产品时,就加大对这几类图书的提成幅度。总之,不论是上级布置的任务,还是本社要实现的目标,都不能依靠会上领导布置、会下领导督促来实现,而是要靠机制这只无形之手,由它来代替领导的日常性督促检查,往往比领导来督办要持久得多、有效得多,因为它和全社员工是如影相随、寸步不离的。即使是再能吃苦、再有本事的领导,有哪一位能做到这个程度呢?

二是奖惩的各种关系要把握好。在我当社长前,各级领导都出于信任,对军医社的奖金不再过问,一切委托总支做主。在我当社长期间,虽然经历了几任部长副部长,但这一条始终没有变。领导越是高度信任,我作为社长、总编、书记一肩挑的当家人,就更要为上级党委首长把好关、当好家。因此,在分配多少,是否封顶,每年的增长幅度如何把控,一、二线员工之间如何平衡,面向市场与面向战场两类部门之间如何协调,新老员工之间如何照应,领导和员工之间如何比照,效率与公平之间如何结合,分配与积累之间比例如何确定,分配、积累与扩大再生产之间的关系如何把握,等等,都是我经常思考的问题。对此,我采取的原则是不逾矩、不违章;有规定的按规定办,没有规定的按"三个有利于"的原则办:只要是有利于提升品牌、有利于增强社里总体实力、有利于调动员工积极性的,就大胆地办。按照这个原则,在分配的不少方面做了较大突破,比如在奖金封顶问题上,就突破了封顶限制;在效益分配总体比例上,确定了员工的收入要与社里的发展同步增长;在分配与积累的关系上,我提出宁可少积累慢积累,也要确保员工这一头不降低。这句话说起来容易,实际上落实起来难度很大,特别是在新办公楼刚盖好的 2003 年、2004 年,盖楼欠下的外债要还,高速发展的成本急速增加,每到年底,财务张国深主任就为筹集第二年的资金着急发愁。即使在这种情况下,我还是坚持再难不能难员工,宁可四处化缘,八方求人,借点债务,特别是部里对我们给了有力支持,使我们社渡过了那几年的难关。

三是一定要舍得给员工奖励。我一直觉得,社里这些年轻员工,大都是外地人北漂在京,他们上有老、下有小,结婚租房,看病上学,事事要钱,处处不易。钱放在他们兜里,不论是用于孩子上学,还是用于老人看病,或者是用于自己学习,都比放在我们社里,甚至比发到我们手里所起的作用更大,这钱才显得更有价值。就如我小时候,母亲为了给我买一本定价 2 角钱的《张骞通西域》的小人书,她专门花了 2 天时间,用麦秆编织了两顶凉帽,赶集时卖掉,给我买来童年唯一的一本小人书。我知道这 2 角钱对于有钱人来讲,可能路上见到都懒得弯腰去捡,但这 2 角钱对于接近失明的母亲的价值,则相当于她好几天的辛劳,是她拖着病体在生产队干两天活的 20 个工分,意味着支持全家吃一个月的一斤食盐。它对我金钱观的养成,起到了很大作用,我一直认为,钱只有放在急需的人那里,才能实现它的价值最大化。因此,当我今天有能力来分配奖金时,头脑中会产生上述想法,也是非常自然的。如能把钱发到那些员工们和他们的家人手中,这钱才是真正有价值、有意义,这钱也才是钱,真正的钱。否则,这钱只是存款,是个数字,而当钱失去了服务他人、造福他人、救急他人的作用时,这钱是没有多少价值的。这就是我的金钱观,这个金钱观也自然而然地影响了我的分配观。多少年过去了,尽管当年由于处于创业阶段,发给员工的钱,比我预想的要低很多。但我这个理念,我努力多给员工提成的初衷,还是为大家所了解、所认可的。当然,他们当年的忍耐,已化作了军医社今天发展的根基,他们这种付出和奉献,一直被军医社每一个老员工牢记在心中,也必定为军医社的后来人所铭记。

四是奖惩的成本分摊要合理。成本摊扣之所以是个难点,是因为成本多一分,利润就少一分;而利润少一分,则员工的提成也就会相应减少。因此,作为公开透明的利润分配,成本问题必须要如实地和员工交底。直接成本只要实事求是地计入,这应该是没有问题的,员工都会接受。但管理成本的分摊,如果太高,势必会直接降低利润,甚至把一本本来有盈利的图书,算成一本亏损书,这两种结果,无论是利高变利低,还是盈利变亏损,都不仅会直接损害员工利益,而且会引发选题误判,让本来可做的图书不敢再做。但如果太低,则社里的管理成本分摊不足,不仅会减少社里的积累,更重要的是会造成虚假盈利,同样会导致选题误判,产生错误选题导向。为了解决好这个问题,我和财务进行了反复测算,先后拿出多个方案和比例,并反复开会,让编辑共同参与测算,本着实事求是的原则,直到编辑们都接受为止。考虑大型医学专著、上级下达的任务性图书、对外输出类图书,普遍存在市场容量小、投入精力大、出版周期长、盈利总额低等实际情况,我们还对这三类图书的提成成本比例进行了削减,以提高这三类图书的盈利水平,达到鼓励多出快出这三类图书的目的。从这个意义上讲,成本调控也是重要手段之一。

五是对领导的奖惩是热点,必须审慎地处理好。在这个问题上,我始终把握的是以下三条：一是把握好总量和比例。一个出版社，领导很重要，担子很重，操心的事很多，担负的责任很大，拿少了肯定不妥，也有失实事求是的原则。但领导毕竟不在一线，最高的奖金应该永远是一线员工拿。本着这一原则，我在当社长的十多年间，一直沿用上届班子制订的在职社领导略高于在职编辑平均奖金水平30%～40%的比例。二是把握好总量。具体就是把握三个"不能高"，即不能高过一线编辑最高水平，不能高于同行业平均水平，不能高于历史最高增长水平。有了比例，再加上总量控制，军医社领导班子的奖金，长期以来一直处于比较恒定的相对偏低水平。这样，干在前面，拿在后面，群众服气，自己心中也踏实。当然，这也符合我自己严守的"当官绝不发财"的人生信条。三是要着眼调动社领导的积极性，体现干多干少、贡献大小的不一样。有图书策划能力的社领导，特别是编辑出身的社领导，他们有大量的专家资源，在完成领导工作之余，还加班加点策划了不少有分量的好书。对部分社领导所做的这部分工作，如一分钱都不给，他们的积极性是不能持久的。但如按照编辑的提成比例提成，他们就会得到社领导和编辑的双重收入，这显然是不合理的。为此，我提出三种办法供各位社领导选择，或者走编辑提成，或者按社领导比例分配，或者按社领导比例分配后，将个人所做图书的提成比例按编辑的三分之一标准提成。这个办法公布后，全社上下都没有意见。社领导都采用了第三种办法。当然，即使采用第三种办法，对像姚磊副总编等善于做书的社领导来说，收入还是较他当社领导前大幅度下降。从这个意义上讲，这也是姚副总编等社领导对社里的又一方面的重要贡献。至于我个人，则是采用的第一种方式，但我主动放弃了对《临床技术操作规范》等有好几百万元巨大效益的重大图书的提成。我不是说自己有多高的觉悟，只是觉得这样做，更符合我做人的信念而已。

六是奖惩的方式必须公开。常言说，没有公开，就没有公正。在军医社的多轮分配改革中，我的一条重要经验，就是从方案制定、集体讨论到下发执行,全过程公开,全员工参与。这样做的好处很多,尽管每次讨论都争论得面红耳赤,不亦乐乎,尽管我本人的某些想法不被理解,甚至被误会,但我始终乐于促成、推动这个过程,并以参与其中为乐。道理很简单,参与,说明大家重视;争论,说明大家信得过你,说明把话都说出来了,不至于窝在心中影响工作;更重要的是,争论是明理和辨别是非的过程。曾经有人问过我,你不觉得员工在会上反驳你,会损害你的威信,影响你的形象吗?我说,一点也不。真正损害威信、影响形象的,是你不讲事理,不辨事理,不按规律办事,最终把出版社搞垮,那才是最大的没有面子;再说,所谓领导,说到底,不是靠你的职务在领导,而是靠你善于集中别人的意见,包括反对你的不同的但是正确的意见。人们说,格局有多大,事业做多大。这个格局,我觉得就是容人容事的雅量吧。从这个意义上讲,那些不同而有见解的意见和建议,才是真正的无价之宝;那些敢于直言的谔谔之士,才算得上是难得的忠直人才。在这方面,我在出版社的十多年中,像曾星副社长和发行部胡仲清主任,就是经常和我争论甚至争吵的,但我们之间都一直保持着很好的诤友关系。

七是奖惩的导向要明朗清晰,让多劳多得成为风气。要和大家说清楚,他得的越多,对社里的贡献就越大,就越得到大家的认同和尊敬。比如图书编辑部老主编杨磊石,他每年一个人的任务量,就相当于一个有四五个编辑的编辑室。因此,他每年都是先进,年年奖金都全社第一。他的贡献大,他自己拿得理直气壮,其他员工也都服气。2012 年,在他从在职干部的岗位上退下来后,军医社还为他上报并最终获批了"韬奋出版奖",成为继姚磊副总编以后军医社第二位获此殊荣的编辑,成为大家学习的楷模和榜样。

八是在强调效率优先的同时,一定也要强调公平。往往强调了效率即加大激励力度,就会忽视公平,从而出现收入两极分化的现象。为了避免这一点,我在分配指导上提出,军医社的大发展是全社员工共同奋斗的结果,军医社的发展成果一定要让每一位员工分享。因此,除了效率提成是按创收指标外,其余的分配都一视同仁。如每年的年终奖金、先进员工奖励、逢年过节补助,全社从社长到员工,都完全一样。同时每年年底,都要对困难员工给予补助;对生病员工,给予专项接济;对生大病的员工,还发动全社捐款。总之,只有发展成果由全社每一位员工共享,这种发展才不再是冷冰冰的指标加上赤裸的金钱,而是一种充满着人性光芒、让人温暖的发展,也只有这种机制,才能确保发展得健康,发展得有意义,并让发展充满生命力。

军医社的奖惩机制虽然内容有很多,但其根本点是信任员工、尊重员工、依靠员工,出发点就是以人为本。其方法上的精髓,其实就是两个关键词:放开与激励。军医社虽小,从这一点上讲,其实和当年在安徽省试行,后来在全国推行的分田到户,原理是一样的。我清楚地记得,1978 年党的十一届三中全会决定实行改革开放以后,我于 1980 年回家时,我妈妈拉着我到家里的粮食囤面前,用手摸着快高到屋顶的粮囤,高兴地告诉我,几十年来,家里从没有收过这么多粮食。当时,我就想,淮阴老家天还是那片天,地还是那块地,人还是那些人,为什么一夜之间就由吃不饱变得吃不完,不就是分田到户调动了农民的积极性、解放了农村的生产力吗? 想想小时候,生产队的干部辛辛苦苦,每块地种什么,啥时施肥,啥时除草,都由队里统一规划;几点上工,几点下工,就像部队一样,吹着哨子敲着钟,整齐划一,但就是不出粮食;而一个分田到户,就一下子把农民的积极性调动起来了。这一收一放之间,何止天渊之别! 从现代管理来讲,过去的收,就是强调控制;而现在的放,注重的是鼓励。我们有些单位搞不上去,领导都像当年的生产队长,对农民这也不放心,那也不相信,这样的单位还想有大的发展,只能是一种奢望。当领导对员工像军事单位一样严格控制之日,那就是这个单位的生机和活力枯竭之时。那党的十七大、十八大、十九大都提出的要努力营造让一切创造力竞相迸发, 让一切创造财富的源泉充分涌动的生动活泼、全员奋进的局面,又怎么能够实现呢?

难题，才是管理进步的真正台阶

十多年担任社长、总编兼书记的经历，使我深深体会到每一位出版社领导的不容易。可以说，每天一上班，就面临大量的管理难题。一方面要考虑带好班子、把好导向、定好目标、建好队伍、育好风气、做好安全；另一方面要思考如何筹划好方略、组织好产品、开拓好市场、提升好效益。但当我想把管理触角深入到出版管理的核心层面，想把管理做精细，想解决发展中面临的瓶颈、难点问题的时候，发现下面这些难题，如同一道道关卡，拦在军医社高速前进之路的路口。比如，如何提升选题水平？如何加强质量管理？如何把成本压缩到位？如何建立科学的考核体系？如何控制库存增长过快？如何科学合理地确定印数与定价？等等。这些问题，漠视它，不行；绕道走，也不行。唯一的办法是正视它，找出科学合理的办法，去破解，去攻克。

制服的第一只"拦路虎"：降不下的库存

2003 年到 2004 年，全国各出版社的库存总量急剧增加，各社资金周转困难，一度成为全行业不能承受之痛。当时的《中国新闻出版报》曾组织过为期近一个月的专题讨论，集行业之智，以期研究攻克该问题。军医社当时同全国一样，同样在为快速增长的库存而焦急。而通过分析库存新增的品种,发现主要原因是重印书的量把握不好。每当策划编辑和发行部一发现单品种在 100 本左右时,就怕断货断档,马上安排重印,且重印的量又往往偏大,从而造成新的库存积压,编辑把它总结为"不重印不亏损,一重印就亏损",并导致本应该重印的不敢重印,使得本已占领市场的图书被取代。我认为这是对新书和重印书的规律没有真正认识所致,任其发展,必将带来严重损失和浪费。而认识重印书发行规律,必须从图书的走势特点入手。

为此,我请张卫民主任统计了科普和专著各一部分图书,从上市到不再走动的全过程,我发现,每本书不论大小好坏,从诞生、上市、销售起步、上升、高峰、维持、衰减到死亡,就像一个人一样,都有一个生命周期。我们要真正实现精准新印和重印,只要研究每本书的"生命周期"特点,就不难做到这一点。为此,我请发行部的李剑同志为我从专著、中医、科普这几类图书中,各找出 100 本左右有代表性的,逐一统计出它们诞生、上市、销售起步、上升、高峰、维持、衰减到死亡各阶段的出库、退货及时间。当大量的数据出来后,我用了近一个半月的时间,对这些数据反复归类、分析,最终发现,每类书确实如我预想的那样,有一个生命周期,而且这个生命周期是可以预测的。而这种预测的关键点,是前 3 个月的发货量和书店的首批添货量和时间,即可对这本书能够走几年、能够销售多少本进行预测。凡是前 3 个月走得多、回添量大的,一般生命周期都比较长,走的量也比较多;反之亦然。当然,这三类书的特点也不一样,前 3 个月同样的发货量,中医书和专著走的时间更长,量也更大些。找到这样的基本数值后,我开始用它在各类书做试验,发现对各类书预测的准确率超过 85%。也就是说,用这个办法可以使全社每年增加的近 800 万元重印库存图书,一年下降 640 万元。随后,我又让来人民军医电子出版社应聘的闫密,把这个重印书测算办法制作成软件程序,起名为"重印书测算模型"。使用时,只要输入几个数据,就能得出这本书的总销售量预测结果和重印数建议,非常方便(闫密也因此而当即被招进了军医社）。至此，多年来"不重印不亏损，一重印就亏损"的历史终于被正式终结了。同时，有好几位出版界的领导知道我们发明了这个秘密武器后，都专门前来了解，并建议我们成立一个"重印书测算专业公司"，专门帮助各出版社解决库存居高不下的这个老大难问题。而我们社的"重印书测算模型"从 2008 年年底投入使用，为军医社节省的经费也早就超过了千万元。

制服的第二只"拦路虎"：拿不准的定价

刚来军医社时，军医社的图书是按印张定价，大概每个印张 1.60 元，在全国医学出版社中是偏低的。随着单品种销量下降，发行折扣降低，退货量日益增加，利润已降到薄利水平。2000 年年初我刚到军医社时，发现书均利润只有 1.41%，通过对北京几大卖场反复调研，把书价提高到每印张 1.90元。在随后的几年中，随着纸张等原辅材料的价格上涨，又先后有过几次提价，最后基本稳定在 2.50 元（科普和中医书）到 3.00 元（专著）之间。但不管怎么调整，基本采用的是粗放型定价方式，按照社里的统一要求，由策划编辑根据每本书的具体情况稍做调整。这样定价的结果，既跟不上市场需要，又反映不了每本书的成本比例，书店和代理商也有意见。针对这个问题，我用了一个"偷懒"的办法。具体来说，即每当遇到一个新的问题时，我要先把它定个位，看它是不是常规性问题，如果不是，说明业内还没有解决办法，比如上面说到的库存增长过快问题，那就偷懒不得，自己辛苦研究，但通常能得到独创性成果。但在现实中，绝大部分问题都是常规性的问题。这类问题，我一般不自己琢磨，而是先找别人的解决办法。因为我相信，我今天遇到的问题，别人不仅早已遇到，而且已有了成功的解决办法。因此，只需把别人的研究成果与经过实践检验是成功的办法，调查了解清楚拿过来即可。这样做看起来是偷懒,实际上比自己关门琢磨好得多、快得多、成本低得多、风险小得多。从我个人的经验看,采取"拿来主义",借智借力,让最优秀的大脑为我所用,是一种最偷懒也是最聪明的办法。图书定价既然是书业的常规管理,出版业已很发达成熟的欧美国家,应该早已遇到,而且早应该有成熟而成功的解决方法。因此,解决这个问题,我就不能用研究"重印书测算模型"那样的办法,不需独创,只需借鉴。本着这个理念,我利用一段时间,对国外部分出版社的定价进行了研究,发现他们基本上是使用成本定价法。这个办法优点明显,由于定价与成本紧紧挂钩,并随时依成本升降而浮动,使得每本书的利润空间都很确定,操作方法也比较简单,只需把成本要素算全算精确,再乘以一个变量系数。按照这个思路,我让出版制作部的杨威把我社专著、科普和中医类图书的成本,以及前三年的定价,分类进行了详细统计。在此基础上,我进行了为期一周的分析研究、反复测算,终于找出了这几类图书的合理定价系数,再请杨威根据我提出的三类系数,对编辑们正在提交的新书按此办法进行了试定价。经过 2 个月左右的微调,最终形成了军医社的"新书定价与印数模型"。有了这个模型,编辑出新书时,只要把该书的各项成本全部输入,即可得出该书的准确定价建议,让编辑特别是新编辑头疼的新书定价这一老大难问题迎刃而解。采用"新书定价与印数模型"后,新书定价走上了理性、精准、个性化的轨道。从正式推出到今天全面使用,已经六年多了。在确保军医社效益稳步提升、保持出版环节顺当快捷方面,发挥了极为重大的作用。

制服的第三只"拦路虎":压不低的成本

图书作为产品,在生产过程中要产生成本,这是常识。2001 年前,军医社在这方面的做法，基本上和当时国内的各出版社一样，只要选题通过，该书确定上马，成本就全部由社里承担，花多花少，都和编辑没有关系。因此，在每本书的设计、用料及相关出版环节的开支上，编辑基本上不过问。我查了 2001 年的成本，占到了总定价的 32%。为了把过高的成本压下来，我觉得仅靠领导抓是不行的，因为图书出版涉及的环节太多，图书又是小众产品，每年成百上千个品种，领导就是三头六臂，也没有本事把这件事盯到位。因此，根本的出路还是建立一种成本与各环节责任人相关联的机制，让人人都盯着成本，都把开支成本当成花自己的钱一样算计节省，这样成本控制才能真正落到实处。为了做到这一点，在新办公大楼建好后，我就委托财务室张国深主任和负责出版部的原副社长陈琪福一道，花了近半年的时间，对图书直接成本的项目和数额进行了调查统计，摸索出了军医社的直接成本核算办法。在此基础上，我和张国深同志一起，反复测算出了应该摊入的发行成本和管理成本，从而形成了军医社的全额成本核算办法。接着，我将成本核算与员工利润、提成、奖金紧密挂钩，凡是单本书成本高的，利润就会成正比例减少，奖金也会同步降低。这种办法推出后，经过反复征求意见，使成本与提成、奖金间形成了同升同降的关联机制。这一招很灵，从此，每个编辑都把眼睛紧紧盯着成本，从稿费、印费、纸费等大的开支，到排版费、加工费、封面设计费、版式设计费、运费、仓储费、宣传营销费，每一个环节都被编辑盯得很紧，每一笔开支编辑也都会省之又省，从而使长期降不下来的成本开始大幅下降。从 2003 年到 2005 年，年年都在下降，最高的 2005 年，全年图书新书成本比上一年同期降低了 13.2%，重印书成本比上一年降低了 2.98%，节省的总额超过了 500 万元。更重要的是，自从建立了这样一种机制，从根上养成编辑不仅盯稿子、盯流程、盯市场，而且盯成本的良好习惯。也是靠着这种机制，管理的触角延伸到了每一个发生成本的角落，使每一个员工都把出版社的钱当自己的钱来惜用，使得每一分钱都能确保花到刀刃上。也是从有这个机制开始,我这个社长在管钱和花钱上真正开始省心了,因为大家都在精打细算,比我操心费力管用得多。它标志着这个单位的主人,真的到位了。

制服的第四只"拦路虎":慢几拍的奖励

管理学上有一条大家都认同的原理,那就是奖和惩的效应,都会随着时间的延长而成几何级衰减。因此,要发挥激励或惩戒效应,必须把实施的时间提前再提前,确保在第一时间兑现。但搞出版的都知道,一本书从策划、发行、卖出、回款到最后算出盈亏,一般最少得 2 年左右。因此,绝大多数出版社给编辑发奖金,也都是等这本书核算完成,一般在新书出版发行 2 年左右。为了让编辑尽可能早地拿到奖励,我经过近一年的反复思考,最后终于找出了以盈亏点为提成点的方式,实现第一时间对编辑的提成奖励的办法。具体做法是,先算某一本书的直接和间接成本,根据某本书的发行总数和折扣,计算出两者的交互点。而这个点就是此书的盈亏点,只要未达到这个点,说明这本书的成本还未收回;一旦超过这个点,即按提成比例予以提成。实行这个办法后,发行的新书在 2 个月内就能拿到奖金。当然,财务要辛苦点,但激励效果是很好的。这个办法,据我所知,在其他出版社中还没有听说过,这也算是军医社的一个独创吧。

制服的第五只"拦路虎":提不高的质量

从 2000 年到 2002 年年底,军医社实现了第一次翻番,而且是有质量、有效益的翻番,但也要看到,由于军医社处于大规模扩张阶段,大量的新人入职且边培训边上马,这也是新人实习进修练手的 3 年;加之密集的改革项目出台,要说不影响业务工作是不可能的。尽管各项指标都有向上的势头,发展的步伐也比较快,但总体质量仍不尽如人意,单本书效益和行业先进社相比,也还有不小差距。有的编辑为了赶进度、上码洋、上级别,对市场需求的研究不深不透,对读者的反映和书的评价缺少跟踪问效;本头越来越厚,水分越来越大;读者和书店还反映军医社图书选题较散,没有形成主打系列和重点品牌;封面千篇一律,多年不变等。为了克服在图书质量上的这种"浮、庸、肿、浅、散、单"的问题,从 2004 年开始,我在全社提出了"不求最大,但求最好;不求最快,但求最实"的工作思路和"抢占高端、扩大亮点,加强短板、做透军内"的十六字选题策略,着力打造具有军医社特色的"拳头"与"品牌"产品。在具体措施上,则是持续推进以"优生、美容、瘦身、板块、高端、服务"为主题的六大工程建设。

抓"优生"工程,从上游切实堵住平庸选题。这一条很关键,如果把握不住选题,就像一个先天残缺的儿童一旦出生,后续要带来长久、持续的麻烦。如果选题先天不足,本身有缺陷,其后的编校审工作虽然难度很大,但收效却不大,难以对其主体质量产生实质性影响。从编辑加工到三审三校,从封面版式到选纸用料,从物流发货到书店上架,全过程要有多少人为之费心出力,但到头来,只是从出版社到书店做了一趟无效"旅行",白白浪费了大量人员精力和社会财富,最终退货又化为纸浆。因此,必须在选题最上游严格把关,即在选题酝酿阶段就要把关。采取包括强化首席策划、读者早期参与、改进选题程序等办法,确保不让先天不足的选题出生。六大工程中,唯有这"优生"工程是我直接主抓。每月一次的选题会,我和姚磊副总编及其他社领导都会全程参加,对每一个选题,都本着"三级把关、四方会审、好中选优、遇疑就停"的原则。三级把关即室、编辑部和社选题领导小组会;

四方会审指策划编辑部、社领导、发行部和书店代表；好中选优指同类选题不得同时重复上马，只能多中选一、好中选一，杜绝重复，确保最优；遇疑即停是指对有疑问、疑惑、疑虑的选题，必须停下再说，不得勉强上马，不要将就通过。根据我的经验，凡是勉强做的、不是水到渠成的事情，最好都不要做。这种办法，就是要确保在当前图书市场供量过剩的情况下，堵住平庸选题。这就要求每一个编辑的选题在上选题会前，本部门要先行研究认证，通过的选题再提交社选题会；社选题会上，要详细汇报本选题的需求分析结果、同类产品情况、投入分析、市场前景、盈亏预测，然后全体编辑共同讨论，最后无记名投票；总编办进行汇总后，再提交社选题领导小组进行逐项审议。通过这样三级把关，选题淘汰率能达到30%左右，从而真正堵住了平庸选题，从整体上提高了选题质量。

抓"美容"工程，增强在第一时间征服读者的能力。俗话说"书卖一张皮"，就是强调封面的重要性。因为图书是"微商品"，体量小，数量多，军医社的图书要在书的汪洋大海中脱颖而出，吸引眼球，书的封面醒目、漂亮、让人喜爱，是进入读者购买视野的首要因素；再加上同类产品很多，读者一般在同类产品中挑漂亮顺眼的，因此，一本好书，必须是一本能吸引眼球、好看、耐看的书。要针对"2分钟随机购买"心理，对影响甚至决定读者购买的封面、插图、版式、开本、印刷、宣传语等要素，按照市场需求与读者口味，逐项地进行跟进、创新。为了搞好"美容"工程，军医社成立了专门的美编中心，把《人民军医》杂志编辑部成智颖美编调来任主任，从北京某美编公司专门聘请引进了吴朝洪，继而又引入了龙岩、于春华美编，新招进了蔡丽丽、周晓冰、牛君、白亚萍等新人，使美编中心的整体实力大大加强。社领导分工中，委托姚磊副总编主抓这项工作，他为此想了不少办法，包括组织社员对每月新书封面进行民主投票选优，对优秀封面进行奖励，也包括对社会上的知名美编公司进行招标等。在成智颖主任和吴朝洪等各位美编的共同努力下,军医版图书一改多年来的老面孔,读者和书店都纷纷反映军医版的图书封面由暗变"靓"、由土变"洋"了,面貌焕然一新了。同时,从解放军总医院引进了医学绘图专家白杰,他为军医社的图书配绘了大量精美插图。这对改善军医版图书的形象,增强军医版图书的竞争力,起到了重要作用。

抓"瘦身"工程,对虚泛不实的内容实施"脱水",使内容更加精到、新颖、实用。一本书水分太多,不仅会在市场上缺乏竞争力,日久也势必将影响军医社的品牌和形象。策划和加工从选题、组稿、加工、审稿等阶段,都要想方设法对书中内容进行"脱水"。特别是对一些大部头、动辄上百万乃至几百万字的图书,尤其要高度警惕,进行重点"脱水"。通过把大书做小,把内容写精,降低了定价,提高了质量,使每本书都有随处可见的内容创新亮点,有整体上较高的新知识含量,真正让读者感到展卷有得,物有所值,以此在读者中逐步形成了军医版图书的良好口碑。

抓"板块"工程,主要是着眼于成板块、成系列推出精品力作,克服军医版图书产品线短、散、杂、乱的问题。在军医社长期的出版实践中,特别是经过近些年"选题最优化"的持续努力,经过对军医版畅销书、品牌书、看家书的由点及线、由线及面的拓展,较快地形成了多个品牌系列和有影响的板块,极大地提升了军医社的整体形象和竞争实力。

抓"高端"工程,做到最新内容、最高质量、最精制作。推出一般医学出版社做不到、做不好的产品,形成与一般医学专业出版社之间的错位竞争优势,努力打造独具军医社特色的高端化、系列化、板块化的出版格局。抓高端出版,从2004年提出,并在2004年和2005年期间做了大量基础性工作,包括准备高端选题、高端作者建设、高端的出版人才队伍建设。从2006年开始,高端出版则上升为全社的三大战略之一,对增强军医社的整体实力和竞争能力,并为促进军医社的持续高速发展,起到了极为重要的作用。

抓"服务"工程,建立与作者和读者的血肉联系。主要是着眼于拓展与读者、作者沟通的渠道。首先,进一步打通营销通道。要从吸引眼球、拉动终端、开辟通道、做好服务入手,改进和加强发行、营销工作。对包括中盘在内的大、中、小客户,要以诚信、合作、双赢为宗旨,研究提出客户管理的策略和方法,走出读者俱乐部建设的路子,逐步建立自己的读者网络和队伍。发挥好发行、策编和市场部的积极性,多途径、多方式走有质量、有实效的营销宣传的路子,建设军医社布局健全、功能强大的销售网络。其次,要打通作者和读者通道。读者和作者的建议和意见,是出版社改进工作的第一信号,这种意见,越多越好。出于这个理念和认识,从 2002 年开始,我考虑在军医社设立一个市场部, 由专人和读者进行联系、沟通以及意见收集、反馈;并设计了一个专门的征求意见表,放进每一本书中,对每一位读者进行意见收集、整理和研究;由各学科分工收集、维护本学科的作者,然后集中到总编办备案,建立统一的专家作者资源库,找到与作者顺畅沟通的方式和途径。"问渠哪得清如许,为有源头活水来。"有了和读者、作者的血肉联系,军医社的出版工作就深深地根植于肥沃的土壤之中,并从中得到源源不断的营养和生生不息的活力。

制服的第六只"拦路虎":老一套的考核

科学地组织实施业绩考核, 这是公正评价员工和合理分配效益的基础。为此,我一直把它作为一项系统工程,年年考核,年年改进,最终形成了一套全面、精确、可操作的量化考核指标体系。这套由定性和定量 4 个大位、29 个子类、195 项指标组成的全社量化考核指标体系,对全社每一个岗位、每一项业务工作都规定了具体、明确、可操作性的量化标准,采用自评、互评、领导考核和主管部门考核相结合的方法,对员工做出全方位、科学、准确的评价。全社考核指标体系的建立,不仅为评价和分配奠定了基础,更重要的是把工作导向和任务指标糅合为一体,综合成为一套可考核、可量化、可比较的工作标准,它就如同高考对学生所起到的指挥棒作用一样,在引领、指导员工的工作和能力提升方面,起到了"无形之手"的重要作用。

平路,虽然走着很舒服,但却永远不会达到新的高度。真正送人登高的是台阶,是困难,甚至是"拦路虎",而真正的发展机遇,就隐藏在困难与"拦路虎"的背后。我爱挑战,从不回避问题,而是喜欢直面问题,就是根源于此吧!

在全员改进中锻造精益出版之路

　　当 2002 年军医社实现了第一个翻番以后，有五个问题一直缠绕在我心头：出版社之间的竞争，不是单个编辑、单个产品的竞争，也不是单个部门、单个系统的竞争，而是系统和系统的竞争。要做到整体全优，除了好的体制、机制、文化外，需要全社每一个部门、每一个员工、每一项工作，都做到个体全优，进而叠加实现全社整体全优。而要实现全员个体全优，实现的路径和方式是什么？一个出版社要赢得市场，最终要靠自身的整体实力和不断成长的后劲，那么提升这种实力和后劲的路在何方？抓质量是出版社的永恒追求，而质量又是一项需要全员参与、全程改进的系统工程，如何建立灵敏高效的质量改进机制？建设一个学习型的出版社，如何克服时冷时热、有头无尾、动静大成效小的现象，找出一种广大员工持续收益的学习方式？当一个出版社已做成品牌、做出业绩后，如何加快品牌的不断升值，始终保持变革图强、持续进步的动力？我觉得，只有找到一种形式，一种能够让全体员工自觉地持续参与、持续学习、持续改进的方式，一种以永不满足的精益之风为特点的全员性持续改进活动，并把这种活动与内容、机制、效果有机地联为一体，才有望实现上述初衷。为此，从 2002 年开始，我以极大的决心和热情，八年如一日地在全社推广开展了这种称为"全员改进"的活动，力图从理论和实践的结合上解决上述问题。从此，正式开启了军医社在建设学习型出版社道路上的成功探索。

　　"全员改进活动"的主要做法是：每周五下午 2 个小时，全员参加，以室、组为单位，眼睛向内，自查为主，逐人逐室回顾本周工作中存在的问题，研究提出改进措施和办法。之所以确定以最小的室、组为单位，是考虑业务相同，能够形成共同的研究主题；之所以放在周五下午，是考虑经过一周的工作，已经积累了一些需要研究解决的问题，应该赶在热点未消退前的周五趁热打铁进行解决；之所以强调研究本单位本部门的问题，是强调眼睛向内，而不要总是盯着别人的问题；只有人人盯着自己，自我查找，自我研究，自我改进，才能使各项工作臻于完美。对上下游相关连续环节的问题，可以提出问题及解决建议，供相关单位研究并有权得到解决回音。

　　所有的"全员改进活动"所提问题及改进措施、改进成效，都要登记。每月的最后一个周五，全社召开"全员改进活动"交流大会，由各部门汇报本月改进成果，并由大会现场评出一、二、三等奖予以奖励。年底则举行学术年会，由各部门总结汇报学术成果。这既是对做得好的一种激励，也是对做得差的一种督促，更是对先进做法的一种交流和推广。此项活动和全员读

2005 年 12 月，作者主持参加军医社一年一度的学术年会

书学习活动相结合，从2002年年底开始，一直到我不当社长时结束，前后整整坚持了8年。每年改进的问题累计400～600条。收取的效益是多方面且巨大的

刚开始推行"全员改进活动"时，还是有相当阻力的。主要是反映没有问题可找，或找到了问题却是别人的，或找到问题找不到解决办法，或在找问题时互相争执，或开始找了点问题再也持续不下去。为了克服这些模糊认识，并帮助大家掌握全员改进的方法和途径，我专门召开全社大会进行强调：一是发现问题，解决问题，才是工作进步的台阶。二是一定要紧紧盯着问题。找不到问题就是最大的问题。三是找不到问题的原因是工作标准不高，工作永远没有做到顶的时候。我们要把工作做好，必须要把工作定在最好最高的水准上。四是只看到别人的问题看不到自己的问题。这就需要换位思考，或进行问题交换。五是解决不了问题说明学习不够，结合学习并依靠集体智慧就能解决。六是每个部门的工作分工虽然不同，但全员改进的主题都是围绕质量、效率、成本、流程、服务这5条主线来展开。在这一点上，我们要学习孔子的"每日三省"，来个"每周五问"。七是当部门的工作改进以后，感到几近完美并觉得没什么可改进之时，就要把工作标准提高，并不断地问自己：还能做得更好、更快、更省、更顺、更开心一点吗？八是积少成多，每天或每周改进一个问题，一年下来，就会有巨大的进步。"每日渐进而不觉"，真正有质量的内涵式进步，就应该寓于这种"渐进而不觉"的持之以恒的微进步之中。

经过锲而不舍、持之以恒的全力推动，全员改进逐步为全体员工所认识、所接受，进而开始成为大家的习惯。只要一到周五，大家就不约而同地开展"全员改进活动"。几年下来，"全员改进活动"已经变为军医社全体员工的自觉行动，并在实践中逐步形成了制度化、主题化、实效化的特点。所谓制度化，是指每周进行，每人都必须参与；所谓主题化，是指每个组或室

的"全员改进活动"围绕大家共同商定的主要问题进行;所谓实效化,是指边学习、边研究、边改进,强调实效是唯一目的和检验标准。8年多来,这项活动在我社每周都开展,在实践中体现出很强的生命力,取得了明显的成效。我突然发现,这个单位的每一个人,每天都在盯着问题改进,每项工作都在进步,每个人也在进步。"太阳每天都是新的"开始变成了我每天真切的感受。作为一个领导,没有什么比这种众志成城、自发改进、不用你操心、每一个人都把工作做到极致的风气和氛围,更让自己开心、舒心、顺心、高兴、满意的了。许多年过去了,我对军医社连续10年的高速增长,包括每年挣多少钱,获多少奖,得多少表扬,已看得很平淡,只有那些年全社上下意气风发的"全员改进活动",每一个战友在全员改进中那种同心奋进的身影画面,每每想起,依旧让我激动和感念不已。后来,新闻出版总署领导指定《国家新闻出版报》记者来重点采访开展"全员改进活动"的体会,我重点归纳为以下5个方面:

一是找到了一种实效型学习的新方式。"全员改进活动"的全部着眼点只有一个,即研究改进工作中的实际问题。而工作中的问题又通过学习研究、依靠全体员工的智慧和创新得以解决。因此,这种学习的特点,就是从发现工作中的不足与问题入手。如2005年,图书加工编辑部为研究如何进一步减少差错,在组织学习软件校对课程中,引进了"黑马校对",对降低差错率起到了显著作用;为缩短图书生产周期,研究提出二、三校编校合一制,实践证明效果很好;为了更早发现和解决校对中的问题,研究提出对初加工的三道工序进行重新梳理和规范,实现了把大量问题在第一时间解决的目标。这些举措使得当年的书稿加工总合格率达97.8%,比2004年的90%上升了7.8个百分点,实现了军医社历史上图书编校质量的历史性飞跃。由于"全员改进活动"是围绕与问题有直接关联的内容展开的,因而学习和研讨的目的性、针对性都很强,且易于收取实效。仅2004年,全社就提出意见和建议 360 多条,其中 80% 以上的问题得到了及时研究和解决。这也就摆脱了过去"坐而论道"和与实际工作"两张皮"的老一套学习方式,使学习真正进入了工作,进入了问题,学习变成了研究工作、改进工作的有力武器。

二是建立了一条全员抓质量的新途径。质量是出版社全部工作的核心,也是"全员改进活动"的核心。几年来,我们的"全员改进活动"主要围绕改进质量来展开。通过发动全员参与,推动了全社工作质量的明显进步。质改工作已由过去的领导和少数人抓,变成全员无一人例外的广泛参与;由终末质控、被动质控、阶段性质量大检查,变成了全程质改、主动质改和经常性质改;把习惯于盯着别人的问题,变成了集中查找、改进自己的问题;把泛泛地讲质量,变成了经常性的大量扎实具体的改进行动。比如在 2005 年的"全员改进活动"中,策划编辑部通过改进学科分工、细分项目组和项目点,使学科分工由全面推进改为重点推进;通过实行"周结周清"制度,有效提高了经常性工作的管理水平。《解放军医学杂志》在"全员改进活动"中做到季季有计划、月月有重点、周周有专题。他们坚持每周确立一个问题专题时,都指定专人进行重点准备,然后组织集体研讨,在集思广益的基础上取得一致意见后再确定实施。一年中,共研究改进了 21 处不符合编排规范的问题,使杂志的编辑质量和学术价值明显提高。《人民军医》杂志在改进封面、栏目和印装质量方面,发行部在积极开发新客户、增加新的促销手段、改进库存书处理方式方面,出版部在实行印装新材料运用、严格成本核算、月报制度建立与改进方面,财务室与办公室及其所属人资办、房管办、网络室、资料室、车队在改进和加强行政管理、安全管理、网络管理、车辆管理、文档管理等方面,也都取得了明显的改进和成效。2005 年,全社研究提出质量改进的项目达 280 多项(仅加工部就达 120 项)。其中,不少改进项目收取了显著的质量、效率提升和成本节省之效。

三是开创了一条员工快速成长的新通道。过去对新编辑的培养，一直沿用"师带徒"的方式，手段单一，周期长，成长慢。开展"全员改进活动"后，每周一次问题研究改进会议，对每一个新的员工来说，都是一次难得的进修、学习、提高的机会，有的新员工把它比喻为"第二次上学""在职读研"。2003年走进我社的一批新编辑，通过积极参加"全员改进活动"，在不到一年的时间内，就研究提出了一批有见地、有新意、有价值的改进建议。不少编辑还将自己感受较深的问题写成改进体会和文章，在部门改进会议或全社年终学术年会上进行交流。新编辑高爱英（2013年已担任策划编辑部第一策划中心主任）在年底总结大会上说："'全员改进活动'的开展，使我和每个新编辑都亲身感受到这里像个大学校。在军医社，我天天都在进步。"她的话，确实代表了大多数员工的心声。

四是激发了立足岗位成才的新追求。随着"全员改进活动"的深入，"当学习型员工，走岗位成才之路""爱社如家，争做贡献"的口号日益深入人心，蕴藏在广大员工身上的巨大智慧和创造力开始迸发出来。就拿办公室房管办袁文兵主任来讲，他为了做好新办公楼的管理工作，积极动脑筋、想办法，如他提出的空调机组的轮开方案，每天可节电近200千瓦时；他在抽水马桶中加砖以减少用水量，每年可省水近5吨；他采取保洁员兼做门卫值班的方式，可让社里少用三个门卫专职保安，仅此一项就可为社里节省近20万元；他每年为全社维修家具和办公用品，一年为社里节省开支超过10万元。在全员改进之风的感染下，每一个员工都以"日日新、苟日新、又日新"为旨，以工作改进与精进为荣。4年来，全社员工提出的改进建议就达近千条。不少小发明、小改进、小改革如电话费改革建议，节水节电节油建议，版式封面、印装改进的建议，都在实际中收取了很大效益。与此同时，一些在质量、流程、成本、服务、效率等方面存在多年难以解决的老大难问题，也依靠全社员工的集体智慧和创造热情，一个一个地得到了较好解决。

　　五是培养了一种以精益作风为标志的新风气。能否有效地开展"全员改进活动",提出问题、发现问题、正视问题是前提;而问题的发现与提出,又都是建立在工作的高标准之上的;要坚持工作的高标准,就必须克服得过且过、斗志萎靡、精神衰退的现象。因此,在全员改进中,我们把追求一流的工作标准,保持昂扬争先的精神状态、精益求精的不懈追求,作为推进"全员改进活动"的思想基础;把"能够做得好一点,能够做得再好一点,能做得更好一点"的理念,作为全体员工参与改进活动的共同追求与口号;把人人盯着问题,人人研究、琢磨、改进问题,作为全社员工的自觉行动。因此,"全员改进活动"本身既是一种工作改进和全员学习,又是一种作风和风气建设。它创造的是一种融学习、研究、改进、提高于实际工作之中的新学习模式,它起到的是激发全体人员的创新、进取、争先意识的"火车头"作用,它带给出版社的是众志成城、永远进取的活力。

　　常年如一日的"全员改进活动",在改进工作、提高质量、激发热情和学习互动方面显示了巨大的威力,它既是新形势下建设学习型出版社的有效形式,是提高出版社整体竞争实力的重要途径,也是一个出版社拒绝平庸、防止停滞与衰退的治本之策。军医社工作一年一大步,每个员工能感到年年在成长,新员工都感到出版社像一所大学校,正是建立在"全员改进活动"几年如一日地开展和立足岗位学习、研究、成才、争先、奋进的浓厚风气之上。实际上这也已经成为我社核心竞争力的重要组成部分。中国版协和科技出版委的领导对此给予了高度肯定,称赞"这是国内建设学习型出版社中的成功探索"。在促进军医社向着"军内领先、国内一流、国际知名"目标的奋进中,它的作用难以估量。

众志成城的第二次腾飞

在推进第二次腾飞的过程中,还发生了对助力腾飞有重要影响的三件大事。

第一件大事,是组织了一个国家级重大选题。用三年多时间,策划了由43本书组成的大型系列图书《临床技术操作规范》。这套书的出版,与我社1960年出版的《医疗护理技术操作常规》有直接的渊源关系。2002年1月,陈琪福副社长告诉我,国家卫生部根据张文康部长的指示,准备借鉴由总后卫生部组织编写、由我社出版的《医疗护理技术操作常规》(以下简称《常规》)的形式,组织出版一套《临床技术操作规范》(以下简称《规范》),并已正式发文委托人民卫生出版社出版。这对我社1960年就组织出版、到1998年已出第四版的《常规》,将是一个巨大的冲击。更重要的是,如军队用《常规》而地方用《规范》,势必造成技术标准执行上的混乱,进而导致在评定医疗事故方面的标准偏差,带来军地医院处理医患矛盾纠纷关系的复杂化。为此,我当即向总后卫生部傅征副部长和白书忠部长做了书面正式汇报。在报告中,我提出了以下建议:(1)《常规》是总后卫生部针对全军医疗技术操作标准不统一、方式不规范而影响医疗质量和医疗水平问题,在反复调研论证的基础上,组织全军200余位专家历时三年协同攻关编写而成的。之后又经1980年、1987年、1998年三次修订,已成为军地医疗管理界历经40年而常新的权威性技术标准用书。国家卫生部领导近年来反复提出要参照和借鉴军队的成功做法,组织编写全国通用的《规范》,其与《常规》具有明显的历史渊源。(2)考虑到我国军地医疗机构间互收病人,如军地医疗机构执行不同的标准,势必给军地医疗管理造成混乱。为避免这一情况出现,总后卫生部和人民军医出版社可以从大局出发,在国家新版《规范》推出后,停止对第四版《常规》的出版发行和第五版的修订出版工作。但军医版《常规》作为军地医院规范医疗技术管理的权威用书,作为军地医务人员信任和习惯使用的经典性工具书,作为人民军医出版社历经40年投入巨大人财物而培育出来的主要品牌,一旦停版必将给军医社造成巨大损失,也意味着全军卫生系统几代人的创造性劳动将无偿地奉献给国家。对于军队卫生系统和人民军医出版社为维护国家建立统一的医疗技术标准所做出的牺牲和奉献,希望国家能给予充分理解和体谅。(3)我们坚决支持国家卫生部组织出版新的统一的《规范》。但鉴于新版《规范》与《常规》在内容和名称方面的相似性,也考虑到《常规》这部书在军地医疗卫生界所形成的历史品牌与影响,建议将新版《规范》交由人民军医出版社出版为妥。

白书忠部长和傅征副部长很快同意了我的意见。并于2002年4月12日,以总后卫生部〔2002〕卫医字第40号文件的形式,向国家卫生部正式上报了由我代拟的《关于军队参与出版〈临床技术操作规范〉的意见》。国家卫生部在收到总后卫生部的报告后,当即指示由中华医学会组织一次由人民军医出版社、人民卫生出版社、协和医科大学出版社参加的关于《规范》出版的招标。2002年10月5日,招标会在中华医学会正式举行。招标会由中华医学会常务副会长兼秘书长宗淑杰主持,国家卫生部吴明江司长等亲自参加。人卫社夏泽明副社长、协和社袁钟社长、军医社姚磊副总编与我参加。在会上,我做了约15分钟的陈述。由于准备充分,我的陈述赢得了在场专家的一致认可,终于以现场专家全部同意的结果,顺利夺得了《规范》的出版权。2003年1月18日,在我们搬到新楼的前5天,在总后卫生部二楼会议室隆重举行了《规范》的合同签字仪式，国家卫生部副部长朱庆生和总后卫生部副部长傅征出席并做重要讲话。朱副部长在讲话中，把《规范》比作新时期军地医务人员的"四书五经"，希望军医社和中华医学会及全体专家共同努力，确保打造一部精品和传世之作。会后，我和宗淑杰副会长商议，相继召开各个专业的编写工作会议，为便于及时沟通，军医社和中华医学会建立了每月定期协商制度（单月到中医学会，双月到军医社）。为了确保出版质量，社里专门组织了由我和姚磊副总编牵头、策划、加工、出版、发行等有关部门领导及相关人员共同参加的《规范》编辑班子，具体联络由王敏（后改为王琳）负责。姚磊副总编、周晓洲主任为保证编辑进度和加工质量，想了很多办法，实现了全套图书基本无差错的目标。为了给年轻编辑创造参与大型出版项目的机会，社里的大部分编辑都按学科分工参与了相关《规范》分册的责任编辑或文字编辑工作。经过 10 个月的艰苦努力，首批 6 本《规范》（口腔、结核、超声、整形外科、烧伤、核医学分册）于当年年底前完成，2003 年 12 月 29 日在人民大会堂举行了由我主持的《规范》出版新闻发布会，朱庆生副部长和总后卫生部张雁灵副部长出席，300 多位媒体和业内代表参加。《规范》的护理分册、口腔分册一经推出，很快就连续 3 年高踞全国医学图书排行榜前列。有的同志甚至提出，这套巨著对军医社品牌提升的影响力，甚至可以与新建办公楼相媲美，是一栋漂亮的品牌之"楼"。

第二件大事，是关键时刻张雁灵副部长对我的支持。2003 年下半年，在推进全社机构调整和分配机制调整的关键时期，社里和机关都有人向我反映，说军医社的改革步子太大，如不改正，势必影响全社稳定，甚至还有"如不调整思路就要换人"的传言。就在我委屈苦恼的时候，刚刚胜利完成抗击"非典"任务的小汤山医院张雁灵院长（原北京军区卫生部部长、白求恩军医学院院长）来到总后卫生部任副部长。在上任后不到 20 天，张副部长就亲自到军医社调研。在听取我代表总支做的情况汇报后，他在全社领导大会上做了旗帜鲜明的讲话,指出"面对出版业竞争激烈的大环境,军医社要在为军服务上坚定不移,在加快发展上坚定不移,在推进改革上坚定不移,在维护团结上坚定不移"。会后,他又和我专门交代:"军医社的改革,只要是看准的事,只要是有利于提升品牌、增强实力、加快创新、促进发展的事,就大胆地干。包括社里的机构调整、分配调整,部里都不具体过问,部里就管你社长一个人,你对部里负责。"部首长的高度信任和大力支持,彻底打消了我的思想顾虑,使我真正地放开了手脚。当然,部首长越是信任,我越要对部首长负责,竭智尽力,把军医社发展真正搞上去,以不负首长重托。

第三件大事,是科技出版委对军医社的得力指导。2004 年,就在军医社一边实现快速增长,一边仍有同志拉上社领导找我反映步伐还是太快、要求减速发展时,中国出版协会科技出版委员会于国华主任、周谊老主任和曾铎常务副主任兼秘书长、张学良顾问于 2004 年 11 月 25 日来到军医社调研。在听取我的汇报后,科技出版委几位领导对军医社的发展给予了充分肯定,并对如何保持好发展势头提出了极为重要而宝贵的意见。于国华主任明确指出:"军医社作为军队的一个出版社,一定要正确处理好为部队服务和面向市场的关系;作为一个医学专业出版社,一定要坚定不移地走专业化、精品化、内涵式发展之路;作为一个成功迈开快速发展步子的出版社,一定要珍惜来之不易的发展机遇,继续紧紧扭住发展不放松。"周谊老主任提醒我们:"一定要在快速发展中抓住质量建设这个根本,正确处理好数字与质量、速度与效益、专业与科普的关系,使发展的路子走得稳妥、持续、健康、顺利。"曾铎常务副主任兼秘书长和张学良顾问也从精细管理、优化结构、细分市场等方面给了我们许多指点。一周后,科技出版委秘书处即以简报并加按语的形式,向全国科技社转发了军医社建设和改革的 8 条经验。在委员会强有力的支持下,我们很快在班子内部和骨干层再次统一了认识,使得面对快速发展的争论有可能减速的军医社之船,继续开足马力,在科学发展的征程上全速前进。

八面来风，共同推动着军医社的更快发展。2003年到2005年这3年中，军医社再次保持了每年30%的高速增长，并在2005年年底，总出版和发行量双双突破1.2个亿，实现了它历史上的第二次翻番。2006年8月8日，《中国图书商报》排出中国出版竞争力最强的前50名和科技出版前20名，我社首次跻身其中，以"五大工程"建设为核心的深度策划收取成效。据国内最为权威的开卷公司报告，这3年中，军医社的市场占有率一路攀高，分别由2002年的5.6%，到2003年的5.8%、2004年的6.8%、2005年的7.88%；市场地位也已从"第二集团"中脱颖而出，成为国内医学出版的"两强"；一年中有32种新书进入全国医学图书销售排行榜，上榜次数为107次，心血管、口腔、骨科等重点学科市场份额占有率达20%，全国百名图书排行榜由2000年的空白和2003年的28种，快速上升到2004年的66种、2005年的88种；教材进入国家"十一五"规划教材，实现了我社在国家级规划教材中零的突破；《临床技术操作规范·护理分册》《专家教您学看化验单》《经络穴位速记手册》等入选2006年全国出版行业优秀畅销书。在国家科技图书奖评奖中，首次夺得了三项高级别的大奖，其中《现代急腹症学》继"手术学全集"后再次荣获国家科技图书奖一等奖，这是国内医学科技社首次获此殊荣。单本书造货码洋达17.6万元，比3年前同期增长20.5%，成本率和退货率分别比3年前同期下降10.61%和2.53%；重印书比例达到60%，人均效益和书均效益分别比2003年同期提高12%和14%，各项主要发展指标同步创历史最高水平，特别是医学科普和口腔图书首次超过金盾、人卫等强社，位居全国同类图书市场份额第一。《解放军医学杂志》影响因子和总被引频次等各项主要学术指标分别比同期提升了0.133和114次，位次在中国科技统计源期刊中提升了38位，各项指标首次位居全军医学期刊第一，取得了《解放军医学杂志》自创刊以来的最好成绩。

三年辛苦,三年奋斗,军医人的开拓和努力没有白费。面对市场竞争的险风恶浪,军医社一路高歌猛进,再一次实现了新一轮翻番,首次跨入销售过亿的门槛(当时以过亿作为大社标志)。它显示的不仅是军医社快速发展的强劲势头和后劲,在同行的眼中,这也是缩短与"人卫"差距、大步跨进国内医学出版"两强"的重要标志。

气势如虹的第三次腾飞

2005 年年底,军医社又一次实现了三年翻一番的跨越式发展,跨进了全国医学出版"两强"行列,圆了军医人的第二个发展之梦,也标志着自 2003 年开始的"三大转型"圆满成功。

在庆祝胜利之余,下一步怎么办? 2003 年年初提出的问题:是乘势而上,保持快速增长?还是稳住步伐,徐谋发展?一个关于要不要快速发展、怎么发展的问题,又一次如时光轮回,摆到了我和同事们的面前。

我知道,军医社又来到了一个新的转折路口。

谁说过亿的社不能快速翻番

毫无疑问，不主张发展过快的同志，也自有其担忧的理由。他们认为，如每年增长30%以上，发展成本太高，投入资金过大，将影响必需资金的沉淀和积累；全社同志连续多年加班加点，应该让他们减负减压松口气；军医社是军队出版单位，没有必要搞得太大；关键是现在已经搞到了一个多亿的规模了，不像当年船小好调头，再提翻番不太现实，或者根本不可能，而且稍有差池就难以挽回。

当然，更多的担忧还是来自真正关心我的人。有的老同志私下提醒我，千万不要再提翻番，以免实现不了，对你个人影响太大，见好就收为好；有的朋友劝我，军医社又不是你个人的企业，做得再大，和你也没有什么关系，一退下来，不论多少个亿，你个人带不走一分钱；再说，跑得快了，难免失误，有了成绩是大家的，出了问题都是你一个人扛。家人也劝我，你个人已经功成名就，年龄已近退休，没有必要这么拼命了，急流勇退吧，过去6年干得够辛苦了，最后3年平稳着陆就行了……我承认，家人朋友的劝告在我的心中还是激起了一层层涟漪。虽然他们都是为了我好，但在我心目中，军医社的发展，军医社的未来，才是最为重要的；至于个人的进退得失，不考虑不现实，但怎么考虑也得服从军队和军医社发展的大局。军医社好不容易打开了这么好的快速发展局面，全社员工付出了多少心血，就此放弃，岂不可惜？更重要的是，我喜欢挑战，不爱平淡，拒绝平庸，几十年来从来都是在负重登坡，如果让我一下子迈起八字步，还真的不适应。我曾多次深有感触地讲，做出版和做企业一样，如同穿上了红舞鞋，永远不会有歇下来的时候。宋人杨万里诗云："莫言下岭便无难，赚得行人空喜欢。正入万山圈子里，一山放过一山拦。"在上下求索的漫漫征途上，我特别喜欢这首诗的意境和感觉，常常以此自勉，杜绝小胜即满，防止懈怠。

最终我坚持实施第三次翻番目标，关键还是在于我坚信自己的判断。信心主要来自前两次翻番过程中在学科建设、团队建设、流程改造、体制建设、机制调整、社风文化、全员改进、管理改进等方面打下的坚实根基，我相信只要把握好发展方向，维护好全体员工的积极性，完全可以实现持续高速稳定发展。因此，第三轮翻番，虽然是以亿元为单位的三年翻番，但给我的感觉，可能比第一轮翻番时难度还要小得多，工作还要顺得多，实现起来也会容易得多。这道理就像高速列车一样，在路基不好时开着最困难，路基修好时要开快也比较困难，而一旦上了轨道奔跑起来后，那种高速行进的状态则是一个常态，应该是比较容易保持的。三个阶段中，第一次翻番是从2780万元到5500万元，尽管数量不大，但最困难；第二次翻番，从5500万元到1个亿，就比较容易了；而这次由1个亿到2个亿，虽然幅度最大，但应该是最容易实现的。后来的事实证明，我这个判断是正确的。

为慎重起见，我冷静分析了军医社面临的发展形势、自身条件和内外环境，得出的结论让我更加坚定了既定目标。

首先，军医社正面临着从未有过的重大发展机遇。随着人民生活水平的提高，人民对医学保健知识的需求正在快速增长，而医学保健知识产品还远远满足不了广大人民群众的需求。军医社作为我国医学出版的一个大社，在这方面担负着义不容辞的重大责任。国家正大力推进以"农家书屋"为抓手的文化建设，军医社面临着有利的外在机遇；但同时，各兄弟医学出版社正在深化改革，加快发展，并把追赶目标锁定在军医社身上，只要我们稍有懈怠，就有可能被竞争对手超越，竞争将比前几年更加激烈。而军医社经过持续 6 年的改革建设，具备了继续强力推进快速发展的各项条件，全社员工在推进军医社的发展中，实现了个人事业的同步成长与收入的同步增收，尝到了发展的甜头，快速发展既是大势所趋，更是人心所向。军医社虽然是过亿的社，比起 2～3 千万元的小社，翻番要困难一些，但天下事皆在人为，我们只要把工作做到位，充分发挥大社的优势和长处，三年再翻一番也同样是能够做到的。因此，指导我们快速发展的"快则稳、慢则晃、停则倒"的"自行车理论"，非但没有过时，而且比过去任何时候更需坚持。

人生能有几回搏。我暗下决心：退休前再做一番拼搏，实现三年再翻一番，把军医社再推上一个大台阶。我的这个想法，得到了总后卫生部张雁灵副部长的肯定与支持。他对我说："军医社的发展来之不易，一定要珍惜。往上走，很难；往下走，会很快。一定要坚定不移地坚持发展，坚持改革。不能畏难而止步，不能因少数人有不同意见而让步，更不能让大好的发展局面出现退步。"这番话如和煦春风，吹散了压在我心头的最后一丝阴霾。在当天的工作笔记中，我抄录了陈毅元帅的一首诗："大军西去气如虹，一局南天战又重。半壁河山沉血海，几多知友化沙虫。日搜夜剿人犹在，万死千伤鬼亦雄。物到极时终必变，天翻地覆五洲红。"一遍遍吟着它，那种大无畏的英雄主义气概和不退缩的乐观主义态度，很快化成一股激荡身心的力量，与我彼时的心境和精神形成了强烈的共鸣。

决心一下，接下来就要重装上阵，当务之急是要凝聚全社共识，明确发展路径。为此，我在全社召开了两次专题会议，做了针对性的动员部署。

在 2006 年春节的全社中层干部大会上，我向大家说了这么一段话："成由坚韧败由懈。我们经历了 6 年快速发展，实现了翻两番，但比起我们要把军医社做成军内一流、国内领先、国际知名的医学出版大社强社，这只是万里长征走完了第一步。如果我们自满于过往成绩，松懈了奋斗意志，放弃了进取精神,不光已取得的成绩难以保持,就连已有的成绩也会丧失。况且,我们这点成绩不要说和国外出版巨头较劲,就是和国内的大社相比,也是微不足道的,还远远不具备躺在功劳簿上睡大觉的资格。退一步说,就是超过了 10 个亿、20 个亿,也不能松懈和满足,国际上有多少 500 强企业,不是没几年就不见踪影了吗? 我们这一代人,注定是要做艰苦奋斗、坚韧进击的一代人。'天下事有难易乎? 为之,则难者亦易矣;不为,则易者亦难矣。'只有'咬定青山不放松',以负重登坡、攻坚克难、一往无前的精神,才能把军医社的发展推向新的高度,再创军医社建设史上新的辉煌。"

此后,在春节后的总支扩大会议上,我以"用科学发展观推动我社创新发展,依靠不停顿的改革来破解发展难题,以创新思路和发展模式来实现第三次腾飞"为题,做了加快发展的动员讲话,提出了军医社在新阶段的发展思路和总体要求:

一是专找短板,成绩归零。近年来,我社坚持快速发展,取得了明显成效,但也面临众多深层次问题,归结为以下十个方面:(1)品牌建设上,山多峰少、品牌不强;(2)学科建设上,重点不重,聚焦不足;(3)在人才建设上,一脚长一脚短,使用多,培养不足;(4)作风建设上,仍有"懒、散、庸、守"现象;(5)在文化建设上,有的部门还存在社风不浓、氛围不厚的问题;(6)全员改进中"部分人又改又进,部分人不改不进"的问题;(7)机制运行上,还有"缺位和弱运行"问题;(8)在执行力上,还存在战略强、规划不强、计划较弱的问题;(9)在向现代出版与管理的推进中,还存在步子慢、观念旧、方法少的问题;(10)在工作激情的保持上,还存在"有高有低,时盛时衰"的问题。出现这些问题的原因,是对科学发展的认识还不深刻,指导工作、破解难题的力度还不大。学过了不等于学懂了,学懂了不等于会做了,会做了也不等于做好了。一定要始终把目光聚焦到这些差距、弱项和短板上,在工作指导上保持清醒,自觉把我社良好势头长盛不衰地保持住、发展好。放下包袄,解决难题,要有迎难而上、不解决问题不撒手的决心和气概。社总支将专门召开几个座谈会,听取大家的意见和建议。《军医人通讯》将开辟"用科学发展观破解发展难题"专栏,欢迎大家踊跃投稿,要依靠大家的集体智慧和群策群力来攻坚破关。

二是要创新发展思路。概括起来就是"形成一个共识、推开三大战略、坚持五个扭住、实施多点突破"。

——所谓"一个共识",就是要认清社情,明确目标,抓住机遇,加快发展。我社建设发展正处在由一个小型出版社向大中型专业出版强社发展的上升期,由规模发展向质量效益发展的转型期,由传统出版向现代出版的变轨期,由粗放管理向精确管理的过渡期,也是我社历史上难得的重要的大发展机遇期。我们一定要紧紧抓住这一重大机遇,推动全社快中求好、好中求快向前发展。如同登山,正在上坡,后退只能导致前功尽弃,必须一鼓作气,才能登上山顶。在这一点上必须形成共识,这也是全社快速发展的思想基础。在总体奋斗目标上,提出 2010 年要实现"321"的奋斗目标,即实现总后首长提出的"军内领先、国内一流、国际知名"三句话的要求,跻身于国内医学出版"两强",进入全国出版社总排名"100 强",使部队出版达到新水平,出版质量和效益跃上新台阶,整体实力实现新突破。在工作指导上,提出了一个坚持、两个扭住、三大战略、四个积累的思想,即要坚持全面落实科学发展观,紧紧扭住质量效益为中心不放松,以实施高端出版、数字出版、整合出版这三大战略为突破口,进一步加快品牌积累、人才积累、资金积累和文化积累的步伐,优化出版结构,加强资源整合,防范经营风险,走出一条投入少,效益高,后劲足,能够持续、快速、稳定发展的路子,并为 21 世纪前 20 年的更大发展奠定坚实基础。

——所谓"三大战略",就是做"中国高端医学出版的引领者,数字医学出版的开拓者,优质医学出版资源的整合者"。放眼全国出版界,随着人民生活水平的提高,健康科普已成为一个热点。全国 570 多家出版社中,做保健科普出版的出版社达 400 家之多。军医社作为一个有着 50 多年经验的医学专业出版社,应该把出版定位在医学专业的高端出版、精品出版上,做中国高端医学出版的引领者;在信息技术、网络技术、移动互联网技术快速发展的支撑和带动下,数字出版前景无限,我们必须敏锐地发现和抓住这个重大机遇,敢于做中国第一个吃螃蟹的人,率先探索医学出版转型之路,做中国医学数字出版的开拓者;要在三年内整体翻番,必须打开思路,做大格局,用大手笔整合国内外各方资源,为军医社发展所用,做中国优质医学出版资源的整合者,形成借力发展、合力发展、助力发展的生动活泼的发展新路子、新格局、新局面。高端出版、数字出版、整合出版,是对第三次腾飞的方向与路径问题的有力回答。

媒体对军医社推进"高端出版、数字出版、整合出版三大战略转型"的报道

——所谓"五个始终扭住",是强调工作指导上的五条原则。一要始终扭住贯彻科学发展观不放,真正在求深入、见成效上有思路、有对策、有举措、有成果。二要始终扭住一流的建设发展目标不放,全社的发展目标要盯住"军内领先、国内一流、国际知名"不放,具体目标要盯住"最优选题、最小成本、最佳服务、最快时效"不放,各中心和室要盯住本学科市场份额前两名不放,各位策划编辑要盯住"本专业高端出版的领跑者"的定位不放。三要始终扭住问题和短板不放。我们常说"取法乎上,仅得其中";同样的道理,我们把目标定位在国际和国内一流上,就会清楚地发现短板在哪里,差距有多大,从而明确主攻方向。四要始终扭住奋发有为的工作激情不放。从近年来的工作情况来看,部门与部门、员工与员工之间的工作差距,其深层原因,不是学历,不是年龄,甚至也不是能力,而是争先精神、吃苦精神、拼搏精神、创新精神方面的差距,是斗志、勤奋、学习方面的差距,也是人生坐标和价值观方面的差距。因此,凡无特殊理由年终任务不达标的大部门末位者,确实是工作状态、精神状态不佳的,一定要下决心实行末位淘汰制。通过这个办法,把一批真正充满昂扬激情的优秀人才留下来、培养好、重用好。对那些长期不在状态、又不思改进和进取的人,在反复教育、黄牌警告都无效后,就只能坚决调整、劝退,从而永葆军医人队伍的蓬勃朝气和进取活力。五要紧紧扭住"以人为本"为核心的社风文化建设精髓不放。"八字社风""五种氛围"和"全员改进活动",其核心是对员工成长、成功的人文关注,如果说"忠诚、亲和、创新、卓越"是解决员工与企业、员工与员工、守成与进步、平庸与一流的关系,那么学校、家庭、争先、净土、快乐则是营造成长条件、环境的土壤、气候,而"全员改进活动"则是解决成长途径。三个方面相辅相成,加之我们一直强调的"五个始终扭住",共同构成我社社风文化建设的四大基石,这也是我社独特的、不可复制的核心竞争力,我们一定要努力使之常建常新,真正成为我们社长久发展的不竭动力。这"五个始终扭住",回答的是实现三大战略的条件支撑问题。

——所谓"实施多点突破",指的是建设一批医学出版前沿的学科中心,使之成为军医社第三次腾飞的增长基地。一般而言,一个单位一个时期,其工作的突破口或工作重点方向只能选择一个,以免兵力分散难收全效。但军医社要在六年连翻两番的基础上再翻一番,再实现三年翻番,也就是说,在三年当中,每年要新增加一个六年前的军医社,这在医学的小众出版领域中,在既无教材又无系统内发行的情况下,只能走一条超常规发展之路。为此,我提出要加快建成一批专业方向明确、能够在各自专业领域独立拼搏的出版中心,依靠他们来实施三大战略、实现第三次翻番目标。这里的每一个出版中心,都是未来三年的一个突破点,多点突破,连点成线,连线成片,从而实现军医社的整体飞跃。

三是破解发展难题,关键是各级领导带头躬身践行。怎么躬身践行? 我思考后提出了六个方面的要求:(1)以更主动的精神抓谋划;(2)以更开放的眼界抓整合;(3)以更开阔的胸怀育人才;(4)以更精细的管理抓执行;(5)以更高昂的激情争一流;(6)以更高的标准做表率,继续保持艰苦奋斗、负重登坡、迎难而上、争创一流的精神,推动我社建设更好更快地登上新的台阶,实现我社建设史上的第三次腾飞。

经过这两次会议,我的想法终于变成了全社上下的共识:抓住机遇,乘势而上;再接再厉,再翻一番! 在全社发展的关键时刻,军医人用自己的行动,做出了无愧于历史的正确抉择。

军医人的第三次腾飞之梦,顺利起飞了!

第三次腾飞的主力部队

尽管第三次腾飞实现了历史上最大的一次翻番，但由于有了前六年打下的坚实基础，比起边打基础边起步的第一次腾飞和边建设边起步的第二次腾飞，工作相对要顺当不少。要实现战略目标，除了思想、目标、思路、战略上的共识外，还要把担负这场战役的部队组织调动好，这才是打赢这场硬仗的关键。

为此，从 2006 年年初开始，我花了很大精力来推进和建设具有战斗力的策划、发行、加工校对、美编、出版制作团队，建设以社办、财务办和总编办为主体的高效率机关，打造了几支推进军医社快速发展的主力部队。加上我社有一支由经验丰富的老同志组成的顾问团队进行帮助指导，几大主力部队很快就体现出了顽强的作风和惊人的战斗力。

第一支部队：攻城略地的"1556 部队"

推进"三大战略"，关键是要建设一支业务精湛、作风顽强、能打胜仗的队伍。军医社的出版队伍经过多年建设，已经建起了 10 个医学策划中心，但部分学科专业分工仍停留在一、二级学科层面，与专业深度细分的要求还不适应；有的学科市场需求乏力，投入与产出不相适应；10 个学科缺少分类管理与指导等。只有对此再做深度调整，才能适应新的战略发展需要。为此，通过研究现状，分析预测前景，本着"有所为有所不为"的原则，对重点学科建设布局进行了调整，避开对手占有优势的一级学科，重点在二、三级学科实施密集型布局，在确保"1"个特殊优先发展学科即军事医学外，从 18 个二级学科和 50 个临床三级学科中，经过反复优化筛选，确定了骨科、口腔、中医、教材考试和科普"5"个一类重点学科和外科、内科、妇产科、超声影像、护理这"5"个二类重点学科，以及药学、儿科、眼科、肿瘤、皮肤、电子这"6"个三类重点学科，确立了"1556"的重点学科建设布局。准备通过两年左右的建设，将这些学科全部建成一类重点学科。考虑成立这 17 个学科，除了军事医学属于服务保障职能必须重点加强以外，其余 16 个重点学科都是在综合考虑市场前景、容量、现有工作基础、编辑专业特长等因素，和几位社领导等反复商讨论证后提出的。

　　构建这样一个学科布局，使全社的战略重点更加突出，专业策划的纵深得以深度延展，形成与高端出版战略相适应的大纵深成梯次的学科布局，并在起用年轻骨干的同时，形成了一支有朝气和攻坚力的重点学科带头人队伍，这不仅使得高端出版、精深策划的战略意图在组织和人才层面能得以更好落实，而且为军医社的长远长期建设，锻炼、成长、储备好了各学科的领军人才与队伍。这支部队由于专业方向更加清晰明朗，对各个医学专业领域的研究更加专深精准，对分工专业前沿动向的跟踪更加及时清楚，与各专业的名家大家交往更加密切深入，组稿的能力与水平也得以显著提升。不少专家反映，在各个专业重大业务活动场合，都会看到军医社策划编辑的活跃身影。我听到这个评价特别高兴，因为这说明军医社的专业出版开始真正地扎根于各个医学专业领域的沃土之中。短短两到三年的时间，"1556"的学科建设布局，在实现"三大战略"、达成军医社第三轮翻番中起到了关键作用，在高端化、系列化、板块化出版方面快速占据了先发优势,涌现出了一批高产中心,到 2008 年年底,已有 5 个中心年出版达 2000 万元码洋左右,5 个达 1000 万元码洋左右,成为我社抢占图书出版市场的几支作风硬朗、能打硬仗的主力团队。据 2008 年 11 月的市场份额统计,黄建松主任领衔的骨科中心,已占领国内市场份额近 30%,张怡泓、杨准负责的口腔专业所占市场份额达 20%,均为国内第一;郭伟疆领衔的普外科中心全国销售排名前 5 名均为军医社图书的好成绩;由王显刚领衔的中医图书进入市场占有率前三名的总量比去年增加了 1 倍;由郭威和高爱英分别负责的超声、影像医学,其市场占有率达到了 20%,并以每年 3 个百分点高速增长。这些成果,都得益于学科建设对高端出版的强势推动,最终形成实力雄厚的多学科齐头并进、多领域喜收硕果的丰收局面。尽管随着形势变化,后来在学科数目上也略有调整,但学科总体布局一直未有大的变化,同时整个学科建设显示出厚积薄发的持久后劲。2014 年,骨科所占国内市场份额达到了 40.27%,超声所占国内市场份额竟然超过了 52.89%,外科、医学影像等所占国内市场份额达到了近 30%;由丁震、秦速励、郝文娜、焦健姿、马莉、张忠丽、崔晓荣等人分工负责的内科、心血管、妇产、儿科、肿瘤、皮肤性病、护理、中医、科普、医学考试等学科,也都取得了节节攀升的不俗业绩。学科建设的长远效应和深远影响力,在成功实践中得到了有力验证。它和社风文化建设、创新管理共同构成了军医社的三大核心竞争力,成为军医社快速增长的一大奥秘。

第二支部队:"1+4"模式下的编校集体

按照"三大战略"的总体部署,全社每年出版新书要增加近 100 个品种,总字数增长近 1 个亿,在这种情况下,为了防止"萝卜快了不洗泥"和牺牲质量而追求速度，我始终强调扭住"质量为本"这一根本不放，并从进一步建强加工编辑队伍、吸收新时期编辑成果、推进新一轮出版流程改造入手，从严从细抓实了环节质量。从 2006 年开始，每年都要组织 2～3 期、总人数为 150～200 人的编辑培训。教材是我社新出版的共计 15 万字的《编辑规范与编排格式》，由李晨老社长主编，余满松老社长、周晓洲主任主笔，并请余社长等几位老社长有针对性地进行主讲。编辑培训效果很好，打牢了图书编辑质量建设的基础。

　　培训结束后，把最优秀的学员充实到社内和社外编辑队伍中。考虑到一次性领取任务、单独完成的特点，我社的 230 多名加工和校对编辑大都以社外为主。为了与深度专业化的出版相适应，对社外加工和校对编辑也进行了专业细分。为了加强社外与社内加工编辑间的联系，对社外编辑按专业分工，归口到社内各加工编辑管理，即由一名社内加工编辑管理 4～6 名社外加工编辑，形成了"1+4"的运作模式，并从工作流程、运行机制、收益分配上进行整合，形成了社内与社外加工的紧密合作体。这样，社内的近 20 名加工编辑就起到 20 个编辑组长，或者说是 20 个加工编辑室主任的作用；而原本松散的社外加工编辑由于在社内有了专人管理、指导，包括任务分配、进程跟踪、质量把控，一下了形成了紧密的战斗集体。在总结前四轮出版流程改造实践的基础上，还推出了第五轮流程改造，对各环节质量和时限要求进行了新的完善，并从严从细强化了各个出版主要环节的质量要求。在流程环节上，强化了三审制，提高了环节质量监控标准，建立了加工部主任审签发稿制；在加工运作上，提出了逐句、逐字、逐标点精细加工的新要求，全面推行社内文编对社外加工书稿的监控补加工制度；在校对环节上，由校异同向校是非转变，建立了校对组长审校报告制；在审读把关上，实现由抽查向重要书稿全文审读制的转变。编辑、校对、审读共同努力，策划、录排、设计、印装密切配合，形成了严防细把出版差错立体防线。由于建立在新流程之上的质量体系完整严密，环环相扣，各个出版环节责任人高度负责，因此各个质控环节指标得到了全面落实，较好地实现了出版物政治质量无问题、学术质量无疑义、文字质量无差错的目标，为提升图书的市场竞争力、认同力，提供了坚实有力的质量保证。

继 2007 年代表军队参加首届韬奋杯全国出版社青年编校大赛取得总分名列全国科技社第一的成绩后，2008 年在韬奋杯全国出版社青年编校大赛中，我社代表解放军参赛，一举夺得了优秀组织奖、团体三等奖、个人三等奖、个人优秀奖等 4 个奖项，是全军参赛队中唯一的获奖单位，也是全国获奖总数最多的单位。这次比赛，不仅为军队争得了荣誉，也是对我社多年如一日地抓质量建设、抓素质建设成果的集中展示。与 2005 年相比，全社图书质量总体合格率由 96% 上升到 99%，绝大多数图书出版周期缩短了近30 天，实现了数量指标、质量指标、进度指标的全面进步，从而为我社的快速发展奠定了坚实可靠的质量基础。2008 年年底，《人民军医》杂志和《解放军医学杂志》双双荣获"全国期刊优秀编校质量奖"。在新闻出版总署"署优产品"评选中，我社选送的 25 种图书全部荣获证书，创造了入选率 100% 的好成绩。

在每年图书总量急剧增加的同时，质量不降反升，军医社加工编辑部和全体校对人员做出了巨大的牺牲和奉献。我曾经计算过，2008 年每个工作日出新书 4~5 本，重印 2~3 本，每 1 个小时就要出一本书；每本书以 50万字计，每天 200 万字，每一稿都要经过二审三校和两次加工，每天要加工审读校对 3000 万~4000 万字，平均每人每天要承担 4 万字左右的任务量。如此巨大的工作量，需要军医社的每位加工校对审读人员付出极为艰苦的劳动。由于长年伏案工作，大部分编辑校对人员都患有颈椎病、腰椎病和视力障碍。但他们无怨无悔，常年如一日地坚守在枯燥繁重的编校岗位上，他们是支撑军医社发展的真正支柱。虽然军医社能给的待遇并不高，但军医社坚持给他们一种家一样的温暖和理解,给他们以成就感和荣誉感,而他们则报以对事业的赤心忠诚和巨大奉献！回想起我当社长的十多年,总想努力为他们多做一些,但总感觉做得不够。还有200多名社外编辑和社外校对,在余满松老社长、李晨老社长和黄栩兵老主编指导下,在周晓州主任、刘平副主任带领下,也为此付出了巨大劳动,做出了重大贡献。而两位老社长领衔的加工编辑部和审读室,则对军医社的快速发展起到了最为重要的质量把关、编辑教学和人才基地作用,这些都值得在功劳簿上写下浓墨重彩的一笔。

第三支部队:六大岗位的无名英雄

军医社的第三次腾飞,不是仅靠哪一个部门、哪一个环节高效运作,而是全社各部门各环节各要素都整合一致地高速运转的结果。

第一是美编。这是为新书做美容、制服装、穿衣戴帽的环节,一年上千本书,要打扮得本本抢眼、个个漂亮,既要体现内容特点,又要符合责编要求;不仅封面好看,还要图片美观;不仅书店叫好,还要让作者满意,真正在书店的成千上万本书中脱颖而出,这对美编的创造力是一个巨大的考验和挑战。如果单做一本书,反复构思琢磨,倒也可以做到,但要在每个工作日都赶出4～5本书的情况下,这就相当不容易。我刚当社长的前两年,对这个问题不够重视,认为医学图书不比文学社科图书,只要把内容做好,封面、版式、用纸一般化就行。直到2002年书店老总的一次座谈会上,大家反映军医社图书不仅封面老旧,而且开本、版式、插图也较呆板,这个问题才引起我的重视。于是,在后期的"六大工程"建设中,"美容工程"成为其中的一项重要工程。通过引入吴朝洪、龙岩、于春华等高水平美编人才,并引进每月评比、社外参与设计等竞争机制,图书设计问题很快发生了彻底改观。医学图书的插图很多,有的一本(套)书的插图就有数百张甚至上千张,图的好坏对书的整体质量影响很大,而这方面的人才在社会奇缺,本社的美编吴善茂、成智颖和出版制作部的徐英祥主任都利用业余时间参与了绘图工作。2003年,从解放军总医院引进了白杰,她的绘图水平很高,绘出的图相当精美。后来,又为她配了助手。在成智颖、吴朝洪、于春华(2011正式调任漫画出版中心主任)、龙岩、白杰等人的共同努力下,军医社的图书终于在书店书架上更加抢眼,也在实践中形成了与军医社高端出版定位相契合的庄重、大气、典雅的风格定位,在国内医学出版物中独树一帜,这是相当不容易的。

第二是版式。版式工作看似简单,其实大有文章。有64开、32开、16开等各种传统开本,每种开本又分出大、中、小及各种变异;版式中的竖排、横排、通栏、半栏;字体、字号的选择及其与标题的搭配,文字与图表的设计及搭配,可以说每一页的设计都有众多讲究,而给人的阅读感受也绝不一样。责编们为了让自己的图书尽善尽美,也对版式设计提出了更多要求。激光照排部门的10多位姑娘,在李治英主任的带领下,想方设法,克服重重困难,很好地完成了这个任务。这份工作也锻炼成长了如王晚红、马英、张丽霞、苟小红、李陶等一批骨干。

第三是印装。我社原来在大兴有一个印装厂,因为各种原因,在我到社前已交给地方。目前一直是委托从20世纪90年代就开始合作的几家优秀民营企业负责,张宝增、田春来、田根、秦建丽和庞润深等几位负责人,都是当地很有名气的优秀企业家。在长达20年的合作中,军医社和他们建立了真诚互助的良好关系,每当军医社有重要产品或应急出版时,他们都二话不说,全力以赴,保质保量地完成任务。我当社长期间,为了压低成本,组织了多次招标,他们都能给予充分的理解,在利润大幅减少的情况下,还十多年如一日地做到质量不降、信任不减，体现了他们做人做事的到位。军医社的发展，也饱含着他们的倾心支持和帮助。而在社内，与印装工作对接的是原副社长陈琪福任主任的出版制作部，他带领郝英华、杨威、张丽霞等人，每天负责印装调度、成本控制、对账结算，如果把印装出版比作流水线的话，他们就是这条流水线上的调度者、监控者、把关人。军医社的规模 10 年中增长了 10 倍，他们这个部门的人数从 3 人增长到 6 人，大量的工作都是靠工作改进和加班加点完成的。

第四是仓储。军医社的库房原来在总后驻丰台的 823 仓库内，面积约 2000 平方米，由余小平带领刘颖、张国才等 8 名员工负责。但随着军医社的快速发展，这种自管自发的小作坊式的仓储，已远远难以适应新的需求。融入现代大物流体系，是唯一正确的选择。在进行市场调研时，北京西南物流公司引起了我的注意。这是北京最大的现代物流公司，距离军医社只有 10 多公里，库房面积超过 20 万平方米，库区有铁轨直达，总经理孙志刚是一位在国内现代物流管理领域具有很高知名度和影响力的企业家，在他的领导下，不论是计算机管理系统，还是高素质的员工队伍和一丝不苟的工作作风，特别是以人为本、追求卓越的企业文化，都和军医社深度契合。经慎重考虑，我提出把军医社储运部并入西南物流的建议，得到了总支的一致同意。储运部的余小平和各位员工也都从大局出发，同意去西南物流工作。2003 年 12 月，大家怀着依依不舍的心情，欢送了去西南物流工作的刘颖、张国才等员工，正式展开了与西南物流的联姻性全面合作。孙志刚总经理对军医社过去的员工视同本单位员工一样给予高度信任，刘颖、张国才等人都在西南物流这个新的集体中成长为重要的骨干，并先后走上了中层管理岗位。军医社的快速发展有了现代化大物流的支撑，使得军医社的图书快捷顺当地走向全国，即使是前些年发生重大雪灾的情况下，在不少出版社都为图书发货而发愁时，军医社的图书却依靠西南物流的空中渠道而畅行无阻。现在回想起来,如果当时不走这一步,而继续走自办发行的老路,光物流这一块就要严重拖住军医社发展的后腿,更不用说成本的大幅增加和员工的成长受限了。

第五是财务。前些年,出版行业一直以财务管理为中心,可见财务在出版社中的重要作用和地位。一个出版社如果没有好的财务,连单本书核算都搞不清楚,每个编辑的盈亏、效益、奖金都搞不准,甚至把盈的算成亏的,或亏的算成盈的,那就会对编辑选题带来重大误导或干扰。但要把成本、盈亏都及时算准做实,加上要按税收、审计、财务、工商等要求全部做到位,还是很不容易的。军医社的财务管理工作,在康福登老主任打下的基础之上,经过张国深主任的多年努力,在财务的单本书成本核算、编辑个人和中心的核算、财务的规范化管理、出版财务管理软件的开发应用等方面,上了一个又一个大台阶。我印象最深的是年度分配制度改革,基本上都是我提思路和总体要求,由姚磊和张国深主任拟制具体方案,并由财务室反复测算后,再经过征求意见和多次修改完成的。一些大的开支和一些大的合作项目,张国深主任也都参与其中,起到了重要的财务监督和参谋作用。军医社的快速发展,客观上要求财务的节奏也要很快,既要适应编辑、作者、合作方需要,又要适应上级财务、税收、审计、工商管理等主管部门要求;既要有高度的原则性,严格按制度办事,又要有一定的灵活性,做到从实际出发;既要执行社领导的指示要求,又要为社领导把关;既要按照出版财务的一般特点和规律办事,又要探索符合军医社的医学出版特殊规律、快速发展的特殊要求的财务管理办法。十多年的实践证明,军医社财务总体上把握和处理好了这些关系。特别是2008年后,军医社的财务管理已趋于成熟,各类图书的成本核算办法、管理费分摊点、结算盈亏点、效益计领和提成办法,都能与军医社的发展战略同步响应、有机衔接,并给予得力支撑。军医社的财务管理经验和分配办法,曾吸引军内外近20家出版社前来参观学习,张国深主任曾多次在业内出版财务管理会议上介绍经验,他本人也被誉为军医社的好管家,多次立功受奖。

第六是社办与总编办。这两个办公室,本身就是随着军医社的快速发展从无到有、从小到大发展成长起来的。社办从胡仲清任主任时的一个人,到 2006 年时,已发展成为下设秘书、人力资源、房管、汽车队、资料室、网络室等多个部门、功能全面的行政中心。在原发行部张卫民主任调任办公室主任后,为适应军医社快速发展的需要,在行政管理、人力资源保障、制度建设方面推出了不少新举措。一是坚持抓中层领导和全社员工的在职学习,创造员工的成才环境。二是采取有力措施推进各类专业人员的任职资格培训,打通员工的上升通道。三是改进各项工作与生活条件,创造良好工作环境。总编办在黄春霞主任作为社领导主管编辑部时的主要助手,在协助理顺编辑部内部工作关系,认真抓好编辑选题管理、出版质量管理、流程管理和各编辑中心行政管理的同时,还重点抓了对外版权合作、网站管理和市场部建设。其中,对外版权引进先由杨化兵、后由孟繁辉负责,把版权工作做得有声有色,成为高端出版的重要生力军;宁柯负责的军医社门户网站曾多次获得行业最佳网站称号;市场部的图书宣传和军医社的品牌宣传,在李琴主任的努力下也逐步打开了局面。这两个综合部门高效而有质量的工作,在军医社的高速发展中发挥了重要的枢纽作用。

军医社还有一支特殊的队伍,这就是由一大批老同志组成的骨干队伍。讲到这里,我的内心总是涌起对军医社的快速发展起到导师作用的一大批老领导、老前辈的深深敬意和谢意。我一直觉得,凡是重要部门只要有一两个老领导、老同志领衔担纲,就比较令人放心,就不会出什么大问题。他们的丰富经验和崇高威望,本身就是一笔无与伦比的巨大财富。比如,在军事医学出版方面,我主要听取了李超林老社长的意见,他虽然未正式回社工作,但他在军医学出版方面,做了调研和规划等大量基础性工作,为军事医学出版近些年的发展做出了奠基性贡献。在出版质量把控方面，我主要请李晨老社长、余满松老社长和从人民卫生出版社请来的张之升编审、原人民军医杂志编辑部主编黄栩兵编审把关，他们都是国内和军内医学科技出版行业造诣精深的编辑家，对全社书稿的内容审读和选题把关，特别是对年轻编辑人才的培养带教，发挥着不可替代的重大作用。在全社的经营策略方面，我主要是请人民卫生出版社的刘益清老社长来当顾问，刘益清老社长对军医社的发展战略、选题方向、出版管理、教材策划市场营销等方面，提出了不少重要改进建议。在教材考试、培训用书的组织策划和与各医学院校的合作方面，我主要邀请国家卫生部科教司副司长李义祥主任来社担任顾问，为我社开拓了新的出版领域，密切了与地方医学院校的关系，特别是他与中国医师协会陆君副会长合作策划推出的中国医师、护师和放射检验人员的"三基"丛书，在国内产生了重要影响。在图书出版方面，主要是靠原图书编辑部主编杨磊石编审，以他的模范行为作为榜样，带动影响并指导各位年轻编辑，特别是在协助姚磊副总编和曾星副社长方面，做了大量工作，发挥了重要作用。在期刊出版方面，《人民军医》杂志则有老主编程国州编审、杨永岐老师，《解放军医学杂志》先有周国泰编审，后有两位老副社长李恩江、贾万年编审，他们在协助王敏、范晨芳主任，确保刊物质量，带教年轻编辑方面，起到了别人难以代替的作用。加工编辑部先后有徐荣祥、赵晶辉、王三荣、李长芝、单文明几位老同志，他们对周晓洲主任、刘平副主任都很支持，共同发挥着重要的骨干作用。出版制作部主要靠陈琪福老社长一人在支撑，他既是老同志，又是在职的出版部主任，而且业务熟、威信高、经验丰富，能够团结带领大家一起跟上军医社的快速发展步伐。发行部的刘建富、付水生、祝世源老师，全部是从部队领导干部岗位退下来的老领导，全力协助部门主任工作，成为张卫民和胡仲清主任得力的顾问参谋。原财务室康福登老主任负责购纸，这虽然是一项单项工作，但却是关系到成本、质量与出版效率的大事。在我任社长的 10 年间,每年出版社开支的成本中,购纸占总支出的 18% 左右,年总额都超过上千万元。紧一紧与松一松,结果是大不一样的。且纸的种类达几十种之多,既要选准选好,适合专著、科普、大书小书等各类图书需要,又要搞好投标使之价格合理,还要掌握好数量、调剂好库存。康福登主任和陈琪福老副社长密切协作,把这项工作做得井井有条,使社领导、编辑、作者、印装厂各方均很满意。图书资料室,主要靠李惠芳主任,她是一个对工作特别负责、对人特别热忱、对军医社特别热爱的老大姐。前些年,我喜欢把在报纸杂志上看到的好文章,让李惠芳主任复印分发给军医社的编辑和发行人员。后来,我考虑到这样做给她增加了很大的工作量,就开始有意减少这种做法,但她只要发现报刊上有值得大家学习借鉴的内容,就主动摘要或复印分发给有关人员。现在军医社不少人手中,还保留她复印分发的材料。这是一件小事,但她对工作的极端负责和对同事的极端热忱,由此可见一斑。还有一位从年龄上不是老同志,但在她的部门中人人都把她当作老大姐看待和尊敬的人,她就是激光照排中心的李治英主任,多少年来,她总是以严于律己、宽以待人的老大姐风范,无微不至地关心与帮助照排中心的每一个人,以自己的善良、爱心和无私付出,赢得了大家的一致认可和尊重信任。照排中心作为社里的一个服务保障性岗位,本身很难像编辑、发行等一线部门那样做出突出成绩,但李治英主任和她带领的年轻姑娘们,为适应军医社的高速发展所带来的工作量剧增,她们加班加点,经常通宵达旦、废寝忘食,以她们对军医社的忠诚与奉献,赢得了全社上上下下的尊重和认可。其中,王新红、苟小红、高美娟等人还参加过全国性的比赛并获得名次,赢得了行业地位与影响,也为军医社争得了荣誉。

可见,军医社深度参与市场竞争,靠的不是哪一个人、哪一个部门,这是一种战略竞争,更是一种整体竞争、系统竞争。它包括战略、策略,体制、机制,也包含管理、流程、水平、质量,包括骨干、人才,也包括军医社的每一个员工、每一个岗位。这就像一辆汽车,只有发动机或底盘好是不行的,油路、电路、轮胎、方向盘甚至每一个零部件都要保持整体全优,这辆车才能在竞争中取胜。做企业就是做系统,哪个环节都不能决定成功,但哪个环节都能导致失败。只有领导力、文化力、管理力、执行力都很优秀,一个企业才能在竞争中取胜。我作为一个社长、总编辑、总支书记,我也只是在这个岗位上,与兄弟社的社长、总编辑、总支书记在竞争,但这是更深入、更广泛、更有决定意义的竞争,表面上看起来是在产品之间展开,实际上是在产品的背后,即在部门对部门、岗位对岗位、员工对员工之间的竞争;而在更深的层面上,则是能否最大限度地激发各部门、各岗位、各员工工作激情与创造精神的管理与管理、文化与文化之间的竞争。因此,在选题未上报、图书未上市之前,胜与负已经决定。

然而,要做系统全优,又谈何容易。它不仅需智慧引导,靠心血浇灌,更需用关爱和真诚凝聚,只有每一个员工、每一个岗位、每一个细节、每一个产品的背后,都有军医人的极致标准、完美追求以及主动付出、分分钟都未停歇的努力在支撑,这个系统才能全优。

正是有了这支发扬部队作风的坚强队伍,军医社这十年来才能攻城略地、所向披靡;也只有这样的队伍,才是不可战胜的!

高端医学出版中的引领者

我深知，要实现由 1 个亿到 2 个亿的第三次翻番，就必须在趋于白热化的市场竞争和日益严重的同质化竞争中走出图书出版的新路。

为此，我提出错位竞争、高位胜出的思想和策略，确定了"高端出版、数字出版、整合出版"三大战略。其中，高端出版是主线，是灵魂，也是第三次腾飞的核心内涵；数字出版是长线，是方向，也是第三次腾飞的关键抓手；整合出版是暗线，是手段，也是第三次腾飞的基础条件。

所谓高端出版，就是要避开出版社常规出版线路，致力于出版作者高端、内容高端、策划高端、制作高端、跟进开发高端，致力于真正具有行业示范意义并被同行普遍认可的高端精品力作，在高端出版中做深专业、做亮特色、做强品牌。

为实现高端出版的重大转型，组织、机制、文化都必须与此相适应。已经组建的"1556"重点学科出版团队，为战略实施提供了坚强有力的组织与人才保证。"自选搭档、自定岗位、自定级别、自定收入"这一用人机制，"忠诚、亲和、创新、卓越"这八字社风和"家庭、学校、争先、快乐、净土"五种文化氛围，为呼啸前行的高端出版"高铁"列车准备了最佳驾驶团队。无论是骨科、口腔，还是中医、超声、影像中心，或是内科、外科、教材、考试，都在高端出版战略指引下，很快出现了多学科齐头并进、多领域开花结果的喜人局面。

　　这里,我选出几个重点学科的高端出版总结作为案例,可从不同角度一窥军医社那几年高端出版气势如虹的高速发展风采。

　　1. 外妇科出版中心主任郭伟疆:

　　按照齐社长提出的三大战略总要求,我带领第一策划中心的各位同事,在外科、妇产科两个学科进行了深度开拓。经过努力,我们联系上了一大批高层次专家,建成近百人的专家编写队伍。在与专家的联系沟通过程中,研究推出了一批亮点突出的选题。通过落实组稿计划,紧盯出版流程,严把出版质量,缩短出版周期,很快推出了一批优秀图书,如《实用产前诊断学》《妇产科门诊诊疗图谱》《妇产科手术解剖图谱》等。这些图书,不仅适应了当代妇产科专业的前沿性需求,也为军医社带来了可观的品牌与经济效益。在此基础上,我们又由点到线,由线到片,组织推出了"妇产科名家精品系列""妇产科名家专题系列""妇产科实用专著系列""妇产科名家讲坛系列"等多个妇产科板块,初步形成了板块效应和一定的品牌效应。目前我们已对市场上的700余种妇产科专业图书进行了周密而细致的调研与分

现代外科学

析,按照选题类别、定价规模、出版单位、作者分布、市场保有量等要素进行
归类,并对重点监控的 100 种图书进行个性化数据追踪和分析,积累了大
量第一手鲜活资料,为选题方向的精准化奠定了基础。

　　考虑到数字化出版组稿难度更大,齐社长反复强调我们在组稿过程中
要争取先机,加大影像资料、声音资料、图片资料和幻灯片资料等多纬度素
材的收集力度,能争取到的多媒体资料尽量争取,能够拿到手的当即就带
回,从而赢得了主动权。在数字出版中心和音像中心的协同下,我中心目前
已实现了操作类图书 2/3 以上配盘,妇产科手术类、图谱类图书配盘率已经
超过 75%。而我社的妇产科图书市场占有率已达 25.49%,动销品种占有率
24.14%,并呈逐年上升态势。

普通外科

　　普通外科经过近几年的发展,现每年出版图书 55~65 种,其中中型学
术专著 15 种左右,实用型手册类工具书 20 种左右,造货码洋 2000 余万
元。高端出版集中体现在对"普通外科名家精品系列"和"普通外科名家专
题系列"这两大系列的打造和重点出版项目的推出上。《手术室护理学》进

入"十二五"国家重点图书出版规划项目;《海战外科学》和《数字化肝脏外科学》获科技部出版基金资助项目,并列入"十二五"国家重点图书出版规划项目;从 Springer 引进的《切口疝》《泌尿外科操作手册》等图书,由于内容前沿、制作精美而引起业内高度关注;由协和医院赵玉沛院士任总主编的"十一五""十二五"国家重点图书出版规划项目"普通外科多媒体手术系列"丛书,极大提升了军医社在普通外科专科出版的领先地位,并持续保持着向上的发展潜力与后劲。

2. 骨科中心主任黄建松:

为了贯彻齐社长提出的高端出版战略,我从 2006 年开始,在进行了大量市场研究和专家、读者问卷调查及工作实践摸索的基础上,制定了"以脊柱外科为切入点,以引进出版为发展契机"的骨科发展战略和短、中、长期骨科出版规划。通过与爱思维尔(Elsevier)、里品克(LWW)、斯普林格(Springer)等国际知名出版公司合作,我们以国际骨科精品著作为桥梁,广泛与国内知名、权威骨科专家展开合作,翻译出版了第 11 版《坎贝尔骨科手术学》、第 6 版《洛克伍德–格林成人骨折》、第 4 版《格林手外科手术学》等圣经级高端学术著作及一大批精品著作,迅速抢占了学术出版高端,为国内读者提供了高端阅读服务,树立了良好的出版形象,深受广大骨科医生的欢迎。

借助外版书品牌效应,我们与大部分国内权威、知名专家建立了密切联系,在翻译出版的同时积极组稿,出版了《脊柱应用解剖图谱》《关节镜手术与康复》《骨折分类三维图典》《临床数字骨科学》等一大批国内精品著作。

随着工作的逐步推进,我们将骨科进一步细分,脊柱外科、关节外科、创伤骨科、足踝外科等亚专科逐渐形成,骨科检查、骨科解剖、骨科影像、骨科康复、骨科护理等专业化也越来越明显,"大骨科"高端出版格局的条件

骨科学

逐步成熟。根据各亚专科发展水平,我们有节奏地从脊柱外科向关节外科、创伤骨科、运动医学及关节镜、骨科影像、骨科解剖、骨科康复、骨科护理各板块逐步延伸,并不断强化"产品线"理念,使选题多而有序、不散不乱。对于散在产品,我们也通过封面、版式设计风格、装帧等形式使之逐步归并整合进各个"系列"之中。"大骨科"出版迅速构建了新型的骨科出版结构,在进一步提升了人民军医出版社骨科出版品牌形象和认知度的同时,为读者提供了系统阅读服务。

经过三年的努力,各个骨科板块已经形成,并在脊柱外科、关节外科、创伤骨科、运动医学及关节镜、骨科影像、骨科解剖、骨科康复、骨科护理各亚学科中推出了一批高端产品,如《现代骨科临床检查诊断学》《脊柱外科手术图谱》等。以上述产品为拳头,形成了对中国骨科出版领域的高份额占有。2009年,我社骨科学出版市场占有率一直稳定在30%以上,稳居第一,发行码洋年均3000万元,实现有限图书品种下的利润最大化,由规模型向效益性转变。

3. 内科检验中心主任秦速励：

贯彻齐社长提出的高端出版战略，其核心是高水平一流作者的竞争。而与一流名家大家进行深层次、高质量、有成效的合作，则是做好高端出版的关键所在。我负责的内科和检验板块近几年来在高端出版方面积极探索实践，已连续推出多个系列有影响力的精品力作。其关键就在于，我们做好了与胡大一、李小鹰、丛玉隆等几位领军大家的沟通与合作，和他们合作出版的几十部系列专著，大都为畅销书。

一个好编辑，既要有"天行健，君子以自强不息"的精神，又要有"地势坤，君子以厚德载物"的胸襟，还要有"上善若水，水善利万物而不争"的奉献与利他品行，才能与名家大师长期共事相处，进而实现事业与友谊双丰收。

内科学

4. 药学出版中心主任张忠丽：

我负责的药学出版中心在高端出版实践中，主要瞄准卫计委、国家食品药品监督管理总局"十二五"规划的发展方向，贴近要求国家严格用药规范、控制抗生素滥用现状，结合我社药学图书品种高度分散的现状，以"临床用药"为发展方向，调整选题思路，成板块地组织多个药学系列用书，以突显军医社图书的实力与影响。

在抓住出版《中国国家处方集——化学药品与生物制品卷》《中国国家处方集——儿童卷》的同时，乘势而上组织了多个高端药学板块，如"临床用药策略丛书"板块、"临床安全用药监护丛书"板块、"药物治疗原理与实践"（第 2 版）板块、"中药专业系列"板块，同时配套推出了"全科医生丛书"，这样高端化、主题化、系列化的推出，对提升品牌、占领市场起到了重大作用。

现代药物学

5. 超声影像医学出版中心主任郭威：

按照齐社长确定的高端发展战略，我经过反复思考做了两个方面的调整。

一是以中年资、学术地位正处在上升阶段、之前没有当过主编的主任为主要作者，并选择杭州作为组织系列书稿的基地。通过"实用超声诊断学图解"等系列书的组稿，把杭州市三甲医院的众多超声专家都联系到了一起。书稿组下来，长三角地区的超声专家都成了我熟悉的作者。我则下功夫做了文字加工、封面设计、排版设计等工作。经过努力,最终出版的图书,无论是在质量上,还是在设计上,都获得了众多专家的广泛认可,也广受医学读者的喜爱。

二是从 2007 年开始,由齐社长牵头,我社与爱思维尔出版公司等国际出版巨头进行战略合作,决定在重点学科引进翻译一批国外专业图书。我从爱思维尔和 LWW 出版公司挑选出 6 本超声医学著作,找到北京协和医院、解放军总医院、四医大唐都医院的一批知名专家来进行翻译。在此基础上,我又陆续组织了一批比较好的图书出版,使市场占有率有了快速提升,2 年后即达到 20%。紧接着,我于 2009 年请该书主编到军医社考察,并请齐社长亲自出面接待,初步达成了合作意向。经过持续 4 年的努力,被称为超声学科第一品牌书的《超声医学(第 6 版)》终于组稿成功。它以全新的知识系统、精美的装帧设计、比较合理的价位,得到了中国超声学界的好评。出版以来,重印 5 次,累计销售达 15 000 套,把我社超声专业图书的市场份额快速提升至 37%,超过人卫社 6%,荣登第一。

至此,军医社在超声专业出版领域的局面完全打开,在组稿、出版和销售上完全占据了主动地位,有能力预测和把控市场。从 2012 年至 2014 年,我社的超声图书动销品种已接近百种,年重印书品种数达到 30 种,重印书码洋有望达到 500 万元。重印书种类和码洋的大幅增加,证明了我社超声图书,广受读者接受和喜爱,有的图书平均一年的销售量,甚至超过了读者群广泛的科普图书,证明了只要是好书,贴近读者需求的书,专业图书的市场销量也可以是很大的;同时也证明了我社超声图书在选题策划上的日臻成熟,并逐渐掌握了专业畅销图书的策划出版规律。事实证明,专业高端图书只要做得精、做得深、做得实用,市场销量一定不会输给普通图书。

2014 年年底,军医社超声医学图书的市场占有率达到了 60%,我们很荣幸,既是这一奇迹的见证者,也是这一奇迹的创造者。

6. 中医出版中心主任王显刚：

我作为中医出版中心主任，贯彻齐社长提出的高端出版战略，就是时常要求自己牢记出版人的职责，把党和国家、人民的需要放在第一位，积极落实党和国家的各项中医政策，通过宣传普及推广中医，促进中医学术发展。

在国家大型公益科普活动——中医中药中国行时，我深度策划了《步入中医之门》一书，引导中医学子正确评价和看待中医光明的前景，从而坚定中医从业者的从医信念，这也是对"废除中医"言论的有力反击。本书获得网络评选的"2007年十大中医精品图书"第一名，读者好评如潮，多次重印。本书2010年再版，并输出香港繁体版权。在此基础上开发的"步入中医之门"系列，至今已出版了4本，本本重印，已成为我社中医图书的一个品牌。

再如针对"十一五"国家科技支撑计划"名老中医临床经验、学术思想传承研究"等7个科研项目，我精心策划了"名老中医学术经验传承丛书"，经过详细调研，不同于既往按医家专人专书进行整理，而是分别按专题式整理，保存了大量20世纪50至80年代的珍贵名老中医经验文献，填补了此类中医图书的空白，获得了读者的广泛好评。

2009年，国家二部一局联合组织评选了首届"国医大师"。在分管中医出版的杨越朝副社长的组织下，策划了"国医大师学术传承录"系列图书，由我负责起草了本系列图书的具体策划方案。我本人又单独策划了"国医大师学术经验研读录"（共3本），获得了较好的读者反馈。

其他类似的策划还有针对国家中医药管理局实施的"名院名科名医"工程、中医专科专病学科建设，中国中医科学院组织实施的"中医优势病种"，策划了"中医优势病种特色诊疗丛书"，均实现了"双效"图书的初衷效果。

做好高端出版，要为中医事业发展做实事。在中医科普图书出版质量不断下滑、市场竞争压力大的形势下，我一直秉持"中医学术著作可以百家争鸣，中医科普图书绝对不允许争鸣"的出版观点，把握正确的图书出版方向,而不是唯利是图,什么书赚钱出什么书,一切为读者负责,这是我的出版理念。

通过策划出版一批中医专业人士撰写的中医文化、中医入门类图书,很好地实现了双效、双赢。如《不传之秘——中医师是怎样炼成的》《一个传统中医的成长历程——祖孙两代人的中医传承情怀》《零起点学中医——带你体验中医的 12 堂课》等均已多次重印,深受读者好评。再如针对地方名老中医学术经验传承重视不足、正式出版的渠道欠缺等现状,策划了"现代名老中医珍本丛刊",既继承了地方名老中医"治病一招鲜"的学术精华,又保存了一大批宝贵的地方中医药医史文献。近几年还出版了一些填补出版空白的原创性图书,如《中医微创入路解剖彩色图谱》填补了中医微创解剖图书的空白,并入选第三届"三个一百"原创图书出版工程;而《中药斗谱——药柜书写指南》则填补了斗谱专著出版的空白。

做好高端出版,必须积极参与重大出版,全方位提高策划出版能力。2010 年、2011 年提供选题创意并协助申报了填补中医古籍整理空白的《脉学类聚》《毒性本草类纂》,分别获得国家古籍出版资助经费,并入选"十二五"国家重点图书出版规划项目。

做好高端出版,必须规划先行,打造和谐发展团队。我自 2009 年起,竞聘上岗担任中医中心主任,独立起草了我社中医图书出版"十二五"规划,并在社领导的指导下统筹协调全社中医图书出版,为其他编辑提供中医学术支持,负责中医选题质量把关。经过努力,我社中医专业图书市场占有率迅速上升并一直稳定在国内第二位,获得了业界同行的广泛认可。

7. 影像医学专业版块负责人高爱英:

我 2004 年研究生毕业后加入人民军医出版社,主要是缘于齐社长的人格魅力和他给予我做医学编辑信心的一席话。2005 年初,齐社长提出"高端出版、数字出版、整合出版"三大战略,要在专著出版领域大力强化高端出版。随后我被调入策划编辑部,被安排重点策划医学影像学方面的图书,从此开始了影像学板块的重点开发和建设。

在老一辈影像学专家吴恩惠教授的指导和帮助下,我们首先策划了医学影像读片精品系列产品线,请京、津、沪各大医院的权威专家集中编写,迅速团结了一批骨干作者,为读者出版了一批好书,初步打开了学科建设局面。在此基础上,又陆续策划并出版影像重点、热点专题丛书,高端实用型图书,疾病治疗后影像学丛书。为确保高端出版的质量,我坚持精选作者,精心设计样稿,严格采集图片,严格交稿标准,严格编写质量,严格流程管理,确保加工、排版、印刷各环节质量。时任中华医学影像专业委员会主任委员的祁吉教授专门撰写书评,称赞我策划的军医版影像图书"制作精美,堪与国外同类著作媲美"。

图书出版后,我多次在学术会议上展示图书,并面对面与读者交流,了解需求,改进选题。我发现,在医学影像学飞速发展的背景下,儿科影像由于其特殊性而成为国内很多放射学专家的弱项。国内儿科放射做得最好的单位是首都医科大学附属北京儿童医院,为此我找到了当时的主任孙国强教授,请他编写了一本代表国内外儿科发展最新成果的图书——《实用儿科放射诊断学》,推出后很受欢迎。

为了适应临床医生对日益增多的肺癌、乳腺癌等胸部疾病影像诊断技术的需要,我邀请了中华医学会放射学分会胸部放射学会的主任委员刘士远教授牵头,组织业内学术最顶尖的专家集体编写了代表学科发展最高水平的《实用胸部影像诊断学》系列分册。出版和发行后,很快成了业内的必备书,大大推动了学科发展。

此外,由于心血管疾病发病率高,影像在心血管疾病中的应用越来越多,在多数医院有先进设备但是缺少相应技术的情况下,我组织国内最好的心血管病医院——阜外心血管病医院最权威的专家,分别编写了《心血管病 CT 诊断》《心血管病 MRI 诊断》，出版后深受读者好评，我还配合作者举办学习班，有效提高了很多医院的技术水平。《全身 CT 血管成像》则是在全国多排 CT 设备装机量大幅增加，但多数医院缺少相关技术和标准的背景下策划推进的。编者所在的南京军区总医院是国内较早拥有设备的大医院，在临床应用方面积累了丰富经验，在拓展双能量 CT 在心脑血管病应用、实现肺栓塞和冠心病的血管狭窄与灌注缺损诊断一体化、提高心脑血管病精确诊断水平方面，获得了中华医学会科技进步一等奖。在这样的一个高起点上编写高端专著，保证了图书的高质量、高水平，读者反响特别好。

在研究学科进展和读者需求中，我发现国内缺少一套关于医学影像鉴别诊断思路的图书，而由美国北美放射学会主席领衔、组织全美各专业最顶尖放射学家主编的"影像专家鉴别诊断"系列丛书，水平高，技术前沿，特色鲜明，指导性强，是国际上公认的顶级影像名著。为了稳妥起见，我调查了大量读者的意见，并收集了国内各个医院读者的 100 余份调查问卷，95% 以上的读者都强烈建议引进。为了确保质量，我们组织了北京医科大学复旦大学、中国医科大学、首都医科大学、第二军医大学、天津医科大学等著名大学附属医院的顶尖教授翻译，丛书出版后获得了读者的好评。全套图书一共 8 册，总定价 2096 元，其中胸部分册和腹部分册一年内就实现了加印。

经过上述努力，医学影像板块有了突飞猛进的进展。市场份额占有率从 2004 年的 5% 上升到 30%，市场占有率排名从全国第五上升到全国第一。《实用儿科放射诊断学》获得了第四届中华优秀出版物奖，《实用胸部影像诊断学》获得了首届解放军出版奖图书奖，《能谱 CT 临床应用》获得了首届解放军出版奖装帧设计奖等多种奖项。我本人也多次获得社先进工作者称号和总后卫生部嘉奖，并评上了新闻出版总署的副编审职称，开始担任编辑一室主任。在医学编辑的道路上，我越走越有信心。但我也知道，一滴

水只有融入大海,才能成就它作为水的价值;一个人只有融入社会、融入单位,才有发展的可能。非常感谢齐社长给我机会和平台,让我有机会乘高端出版的东风,让我和医学影像板块一起成长!

从各位主任的回顾与体会中,特别是从他们带领所属团队在其学科领域中异军突起、屡创佳绩的骄人战绩中,就不难看到军医社那几年攻城略地、所向披靡的进取风采。当然,除了上述中心主任和他们的团队外,还有由焦健姿主任率领的科普策划中心、由于春华主任率领的医学漫画策划中心,也都在各自的高端出版领域推出了一批高端产品。如国内第一部以漫画形式宣传中医普及和中医基础知识的"漫画中医"系列,第一部《葫芦堂》四格漫画系列,均吸引了各方关注,并在《自我药疗》《家庭医生》杂志进行连载,均产生了较大反响。

在军医社的高端出版战略实施中,在图书策划方面起到领军作用的是姚磊副总编和杨磊石老主编。姚磊副总编在 2003 年担任图书编辑部主编前,就是一位特别优秀的图书编辑,曾组织出版过一批军医版优秀图书。担任主编后,他在协助我抓图书编辑部的建设和改革、组织重大选题、带教年轻编辑的同时,继续利用自身编辑业务熟、作者资源丰富的优势,在繁忙的工作之余,策划推出了一批重点图书,其中如《黄志强胆道外科学》《肝胆胰外科聚焦》,都曾获得国家优秀图书奖。杨磊石老主编作为姚磊副总编的前任,具有相当丰富的专业出版经验。他从主编岗位退下后,每年都能组织出版60本左右的新书和60本左右的重印书,在军医社开始腾飞的前几年,他一个人责编的再版书约占到全社的1/2,畅销书和重印书占到全社的1/3,年产值(码洋)连续10年超过1000万元。他积累的上百种修订再版书,50多种已修订到第3版,20多种已修订到第4版、第5版,畅销、长销10~20多年,发行量最多的已达到18万多册。他责编的"手术学全集"、《实用骨科学》《中国肾脏病学》《施今墨对药》《吕景山对穴》《全科医师手册》和《军队医院管理学》《军事预防医学》《军队医学科研管理学》,都已成为军医社响当当的品牌和看家书。他和姚磊作为军医社图书编辑部的新老主编,也

是我抓图书出版工作的两位主要助手，在图书编辑中所起到的中流砥柱和榜样带头作用，对我工作的深度理解、鼎力支持和多方帮助，特别是对军医社 10 年快速发展所起到的难以代替的重要作用和做出的难以估量的重大贡献，都是我永远难以忘怀的。

高端出版的核心实质是错位竞争、重点突破、快速裂变和高位制胜。当你和你的团队走上错位竞争的快车道，跻身行业竞争的最高层，你已将成功握在了手中。

这，就是成功实施高端出版战略带给我的启示。

数字医学出版的开拓者

在军医社创新发展的三大战略中,数字出版是长线,是方向,也是第三次腾飞的关键抓手。所谓数字出版,就是要充分利用信息技术、网络技术、移动互联网技术,使纸质图书和传统内容资源实现电子化、数字化,完成由传统出版向数字出版的转型,率先开拓出一条中国医学数字出版的新路。

军医社的数字出版,自 2006 年被提升为第三轮腾飞的战略层面之后,开始全面发力,进入了发展的快车道。但寻根溯源,军医社的数字出版早在 2000 年就开始酝酿,正好与我到军医社当社长同步。记得我在 2001 年到 2003 年期间,重点抓了三件事,现在回过头来看,这三件事对军医社数字出版的强势发力,起到了奠基性作用。

第一件事,是解决纸质图书的数字版权问题。针对军医社的出版合同只解决了与作者的纸质版权约定,而对纸质图书的电子、网络、数字版权问题未做明确规定的问题,我委托时任图书编辑部第一编辑室主任的姚磊,对原制式合同进行了修改,规定"凡是在人民军医出版社出版的图书,其电子、网络、数字版权,均属于人民军医出版社"。短短的 30 多个字,却对军医社后来的数字出版,有着难以估量的意义。近两年常听一些兄弟出版社的领导讲,他们虽然守着十几年甚至几十年的出版积累,却由于早先未和作者签下数字版权而不能拿来做数字出版。每每这时,我就为自己能在十年前就签下全部纸质图书的数字版权而暗自庆幸。

　　第二件事，是实现了对排版文件的归口管理。从 2000 年开始，先是指定董琨同志归口保管，从 2003 年开始由李治英同志负责，他们对工作都非常负责。特别是李治英同志为做好社里排版文件管理想了不少办法。军医社的数字出版工作之所以能从做电子书快速起步，没有她及时提供完整系统的排版文件，是很难做到的。

　　第三件事，是取得了正式的数字出版权。2003 年初，正式成立了由王敏任主任，郭威、马莉为成员的电子出版策划编辑室，挂靠在图书策划编辑部。2004 年 8 月 1 日，新闻出版总署发出〔新出音字〕2004 年 937 号文件，正式批准成立人民军医电子出版社，社长和法人由我兼任。虽然人民军医电子出版社是隶属于人民军医出版社的二级社，与数字出版部对外是一个单位两块牌子，但在国家的出版系统中，和军医社一样，是一个国家级的正式出版单位。军医社从此有了正式的电子、网络、数字出版权，也为军医社正式开展数字出版业务提供了组织与资质保障。

　　以上三件事，从内容版权、出版资源、出版权这三个主要方面，为军医社后来的数字出版，奠定了极为重要的基础。2006 年，随着"高端出版、整合出版、数字出版"三大战略的强力推进，考虑到数字出版涉及策划、加工、出版、发行和财务多个部门多个系统，好多工作没有一把手出面，难以协调和推进，因此，我决定从 2006 年 11 月开始，直接主抓数字出版工作。从此，数字出版也成了军医社名副其实的一把手工程。

　　对于数字出版，我定下了理思路、定战略、配班子、出产品的整体部署。第一步就是要理思路。但要理清思路，前提是要对数字出版业务比较熟悉了解。因此，我主管数字出版后的第一件事，就是带着数字出版部的秦新利主任与王剑、赵威，一起报名参加 2007 年 3 月新闻出版总署在北京大兴培训基地举办的数字出版培训班。这是一期专为各个出版社管理者举办的数字出版高端论坛，总署特地从美国、英国邀请了世界知名的数字出版专家，使我有机会对国际上数字出版的现状、前沿与趋势，都有了一个比较清楚的认识。在那几天的培训当中，我们几个白天学习，晚上就理论联系实际，研究探讨军医社的数字出版之路究竟如何走，切入点和突破口又在哪里？往往是一个思路今天刚提出来，明天又觉得不妥而被推翻，接着又有一个新的思路或想法来代替。在培训班结束时，虽然还未得出明确清晰的思路，但大家都倾向于先做一个装在手机中的"临床用药移动查询软件"，包括先把书配盘做起来。尽管回过头来看，这些思路都还不成熟，但真实反映了我们当时的求知欲望和探索热情。那种在创业之初的昂扬斗志，创意灵感随时在萌生、集合、碰撞和发散，让每个人都变得格外奋发和充实。如同文学家和诗人在酝酿构思新作品那样，创意勃发、视通万里而神采飞扬；又如同企业家在创业之初一样，为了一个激动人心的目标，为了并不清晰但却是激动人心的未来，毫不吝啬地奉献全部心力、智慧和劳动。所谓"二人同心，其利断金""办法总比困难多"，在数字出版刚起步的那段时间里，尽管面临的是"万事开头难"，但我还是激动并快乐着，直到今天还每每让我在心底回味无穷和无限留恋。

此后又经过近半年的学习思考，并且和数字出版部的同志反复讨论研究，我对军医社如何开展数字出版工作的思路逐渐清晰明朗。在2007年12月的社总支和社务会联席会议上，我谈了对数字出版的总体思考，确定了以"内容资源数字化、业务流程数字化、出版产品数字化和信息服务数字化"为主要内容的总体思路，把多媒体电子书出版、网站平台建设、医学数据库建设作为战略重点和三大突破口，把"做中国数字医学出版的开拓者"作为数字出版的主要目标，并纳入军医社的整体战略规划。这样"一个目标、三个重点、四化思路"的提出，从大的方向确立了数字出版方向和主要架构，使数字出版战略开始落地。这个用了近一年时间提出的思路，从此成为军医社一直遵循的数字出版总体指导思想。此后10个年头过去，军医社早已成为国内数字出版领军单位,军医社的社长也换了三任,但上述战略始终没有变。这充分说明,上述思路经得住时间和实践的检验,符合数字医学出版的基本规律,也符合军医社的社情实际。

围绕既定战略和思路,从 2007 年下半年开始着手推进实际工作。首先是组织工作班子。在原有秦新利主任和王剑、赵威、王清海 4 人的基础上,调进了丁亚红、林思涵、庞文韬(后来又陆续引进徐敬东、金慧珍、张子修、闫密、王飞、王欢、陆忠尉、王玉煌、张帆),逐步壮大了数字出版队伍。在此基础上,围绕多媒体电子书出版、网站平台建设、医学数据库建设这三大重点,开始全面快速推进。

在电子书出版上,主要是边打基础边出产品。一方面,抓紧对排版文件的全面整理和收集。当时,由李治英收集的内排文件是比较齐全的,但外排文件、彩排文件、封面文件因多环节参与而导致文档分散在不同部门和人员手中。为解决这个问题,我多次带着数字出版部的同志,到出版制作部、激光照排部、美编中心现场办公,在明确内排文件仍由李治英负责的同时,确定了外排文件统一归口由张丽霞、苟小红负责,彩排由美编吴朝洪、龙岩、于春华分别负责,封面统一由成智颖主任负责。数字出版部内部则指定了林思涵与庞文韬、朱恺负责。同时,建立健全相配套的责任制与奖惩办法。从此,在数字出版部、激光照排部、出版制作部、美编中心等部门和各位负责同志的共同努力下,军医社的排版文件管理走上了全面规范、全程顺畅的轨道。经过与方正阿帕比公司合作,成功将我社新中国成立以来的3330 种纸质图书,全部扫描制作成为电子样书,并成功搭建电子书库。到2008 年年底,成为国内第一家成功实现了电子书与纸质图书的同步制作的出版社,出版电子书总量达2823 种,预览版电子书全部上网,电子书销售总额达到 40 余万元,书配盘全面展开,全年生产光盘 78 种、50 余万张。操作、影像、图谱类图书配盘率达到30%。《心电图诊断图谱(普及版)》和《临床皮肤病彩色图谱和诊疗指南》两部电子出版物荣获首届中国出版政府奖提名奖，占全部电子出版物提名奖获奖总数的半壁江山。

在医学数据库建设方面，主要是采用战略合作方式。军医社几十年所积累的丰富内容是最大的优势资源，如何使其真正发挥作用以实现持续赢利？这是一个当时在国内还找不出成功先例的难题。经过反复考虑，我决定把这些内容资源加工整理成一个国内最大、最专业的医学数据库。但如此庞大的数据库需要投入大量的人力、物力、财力，加工周期也较长，因此我想找个合作单位共同建设。正在这时，我听说解放军医学图书馆也准备建设医学数据库，并已组织了一个二三十人的队伍开展前期工作。听到消息后的第二天，2007 年 11 月 30 日，我就直接赶赴解放军医学图书馆实地了解考察，与张文举主任就合作意向进行了深入探讨。接着我到谌佑祥馆长办公室登门拜访，当他了解我的想法后，表示非常支持。2008 年 5 月 5 日，我率领曾星副社长和姚磊副总编去图书馆，与谌佑祥馆长、陈锐副馆长、巩怀俊副馆长及领导班子成员集体见面，在合作方面取得了高度共识。2008 年 5 月 28 日，我们两家正式签订了战略合作协议。协议正式确定了由人民军医出版社提供内容资源，由军事医学图书馆负责数据库制作。这也是国内第一家医学出版社与国内知名医学图书馆首次在医学数据库方面展开合作，开创了数字出版内容强强联合的新途径。

数字出版的最大优势在于它的海量信息、节约空间、传送迅捷，因此把出版内容，无论是文字、图片，还是音频、视频，经过碎片化、条目化加工，在此基础上建成数据库，这是数字出版的基础工程，也是数字出版的核心和赢利主体。有了海量的碎片化、条目化信息，加上采用多媒体交互的编辑出版技术，就可以极大地拓展数字出版的空间，很方便地实现"一种资源，反复使用，持续赢利"的目的。后来的事实证明，与解放军医学图书馆的这一战略合作，使军医社很快打造出了数字出版领域极为重要的医学数据库，为军医社能够迅速开发出一系列跨媒体产品,快速走出具有军医社独具特色的数字出版路子,奠定了最为关键的根基。

在网站建设方面,由宁柯负责自主开发的军医社门户网站全面进入正式运行。新编《解放军医学杂志》远程投稿和编辑软件、网站投入使用。考试系统的网络销售模式成功实现。医学视频销售系统首次实现销售医学视频资源近 5000 分钟,销售回款 34 万元。考试中心面对医学考试用书激烈的竞争,传统的考试用书出版陷入了困境,大量库存积压,亏损严重,正在评估是否退出医学考试这个出版领域。在这种危急情况下,丁震主任提出与软件公司合作,建成共有 20 万试题的大型在线培训网站,将已开发成功的 102 种面向军地卫生技术人员的考试辅导试卷全部移到网上,通过网卡的功能设置和网络加密技术,实现了在线浏览、有偿下载和在线销售,实现了向考生提供细致的做题、分析和视频培训等服务,受到考生的充分认可。注册人数近 10 万人, 使人民军医出版社的考试用书出版实现了从年亏损数百万元到年盈利近千万元的成功转变,从而彻底走出了考试用书出版的困境,并树立了军医社考试网站的品牌。

在平台建设方面,最重要的是经过反复深入论证,"全军数字医学集成应用系统"得以上马,使得军医社数字出版有了自己的战略性、奠基性工程。2007 年,在数字出版刚刚起步时,业内绝大多数人视数字出版为畏途,"做数字出版是找死,不做数字出版是等死"这句话曾在出版界相当流行,它对数字出版前景的悲观态度给这一新兴事物带来极大的消极影响。但这句话也给了我一个重要启示, 那就是要找出一条既不找死又不等死的路子。

经过反复思考, 我觉得利用军医社大量出版资源的数字化出版形式,为部队提供数字医学产品服务,缓解部队各级卫生单位的急需,同时再把为部队服务的产品改造为面向地方的产品投入市场,这应该是一条可行的路子。这样不仅不会"找死",也不会"等死",在找出一条为部队服务的新路的同时,也可找出一条数字医学出版的新路。至于这个项目的特色,从其名称就可以看出来,即重在"集成"与"应用"。所谓"集成",就是指集电子书建设、内容资源建设、平台建设为一体;所谓"应用",就是强调要为部队提供切实、到位、实用的数字医学知识服务与保障,能够产生实实在在的服务保障效益,满足部队需要,为部队解决实际问题。为此,我在征求组织北京地区驻京医院近 30 名专家意见的基础上,又先后到上海第二军医大学东方肝胆外科医院找吴孟超院士,去南京军区总医院找黎介寿院士,当面征求他们的意见。我还清楚地记得,当我在下午下班前见到吴孟超院士时,他刚从手术室出来,虽然年近 90,但精神矍铄,神采奕奕。听了我的汇报后,他当即表示:"这是一件大好事,像我刚刚做的一个肝癌手术,其他医院包括国外医院,一般都要 4 个小时,而我的手术只需要 2 个小时不到,如果通过你们的数字出版,把我的手术介绍出去,让全国的中青年肝胆医生学习,那将会让多少病人受益啊!"院士和专家们的支持,更坚定了我的信心。

　　调研结束后,我立即和秦新利主任一起,从社里的资源提供、部队需求、框架设计、技术方案和具体实施路径等方面入手,执笔起草了一万多字的建设"全军数字医学集成应用系统"的总体论证报告。这个报告,从适应军地大力推进网络医学教育事业,满足全军医务人员从网上获取新知识新技能的教育培训需要,提升全军卫生信息化建设水平和质量,实现军医社由传统出版向数字出版的战略转型等四个方面阐述了项目上马的必要性;从网络和硬件条件成熟,军医社具备组织大规模数字出版工程的优势和能力,调研论证和总体设计已趋成熟,全军医疗单位有能力有条件有积极性参与和完成项目以及合作单位具有成熟的数据库开发经验五个方面阐述了项目完成的可行性;从指导思想、目标定位、建设思路和准确把握定位、总体设计先行、样本格式统一、健全激励机制、严格质量把关、分步组织实施等具体做法方面阐述了总体设计方案，从动作模式、投资预算、效益与风险评估和需要部首长部机关解决问题等方面提出供决策的参考意见。

2008年11月下旬，我向张雁灵部长做了专门汇报，部长当即表态，这是一件好事，并要我对报告修改完善后向部办公会做一次专题汇报。2008年12月9日，张雁灵部长亲自主持总后卫生部办公会，在听取我的正式汇报后，部办公会经过讨论，一致同意正式上马此项工程，并纳入全军卫生工作重点，举全军卫生系统之力来加以推进。同时拨给专款700万元，作为这一工程的专项建设经费。2009年1月6日，在海军京海大厦召开的全军卫生工作会议上，张雁灵部长又指示我在大会上做了关于建设"全军数字医学集成应用系统"的专题发言。在会议下发的全军卫生工作要点上，"全军数字医学集成应用系统"也被列入当年的重点工作。在部首长、部机关的强力支持下，军医社的数字出版终于克服了重重困难，此时正如一辆即将出发的高速列车，自2001年以来修建路基，2007年打造机车，现在又经过各方合力铺路、加油，终于可以高速行驶了！

优质医学资源的整合者

在军医社创新发展三大战略中，整合战略是暗线，是手段，也是第三次腾飞的基础条件。所谓整合出版，就是要在分析自身资源优劣势的基础上，加强资源优化整合，全面开展对外与对内合作，挖掘国际医学出版巨头与国内高端机构、权威单位的优质出版资源和内容资源，通过有机整合促进深度创新，为高端出版战略和数字出版战略提供支撑，从而实现内容提升和出版转型。整合出版战略的提出，源于我们对国内出版市场的冷静观察和深入分析。我们在调研中发现，从2006年开始，不少中小卖场入不敷出，非常不景气，不少书店门庭冷落，专业书籍销售更是惨淡。我到西南物流仓库查看时，发现不少书竟然连包装都未打开，就旅行一圈原封不动地被退回来了。有的专业书前些年印3000册，现在下降为2000册不到。但当我们到医院等基层去调研时，发现由主管部门、权威机构、行业（学）协会等编写下发的标准、规范、新技术、新进展方面的图书，还是很受欢迎的。这就给我们一个提示，加强与相关主管部门、权威机构、行业（学）协会的合作，应该是一条可行的路径。

在此基础上我考虑提出了整合出版战略，目的是瞄准在行业中具有强势话语权的单位和机构，挖掘利用他们的优势资源，借助他们的品牌地位，推出一批更加权威、更加高端、也更为各个细分专业领域所急需的产品，从而为医务人员提供最为需要的新知识、新技术、新进展服务，为相关机构提供深度的出版服务，为医学出版提供新的增长点，同时为合作伙伴提供互利共赢的平台与机会。如果说，高端出版主要是挖掘高端作者、大家名家的出版资源，并由各个策划中心、策划编辑完成的话，那么整合出版战略则主要是挖掘高端机构、权威单位的出版资源，主要由军医社领导从战略层面上加以部署应对，并要亲自出面推动。二者的共同目的，都是为了有效应对同质化、低俗化、平庸化及低印数、低销售、低读者认同所带来的挑战。

整合出版的主要对象是国际大型出版集团和国家卫生主管部门、国家级行业学(协)会、国家级重点医学院校。因为只有和国际权威出版机构合作，才能确保引进的是国际顶级产品；只有和"国"字头的单位和机构合作，所出产品才具权威性，并在行业和读者中产生号召力和影响力。而作为国际大型出版集团，他们的好产品要进军中国市场，也需要找到中国的最佳合作伙伴，国家和行业协会、学会，他们要有效推进各项业务建设和管理，出版参与也是必备手段和方法。

虽然在2006年前，我们在对外合作和对内合作方面，已经取得了一些重大进展，比如和国家卫生部合作出版《临床技术操作规范》，与德国精萃出版集团进行口腔出版合作，但全面、整体、大规模地开展对外对内合作，还是从2006年以后开始的。自整合出版战略提出后，我们除了进一步做好为部队出版保障服务外，还侧重加大了与国外医学出版巨头及国内"国"字头单位的合作力度。我社除成立先后由杨化兵、杨淮、孟繁辉牵头负责的版权合作中心以专门推进对外合作，同时还先后派出王敏主任、马莉主任以帮助工作的身份，长期到国家卫生部医政司和中华医学会坐班，以便就近了解需求，主动提供出版服务。几年下来，不论在国际合作方面，还是在与国家卫生部及中华医学会、中国医师协会、中国医院管理协会、中华护理学会的合作方面，都涌现出一批有重要影响的优质产品，不仅极大地提升了军医社的行业地位与品牌形象，而且还打造了以口腔和考试用书为代表的一批优势板块,从整体上改善了军医社的学科布局,获得了显著的社会效益与经济效益。

首先,通过整合出版快速建立起了一批高端出版板块,从整体上拉动了多个学科建设。通过与全球最大的口腔出版集团——德国精萃口腔出版集团的合作,军医社的口腔出版一夜之间脱颖而出。引进号称骨科"圣经"的《坎贝尔骨科手术学》《洛克伍德–格林成人骨折》等国际顶级巨著,为骨科的快速崛起奠定了牢固根基。与国家卫生部医政司及中华医学会合作推出的全套共46本《临床技术操作规范》,自2003年组织出版,到2009年出齐,成为我国历史上第一部、也是行业内唯一一部技术规范类权威用书,对提升全国医务人员的技术操作水平,具有重大作用和深远影响。国家卫生部、总后卫生部和国家中医药管理局曾专门联合下发文件,通知全国各医疗单位加强学习贯彻。与国家卫生部医政司和中国医院管理协会合作出版的《中国国家处方集》(分为成人卷和儿童卷两册),是新中国成立以来首部国家处方权威专著,经300多位专家历时五年反复修订而成,成为规范临床合理用药的行业权威指导用书。该书推出后,成为广大临床大夫每人必备的随身必携口袋书,一年几次加印,以至于该书所用的字典纸一度"洛阳纸贵"。与中国医师协会和中国护理学会合作出版的"国家执业医师、护士'三基'训练丛书"为广大临床医护人员打牢基础、提升技能提供了一套权威的医学继续教育用书,被很多医疗单位作为所属医务人员必读书而集体购买,在行业内产生了很好的影响。与中国医院管理协会合作出版的《国际疾病分类第九版临床修订本手术与操作ICD-9-CM-3》(外版书书价210.00元),得到了国家卫计委的认可,2013年1月上市,5个月后加印,销量一直很好。在中华医学会医院管理学会支持下翻译出版的《医院管理传奇——从平庸到卓越》,出版后当年加印2次,并邀请作者参加了第9届国际医院管理交流会,为参会的350名全国院长做了精彩演讲,使本书在业内产生了很大影响,对提升军医社的品牌和市场占有,也起到了重要作用。

其次,通过整合出版战略还极大地推动了深度创新。比如军医社医学考试板块得以迅速崛起,就是整合出版和数字出版相结合而创新成功的典型。2005 年 2 月,当我提议把网络室丁震主任从社办公室调到图书编辑部时,就是想利用他在网络计算机方面的造诣和创办社网站方面的经验,在传统与数字出版的结合上探索一条新路子。2008 年,经过在图书编辑部锻炼 3 年,我提议并经总支同意,专门成立了一个教材与考试医学出版中心,请丁震担任主任,来开拓这个领域的增长点。丁震到任后果然不负众望,很快捕捉到了战机,提出与一个叫"591guo"的医学考试培训网站进行合作,在双方竭诚合作下,我社考试用书板块很快产生了蜕变,不到一年就推出了主打产品——《护考急救包》,在行业内产生了很大影响。

与此同时,为了应对主要竞争对手"独家代理,代理独家"的强势市场垄断,丁震主任带领考试策划中心编辑,深入开展医学考试出版业务研究,首创"人民军医出版社点线护考教学法",共制作护士、护师考试教学幻灯片 15 000 余张,约 200 万字。自 2010 年来,4 名编辑共在全军远程网及全国 25 个省、自治区和直辖市的 100 余所护理院校授课约 150 场,行程约 30 万公里,讲课总时间长达 1200 小时。共培训护理院校的教师近 3000 人次,培训军地护理考生 10 万余人,培训授课受到全国护理专家、教师和学生的普遍认可。

教材与考试医学出版中心还创新性地建立了考试用书直销渠道。自 2009 年以来,开展以《护考急救包》为主的考试用书直销工作,与全国 200 余家院校建立了稳固的合作关系。几年来直销码洋达 5000 余万元。强有力的直销渠道建设,与《护考急救包》产品、护理考试教学培训,共同构成了军医社考试用书板块克敌制胜的三大法宝。《护考急救包》自 2009 年出版以来,共销售 20 余万册,单本书造货码洋 6000 余万元,回款 3000 余万元,纯利润达到近 2000 万元。"医学应试题库丛书""最新护士执业与考试必备"
"国家执业药师资格考试指导丛书"、《实践技能通关宝典》等近 30 种图书
先后登上全国医学图书排行榜。据开卷公司统计，军医社的考试用书市场
占有率也由原来的空白，一下上升到 20%，市场排名基本保持在第二名，有
的月份则是第一名。

通过整合出版推进了与著名出版人及出版公司进行合作。比如新组建
的闫树军、崔晓荣策划工作室，刘观涛、金光印策划工作室，石永青工作室，
黄鉴保定组稿中心，沈阳组稿中心等，及与首发经典、共和联动出版公司的
合作等，都推出了一些有影响力的好书。而比出书挣钱更为重要的，是他们
在选题思路、出书效率、成本把控、渠道拓展的新颖、精细与灵活，对本社编
辑工作和运营思路带来的促进与影响，较好地实现了"鲶鱼效应"的初衷。
不论从哪个意义上讲，军医社的快速发展，都有他们一份特殊的贡献。

整合出版，说到底是对社外生产力的开发。整合出版，为军医社可持续
发展搭起了一个崭新的更为广阔的平台。上下左右的各方优质资源，在这
个出版平台汇集、提升、发散，为军医社气势如虹的第三次腾飞，源源不断
地输送着强劲动力。

气势如虹的第三次腾飞

为确保"高端出版、数字出版、整合出版"三大战略的顺利推进,在工作思路和重心上,把以质量效益为中心的指导思想,落实成为"质量为本、成本领先、渠道为王、品牌是魂"的管理要求;把提高"人均效益"的要求,具体化为"选题最优化、印数精确化、定价合理化、成本最小化"的管理措施;把调动人员积极性和创造精神的要求,转变为"责任到人、激励到位、改进到书"的管理对策。

在管理配套上,主要推进了十大措施:(1)稳定战略,坚持好中求快,防止左右摇摆;(2)减科普、压教材,加强专著、考试用书和数字出版,使出版结构更加贴近三大战略需要;(3)严格学科分工,从机制上引导编辑把工作做深做精细;(4)改进完善新的图书印数模型,精准印量,压减库存;(5)建立畅销、长销、平销、滞销、库存等分类预警制度,精准印点,防范单书风险;(6)实行编辑驻店制度,及时把握一线销售动向,确立对市场各类军医书的灵敏反馈与调节导向;(7)根据学术、科普和中医、教材的不同情况,分类调整定价模型,实行成本全面联动;(8)拓展新渠道,开源减压,构建精细发行;(9)推进文字编辑的网上加工、审读、传输,缩短编校周期;(10)提高科技附加值,提升单品种赢利能力。

通过积极调整思路,整合优势,以差异化、高端化、精品化、数字化策略应对图书市场的同质化、微利化竞争。收指成拳,以专取胜,靠"专、特、新"

品牌来挤占、扩展市场空间,赢得有别于一般出版社的专业优势;抢占高端,以快取胜,构建有别于一般出版社的错位优势,赢得竞争先机;精品立社,以质取胜,走出一条依靠精品和质量提升效益的内涵式、可持续发展的路子。从而从全局上赢得战略主动,全社持续、高速、稳定的发展势头得到进一步保持和发展,使三大战略的总体要求,从宏观思路到微观对策的各个层面上,都得到了有板有眼、有力度、有成效的落实。

从 2006 年到 2008 年的三年间,在全社上下的团结奋斗中,军医社继续保持了年均 30% 的高速增长。到 2008 年年底,年出书为 1295 种,总印数 501 万册,总造货 2.46 亿元,发行 2.06 亿元,回款 8500 万元,各项质量指标、效益指标、发展指标,均比 2005 年翻了一番,年销售额、回款额和人均、书均效益同步创历史最好水平, 成功实现了军医社历史上的第三次腾飞,这也是军医社历史上跨度最大的一次翻番。

在质量、内容和品牌建设上,坚持以高端出版为引领,重点规划,密集布局,狠抓源头,使全社高端出版出现了多学科齐头并进、多领域喜获丰收的局面。《坎贝尔骨科手术学》《赫斯特心脏病学》等 60 多本国际顶级大型精品巨著的推出,集中体现了高端领域的强势进展,并催生了骨科、口腔等一批高端优势板块,并在国内同行中占据领先地位,产生了良好的品牌效应和强大市场竞争力。

继 2006 年首次跻身于国内出版社 50 强和科技出版社 20 强的行列之后,在 2007 年新闻出版总署组织的首届中国出版政府奖评审中,我社成为全军仅有的 22 个获奖社之一, 这标志着我社由国内优秀出版社向最先进出版社的成功跨越,圆了我社几代人的强社之梦。

回顾这三年,回望这一轮气势如虹的第三次腾飞,我觉得,支撑它的不仅是战略,还有全社近年来的社风文化、全员改进、流程改造、人才建设、机制体制改革等多方面的积淀。其中,总支对发展方向的正确把握,全社员工的奋力拼搏,各级领导和首长的高度关心,是前提性的三大支撑。

社总支作为第三轮腾飞的领头雁,其支撑作用主要体现在把关定向、解难鼓劲上。以强有力的思想工作,使全社上下始终保持昂扬奋发的精神风貌和干劲。特别是针对影响发展的主要问题,有质量、有针对性地做好工作。作为总支书记,我在这三年中始终强调的几个主要观点,概括起来就是四点:一是强调以强烈的危机意识来应对挑战。认清面临的同质化、数字化、国际化、市场化这四大挑战及其严峻性,认清能否成功应付这四大挑战,将决定我社在下一轮市场集中化过程中的地位,从而清醒地认识差距,自觉地把成绩归零,真正瞄准国际先进水平,以强烈的危机意识转变观念、迎接挑战。二是要有敏锐的发展眼光。包括通过高效快捷的运作机制实施产品结构的科学调整与错位布局,加快推进内容、流程、产品和服务的数字化,大步迈进与国外高端产品的深层合作步伐,以真正抓住市场化、同质化、数字化、国际化挑战背后的重大机遇。三是要以高度的历史自觉来推动转型。在第三轮腾飞中,成功推进并加速完成了三大转型的历史性转变,即由中小型出版社向大型出版社转变, 由注重外延发展向注重内涵发展转变,由传统型出版向数字化出版转变,一步步实现中国医学图书出版领跑者的目标。四是要以更高的素质和思想作风境界来做工作。真正以科学发展观来研究解决我社发展中的各种矛盾和问题,始终保持昂扬向上的精神面貌和奋斗激情,让"忠诚、亲和、创新、卓越"八字社风和"学校、家庭、争先、净土、快乐"五种氛围占领我们的主阵地,绝不能让负面、消极、涣散和萎靡不振的情绪在军医社有市场。始终围绕问题来做工作,特别是强调更加有质量、有深度地开展好"全员改进活动",在克服困难和解决问题中推动工作进步。更加主动地抓学习,以解决我们在新形势下的挑战面前知识不够、能力不够、经验不足的问题。未雨绸缪,以极其开阔的眼界迎接未来。锐意进取,负重登坡,迎难而上,努力向现代化的出版强社目标前进。五是要充分发挥好骨干作用。比如对新进管理岗位的年轻副职主任,我在2007年3月对他们的要求是四个方面,即"有胆有识当助手,有声有色做本职,有板有眼抓管理,有滋有味当内行"。对党员员工和骨干,我在2008年3月20日的全社党员骨干大会上,也提出了四条要求:一要时刻不忘党员称号,端正品行,正道直行,不负组织;二要时刻不忘事业追求,瞄准短板,永争第一,不甘平庸;三要时刻不忘骨干责任,己立立人,己达达人,不负同事;四要时刻不忘出版人使命,苟日新,日日新,又日新,不负时代。我代表总支提的这些要求,大家都比较接受和认可,主要是他们感受到了我的真诚,是真心为了他们好。这些话都是我的原创,是我本人的体会,而不是从哪里抄来凑合应付。我要求他们做,自己也是这样做的,与其说是要求,还不如说是一种共勉。所以大家爱听,觉得这是我说的心里话,也是对他们有益的话。

领导工作的全部成效,最终体现在员工的认可和实际工作的落实到位。在实施三大战略过程中,各个板块、各个编辑室、各个重点出版物,你追我赶,热火朝天地向前推进。这里,我保存着2007年5月30日第41期的《军医人通讯》,在第二版上刊登了一篇当时刚到考试中心工作的新编辑焦健姿(现为科普策划中心主任)的文章,写的虽然是一个普通的突击性出版项目,但透过它仍可看出当年军医人在气势如虹的第三次腾飞中,所体现出的昂扬奋发的精神风貌。

团结就是效益,团结就是力量

——记季节性图书动作中的军医人

近年来,我社在考试用书方面有了长足进步。考试图书的特点是季节性非常强,这意味着要赢得市场,其运作也必须争分夺秒,抢占先机。

　　首先要有一个科学清醒的全盘规划。包括时间规划、人员规划,新书大纲一面世,就相当于市场已开始了紧张的动作竞赛。我年前就已确定"国家执业药师资格考试指导丛书"的编者队伍,并提前请他们做好准备。此后,时刻关注新书大纲动态,得到大纲第二天便赶赴沈阳药科大学座谈和动员,七天后陆续收稿。

　　社领导对本套丛书的运作给予了大力支持。"五一"节前夜,齐社长还亲自到编辑部过问丛书进展情况。姚副总编组织召开了相关制作人员动员会议,督促大家各司其职,密切配合,并在整个运作过程中随时坐镇指挥。

　　加工部周晓州主任紧急抽调了四名加工编辑紧急加工。他们克服困难,经常连夜加班。为完成丛书的初审、复审,周主任协同李晨、黄栩兵、刘平等编审,"五一"节期间也多次加班,及时为丛书把关。校对室李长芝、单文明老师在"五一"节及随后的周末都天天加班。他们的敬业、无私的精神,实在令人感动!

　　排版室王新红同志接手丛书录排任务后,一连几天工作到凌晨,使该书稿从不过夜,且保质保量,从未计较个人得失。"五一"节期间一连七天的高强度工作,最后一天她实在太疲劳了,以至于将自己的贵重物品落在车筐里,就冲上楼来继续工作……

　　出版部陈琪福主任及时帮助协调、联系各印装厂,并反复督促他们保证质量,尽快入库,保证了最快的印装时间和最好的印装质量。

　　发行部同事们也给予了大力协助。胡仲清主任在外出差仍不忘记敦促我抓紧时间;刘建富副主任帮助确定印数、销售策略;张金龙同志对出版形式提出了合理化建议……

　　赫英华、杨巍、吴朝洪、李治英、张丽霞、周晓娟等同志也都特事特办,给予了最大的支持……我时常庆幸有这么多、这么棒的同事相伴!如果大家不是以这种精神通力合作,丛书的进展不可能这么顺利和神速!大纲出台不到一个月，14种图书已基本付印。我们硬是啃下了这块硬骨头！这是很多同志辛勤工作、不懈努力、团结奋斗的结果！我以小见大，通过"国家执业药师资格考试指导丛书"的运作，亲历了整个生产链条的高效、顺畅，体验到军医人做事的豪情和激情，感受到了军医人忘我奉献的情怀！

（作者：考试中心　焦健姿　）

在领导关心支持方面，军医社更是得天独厚。特别令我感动和难忘的是2007年，总后勤部在组织筹备"总后贯彻落实科学发展观经验交流大会"时，总后主管出版工作的政治部宣传部杨部长点名要把我纳入10个先进个人典型之中。我作为大会受表彰的10个先进个人的唯一代表，在大会上做了典型发言，受到了总后党委、首长及参会代表的高度评价。中央军委委员、总后勤部廖锡龙部长在会议结束时，还专门离开座位，走到我的面前，对我进行了热情鼓励。2009年，廖部长又亲临军医社视察，并听取了我的汇报，再次对军医社的发展给予勉励，这使我和全社同志深受教育和鼓舞。

总后廖锡龙部长（右一）、王谦副部长（左二）和卫生部张雁灵部长（左一）视察军医社

　　我至今都清楚地记得，继 2006 年前中央军委委员、总后勤部部长王克上将、总后勤部政委张文台上将、总后勤部副政委刘源中将和新闻出版总署龙新民署长先后来社视察指导工作后，总后首长、总后卫生部领导以及新闻出版总署领导，又于 2008 年前后多次来社指导工作，还分别从多个视角，对军医社的总体战略、发展思路、管理模式、经营特点等多个方面，进行了极为精辟精彩的总结点评，给予快速发展之中的军医社以极大的支持和鼓舞。这些重要讲话，凝聚着首长们对军医社发展模式的独到见解与深层思考，既是对军医社经验的深度挖掘，也是对新形势下出版管理规律性的高度概括；它既是军医社这个集体的宝贵财富，也对我个人的成长有重要帮助。下面为首长们来社视察时的讲话摘要：

　　军医社有几个特点，一是有良好的传统。你们建社时间早，已形成了良好的传统，你们这届班子延续和发扬下来了。你们社的"亲和"理念，与目前倡导的"和谐"，实质是一样的。而你们早在 2001 年就提出来了，这是很有见地的。二是有良好的内部小环境。不论是领导班子还是全社员工，大家的精神面貌非常好。大家一心一意干事业，心情舒畅，优势互补，靠事业、感情拴心留人。一个单位最怕有内耗，内耗将会使我们投入大，产出小。我敢肯定，你们的领导班子一定是一个不错的领导班子，而其中班长又起着主导作用。作为班长不仅要有团结大家一起干事业的愿望，还要有能把大家团结起来一起干事业的本事……现在大家都在讲发展，但如何在发展的同时又能保证质量，这是很不容易的。三是有良好的业绩。你们建社时间虽很早，但真正快速发展是在 2000 年以后，发行码洋过亿，达到中等出版社的规模。在我们新闻出版总署直属的出版集团内部的出版社中，也没有几家能过亿的。你们的成绩非常大，也来之不易。从你们的汇报中，我对几件事印象深刻：1. 你们非常重视市场占有率，经常对本社的市场占用率进行分析,并与同类社进行比较,以不断找出自身存在的差距;2.你们的"全员改进活动"好,它实际上是一种自我更新、自我完善的机制,这样才能不断发现问题,不断地有所改进;3.你们的图书品种多,覆盖面广。医学是四大科技门类之一,作为一家医学专业出版社,图书的品种应该比较全;4.你们非常重视口腔学科,而相比之下我们国家不太重视,你们做得比较好。人卫只有一个口腔编辑,而你们有一个口腔医学出版中心,有4位编辑在策划组稿;5.你们对外合作做得非常好。不仅与国外合作,也有国内的合作,尤其是与国外的合作,起点和层次都很高。你们可以很好地总结一下开发社外生产力的经验。

——十届全国政协委员、原新闻出版总署副署长、中国编辑学会会长桂晓风2007年6月15日来社视察时的讲话

军医社的成绩令人瞩目,你们的经验值得在全国出版界推广。目前,对于出版界来讲,国家一旦放开,好多单位将会生存不下去,而你们在这种严峻形势下,还保持了连续多年的持续稳定高速增长,基础打得这样牢,实属不易。今后我也要组织全国的杂志社来你们社参观学习,主要是学你们的精神、理念和思路。如果全国三分之一的出版单位都有你们的这个思路,那么全国出版界的形势就会大不一样。

——原新闻出版总署副署长、中国期刊协会会长石峰2007年9月6日来社视察时的讲话

在去年召开的总后学习科学发展观经验交流会上,齐学进同志作为人民军医出版社的优秀代表,介绍了人民军医出版社从2000年到现在这八年中,在传承历代军医人创业奋进的基础上,在新的形势下如何推进人民军医出版社跨越式发展的经历。当时在场的人都深受感动。总后廖锡龙部

长听完后当场就说,这个干部,这个典型发言,这是个真家伙。首长的语言非常质朴,但实际上包含了很深的东西,充分表达了首长对出版社近几年快速发展的满意之情。由于我这次时间很紧,走马观花,但我感到这里值得学习、值得研究,给我们启发的东西多。今天的人民军医出版社,已经不是一个单纯的出版单位,而是全军医学的一个交流平台,还是全军实用医学知识的科普园地,也是我们军事医学交流对外交流的窗口。许多国外军医代表团都要到这里看一看,通过这个窗口来了解我们整个医学的发展水平。在这些功能的基础上,你们还承担着为部队服务的任务。最近几年中,你们出版的军事出版物有六大系列,并拿出 1300 多万元图书光盘支持部队建设。在突出卫生危机中,你们是出版保障的拳头;在医学科技传播方面,你们是培训中心;在提高卫勤保障能力上,你们是智力支撑。正像部队卫生人员所说的,你们是不见面的老师,是没有围墙的大学。除此之外,你们出版社还是一个新老搭配、内外结合、在职和聘用人员其乐融融为一体的一个和谐社、合作社、共进社。你们还担负着总后卫生部的福利保障。所以说你们浑身都是本事。总之,我感觉军医社,是一个以出版图书、期刊、音像为主体,包括学术交流、技术培训、智力服务等功能在内的一个综合性医学科学技术传播保障中心。我接触的军内的一些老教授,对咱们军医社非常信任,都为能在这个地方有自己的话语权,能在这个平台上进行学术交流、经验交流而引以为荣。这也证明了咱们军医社是办到大家心里去了,办到广大医学者心里去了,办到新闻出版总署和出版界的心里去了,所以在内外及上下的影响都非常大。去年,齐学进同志作为个人典型在总后学习贯彻科学发展观大会上做了交流,但我觉得他的背后站着总后卫生部党委、卫生部机关,站着全军广大医务工作者,也站着全社 180 名同志。大家在新的形势下按照科学发展观创业发展,为全军提供了这么好的服务,也为总后在出版界树立了样板,非常感谢大家。军医社值得学习的东西很多,总后机关对军医社的挖掘还不够,去年齐学进同志的发言仅仅是露了冰山一角。我们国家现在正推进第三次思想解放,军医社这些年的快速发展也体现了思想解放的这种轨迹。在寻求发展方式方面,尽管军医社建社时间已经很长了,但是近些年突飞猛进,反映出军医社的发展模式在变化。作为集平面媒体、形象媒体、远程教育为一体的这种特殊模式,在出版界还比较特殊。军医社之所以能支撑快速发展,不断拓展新领域,很重要的是探索出了符合社情实际的发展模式、结构形式。军医社的发展方向,不能是一个简单的以平面传播为主的出版单位,而应是多元发展、多渠道发展、多功能发展的这样一个综合出版单位。军医社的成功探索,也为我们应对编制越来越少、任务越来越重、质量要求越来越高的挑战,提供了很多启示,值得我们好好研究。军医社除了班子好、风气正、制度严这些根本的经验之外,这几年在探索发展道路、发展模式上的东西更值得我们去思考、挖掘和总结。对军医社和总后其他出版社所走的不同道路和发展模式进行探索,有助于我们思考科学发展观的真正内涵。单一的发展道路应该不是我们的前途,综合型的发展更值得我们重视和探索。对于在这种发展深处所蕴含的东西,我们军医出版社的同志应该多加以挖掘和总结。这不单是对我们社本身,也将对卫生部机关和全军卫生工作有所帮助。这也是与李建华部长关于提升全军医疗服务水平、锻炼我们军队医学队伍的理念是一致的。所以,我觉得把这个题目做好很有意义!

　　——总后副政委孙思敬中将2008年4月24日来社视察时的讲话

　　军医社从一个一般的军队专业出版社,发展到在国内具有中等实力的出版社,再到跻身全国出版社50强,成长为全国出版业的先进典型,走出了一条艰苦创业、创造辉煌之路。去年,齐学进社长在总后学习科学发展观大会上所做的典型发言,受到总后廖锡龙部长、孙大发政委高度评价。今天,齐社长面对面的介绍,更加深了我们对军医社的了解。我感到,在总后学习科学发展观方面,军医社是走在前面的。军队出版单位能取得这样的成绩,很了不起,在全国出版行业也不多见。他们的经验,具有很好的示范作用。特别是在今年的汶川抗震救灾中,你们在40多个小时内突击出版了四种抗震救灾图书和音像制品,并深入一线送到灾区群众和广大官兵手中,为抗震救灾做出了重大贡献,引起了强烈反响,受到了中宣部和新闻出版总署的高度评价。军医社的建设、服务和发展业绩表明,是科学发展观给了他们巨大动力,并指引着他们不断开辟新的发展之路。

　　　　　　——总后副部长王谦中将 2009 年 9 月 1 日来社视察时的讲话

　　军医社从成立之初只有十多人的小型出版社,发展成为有 200 多人、具有一定实力和规模的出版社,走在了全军出版社的最前列,也走在了全国出版社的前列,是很了不起的。我觉得军医社有几个特点:一是始终坚持为兵服务。牢牢把握出版方向和宗旨,始终围绕军队医学发展建设大局。二是出版结构优化。军医社的出版结构全面,层次分明,覆盖的领域也较宽,基本包含了所有医学学科,而且形成了自己的品牌。例如骨科和外科出版实力就很强,可以说是全国一流,与人卫社相比也毫不逊色。还出版了很多考试用书、科普用书,很好地体现了出版宗旨。出版社秩序井然,员工的精神面貌非常好,每个部门都有一套科学的管理方法。齐学进社长亲自抓管理,搞改革,"出版流程改造"还获得中国编辑科学优秀成果二等奖。我感到,军医社的管理一是注重流程科学化,二是注重从严要求,三是注重新技术的应用,现在正在建设的"数字医学出版应用集成系统"就非常具有前瞻性,体现了与时俱进的思想和作为。面对数字化对传统出版的冲击,抓住自身优势,不断拓展新的领域,使出版社成为一个包括期刊、图书、音像、数字出版的功能齐全的大社、强社,已跻身全国出版 50 强,在科技出版社中位居军内第一位,经济效益和社会效益都取得了很好的成效。军医社建设发展之快之好,完全在我的意料之外。通过推出很多好书,把坚持方向落到了实处。特别是用科学发展观指导工作,起点很高,也取得了很大成效。军医社在这样的一个基础上再往前走,一定能取得更大的成绩!

　　　　——新闻出版总署副署长阎晓宏2009年3月2日来社视察时的讲话

　　这几年军医社领导班子在科学发展观的指引之下做了很好的工作,出版社每年都向前跨越一大步,上一个新台阶。无论是出版方向的把握上,还是出版社自身的科学化、精细化管理上,以及在走专、精、特、新的专业出版道路上,都取得了令人瞩目的成绩,取得了经济、社会效益双丰收。不仅成为全军出版单位的排头兵,而且在全国出版单位中也名列前茅。这些成绩的取得,与总政宣传部、总后政治部以及总后卫生部的领导是密不可分的,与社领导班子紧密团结、带领全社员工不懈奋斗是密不可分的。数字出版代表出版的未来方向,谁在这方面有远见卓识,谁具有战略眼光,谁能够把握机遇,谁就能在未来的竞争中占据主动。可以说,人民军医出版社的领导是有战略眼光的。数字出版确实不是件简单化的事情,真正做起来是需要胆略和气魄的。目前全国还没有一家出版社开展这种大型的数字出版集成系统研究。人民军医出版社在数字化方面的探索,不仅为全军带了个好头,也为全国出版社带了个好头。总署一定会尽其所能给予全方位的支持。希望人民军医出版社把这个系统建成一个开放的系统,能够不断填充内容,生成新的产品,真正实现赢利。更为重要的是,要构建一个合理的运营模式和可行的利益分配方案,从而调动各方积极性,以保证可持续发展。希望人民军医出版社继续保持工作干劲,以"咬定青山不放松"的精神,抓住数字出版不放松,抓出成绩来。

　　　　——新闻出版总署副署长孙寿山2009年3月2日来社视察时的讲话

　　我虽然是第一次到军医社来,但一直对军医社非常关注和关心,在各项评奖和全国排行榜中,经常能看到军医社,而且在排行榜的位置不断上升。可以说,军医社是军内出版界的典范。特别是在今年的抗震救灾中,军医社发挥了不可替代的作用,及时出版了20多种有关抗震救灾、人民群众急需、灾区军民企盼的图书,这些包括心理、防疫、救治等各个方面内容的优秀图书,受到社会各界的一致好评。正像我们解放军在抗震救灾中体现出的强烈责任感和高昂战斗精神一样,军医社同样为抗震救灾做出了应有贡献。人民军医社有着光荣传统,它诞生于革命战争时期,发展在改革开放时期,经历了革命、建设和改革三个时期,并都做出了重要贡献。近几年来,又积极面向市场,推出了大批优秀专业出版物,年出版2亿余码洋图书,形成了专业即精品、精品出效益的良好发展局面。特别是你们积极应用新技术,在由传统出版向现代出版转变中摸出了一条新路。第一,你们是改革开放以来在军队出版界率先成立策划部门的出版社。不是坐在编辑部里等稿子,不是来什么稿子就用什么稿子,而是针对社会、市场的真正需要,人民群众和军队的真正需要,策划出精品力作,从而大大加快了出版与市场接轨的进程。现在要发展新型出版物,面向市场,必须要实现这个转变。第二,军医社是一家多媒体互动而非单纯出书的出版社,出书、出刊、出音像制品,以及在线视频等,这就大大提升了对知识资源的开发利用水平,提供的读物也更加新颖、丰富。刚才参观的远程会诊系统,它把我们出版社和医学专家联系起来,提供了一个新的资源利用和开发空间。你们重点发展了在线出版、数字出版,建立了不同类型的网站和数据库,这说明你们在现代出版方面有很强的意识。现在很多出版社对向现代出版的转变,没有危机感;有的虽然感到了数字出版所带来的巨大压力,也感到了市场急剧变化带来的冲击,但却不去主动思考如何适应这一新的出版形势。这一点,军医社做得非常好。第三,你们一直坚持发扬我党、我军的光荣传统,坚持为国家大局服务、为全军服务、为国防建设服务、为出版全局服务的方向,特别是在国家遇到特殊的、突发的重大灾难事件时,军医社总是走在前面。尤其是在这次抗震救灾中,做得非常好,表现得非常突出,是我国整个出版界的一个优秀代表。在发展方面,你们也取得了很好的成绩。过去总认为学术著作的市场是不行的,而你们却做得很好,既是专业性、学术性著作,又有很好的经济和社会效益。今年军医社发行突破两个亿,这是一个很大的进步,也说明大家花了心血,出版了社会需要的精品力作。你们社还集中了一大批院士专家和知名学者,提升了出版产品的影响力,而且逐步开辟了国际市场,已经有 90 多种出版物走出国门,这既反映了我们国家及军队在医学方面的最新成就,也反映了出版领域综合学术专著正走向国际。不要让国外认为中国文化轻飘飘,就知道少林功夫是中国文化,实际上,中国文化深刻的东西还多得很,对人类做出的贡献是不可磨灭的,至少在医学方面,我们在世界上还有很重要的作为,例如,中医是我们长期发展起来的专门技术,然后通过我们的出版社走出国门,这就增加了中国科学技术发展的分量。走向国外出版市场,不仅在经济效益方面,而且在文化产业主导地位方面意义都很重大,符合胡主席提出的注重中国学术出版走向的要求。我们一直很关注军医社,今后还将一如既往地予以关注。在医学专业出版资源配置方面,我们给予优先照顾。只要是人民军医社需要的,我们都尽力给予支持。我们支持优势出版社利用自己的渠道传播知识,扩大影响,军医社在这方面有光明的前景,希望军医社继续发挥排头兵的作用。我们现在的出版社单位不少,但是真正效益好、有影响、有品牌力、有权威性的出版社并不多。所以,像军医社这么好的出版社,我们应该爱护它、支持它、帮助它。感谢总政和总后首长对出版事业的一贯重视和关心,为我们培养出了在全军乃至全国的出版典型单位。作为出版行业的国家

2008 年,新闻出版总署署长柳斌杰视察军医社

主管部门,我们对部队为国家出版事业所做的重大贡献,表示衷心的感谢!

——新闻出版总署副署长柳斌杰 2008 年 7 月 28 日来社视察时的讲话

柳斌杰署长和各位领导的讲话,对军医社的成绩给予了极高评价,体现了对军医社的充分认可;对军医社发展经验的全面深刻总结,体现了从国家和当代出版发展高度的战略思考;对军医社给予的支持,体现了对军医社的厚重期望。每次回味他们的讲话,我都深为感动。我由衷地感到:署长和各位领导的心是和军医社、军医人连在一起的!

第四次腾飞的漂亮起跳

新时期出版人改革亲历丛书

　　2009 年，当军医社经过连续九年的高速增长、每三年翻一番、规模达到两个亿以后，我的社长兼总编的任期也进入了第十个年头——人们常说的事业收官之年，面临着是舒适着陆，还是继续推进高速发展的又一次选择。也许是开惯了高速列车，已不再适应在慢车道上磨蹭；也许是想利用最后一段时间，为军医社的高速发展再做一次冲刺；也许是想为后来者留下一个更好的发展局面；也许什么都不为，只是出于军人永远进击的天性。所以在社里几位班子成员征求我意见时，我几乎未经过什么纠结就明确表态：我不会守摊子，只要在位一天，我就会抓一天发展！

由 2 亿向 4 亿的漂亮起跳

为了使连续九年翻三番后的新一轮发展更有质量，也为了给继任者留下一份更好的基业，我从 2009 年春节后，经过深思熟虑，有步骤地抓了以下几件大事：

第一件事，利用整整一个月时间，对 8 个策划中心和 20 多个学科逐一进行帮扶，主要是明方向、理思路。我和总支成员及全社策划中心一起，逐个地听取各中心和学科汇报。要求学科负责人研究提出各个板块抢占高端作者、推出系列精品、实现持续增长的战略思考。这也是党总支和全社出版骨干对各个中心和学科的一次集体会诊。

社领导发挥集体智慧，为各个学科提了不少好的主意和办法；同时，让各个中心与学科进行面对面的交流，这也是一次很好的相互启发和深度互助；当然，这也是一种打擂台，一种不是比赛的比赛，不是竞争的竞争。一个月的汇报下来，每个中心和学科的发展思路和目标都已相当明确，对把本专业办成国内一流的路子和对策都已相当清楚，也都充满了信心。对于我来说，这次汇报进一步坚定了要把各个策划中心建设成产品中心、利润中心的初衷。我相信，只要把各个策划中心都建设成产品和利润中心，军医社的第四次翻番，即从 2 个亿到 4 个亿的翻番，就像由 1 个亿到 2 个亿的翻番一样，在军医社目前这个机制、文化、管理和人才平台上，都是不难实现的。

　　第二件事,是对全社的制度与流程进行一次系统梳理和全面检查。为了防止可能出现不讲质量、不讲效益、盲目发展的情况,我决定利用全军对科学发展观深入学习贯彻的契机,对全社的质量控制体系、制度与机制体系进行一次全面彻底的再梳理。这项工作属于基础性建设,是一项非常吃力而麻烦的重大工程。我之所以不避其难,不厌其烦,赶在正式交棒之前把它做完,也是想把军医社这些年快速发展的成功做法,从制度层面进行系统梳理后,为后来者留下一套实用、管用、能用的东西,并让这些做法长期、持续、稳定地在军医社的建设发展中发挥作用。

　　由于制度、机制、流程涉及全社每一个岗位、部门,每一项工作和环节,所以需要全社动员,共同参与。这项工作由办公室张卫民主任牵头,从正式启动到全面完成,差不多用了一年时间。共废止 2 项不适合继续执行的制度,补充修订 33 项需要完善的制度,同时研究制定 42 项新的规章制度,对能继续使用的 17 项制度予以保留。在机制建设上,以流程建设为突破口,按照业务工作规范化、规范工作制度化、制度工作流程化、流程工作图表化的思路,把凡是涉及跨岗位、跨部门的工作流程进行重建或新建。全社共新建各种流程 64 个,改建原流程 2 个,搭建起一套全面系统的流程体系。最终在军医社历史上第一次形成了由 154 项工作制度、53 项岗位职责、72 项流程组成的健全、完整的全社制度体系。后经装订成册,足足有厚厚的一大本。这一套在实践中形成并经过实践反复检验的东西,标志着军医社的建设真正走上了制度化、规范化的轨道。事实也正如我当初设想的那样,这些制度和流程在军医社的建设和发展中起到了极为重要的作用。2010 年 9 月后,虽然已陆续换了多位社长,但由于有基本的制度在支撑着全社的惯性运转,因此,各项工作并未因主要领导班子调整而发生大的波折起伏。因为从组稿到选题,从印数到定价,从发稿加工到三审三校的书稿运转全过程,从编辑出版到发行,从质量控制到奖惩,从书稿发稿到成书到销售到退货入库,环环有章可循,违规有章能纠,各项工作都有章可循,人人都在按章办事,出版社整个运转全部建立在制度和规范的基础之上。管理者也就能从日常性、流程性的工作中解脱出来,集中精力抓好一些随机性、特发性的工作和涉及全局与长远发展的重要工作。我相信,一个单位只要把管用的一套制度与流程坚持好,并把文化建设与"全员改进活动"坚持好,单位的快速发展局面就一定能在这样一个轨道上,长期稳定地持续推进。

第三件事,是在达成思想共识的基础上,研究制订"十二五"发展规划,提出下一轮腾飞的战略、目标与思路。在理顺各中心思路、整顿好攻坚队伍、梳理制度流程、修建好发展轨道的基础上,从 2009 年第二季度起,我把主要精力放在"十二五"规划的研究和制定上来。做这件事的主要考虑是,全社在进入 2010 年的时候,在发展思路和发展战略上,要有一个纲领性文件作为总体引领。近十年的社长经历,使我深深体会到,正确的发展思路和发展战略的极端重要性。从实际来看,军医社在前几轮发展中,不论是"三大转变"促成的第二次腾飞,还是"三大战略"带动的第三次腾飞,全社员工已习惯于在进入下一个发展阶段时,有一个纲领性的发展战略来统一认识、鼓舞士气,把各方面的力量进行凝集聚合,朝着一个共同的目标奋进。我还有另外一层考虑是,作为一个老社长,在退下之前,要把对今后几年的发展思考,向下一届班子贡献出来,供新班子在制定新的发展规划时参考。因此,我用三天时间亲自执笔,起草了《人民军医出版社"十二五"建设发展规划》(讨论稿,以下简称《规划》),经总支集体讨论后,于 2009 年 12 月初正式上报总后卫生部党委。

为了统一社总支班子和全社员工对全社面临的形势、环境和机遇、挑战的认识,克服连续十年快速发展所助长的自满、麻痹、轻敌、厌战情绪,从问题入手,从认清社情入手来增强一班人和全体员工的危机感,增强持续高速发展的决心和信心,在《规划》正式提交总支和全社讨论前,我结合全社学习科学发展观,就起草《规划》的主要思考,在社总支、社务会和全社中层干部会议上,做了一个经过我深入思考的动员报告。题目叫作"判明形势,认清现状,找准问题,为军医社的又好又快科学发展奠定共识",主要讲了以下四个方面:

第一个方面,正确把握和研判形势,真正认清我社面临的三大挑战和五大机遇。

所谓三大挑战,一是来自自身发展能力的挑战。近几年来,在科学发展观的指引下,全社的建设和发展迈上了持续、快速、稳定发展的轨道,跨入了全国和全军出版的先进列。但作为一个既没有教材又没有行业渠道、发行的纯医学专业出版社,发展到年出版图书 1200 种、年销售码洋 2 个多亿,已基本接近了常规发展的极限。如何保持不停步、不下滑、持续而有后劲的发展势头,是我社面临的一大难题。

二是来自外部形势的挑战。目前,国家大力推进的集团化战略,正在催生一批资产和销售双双超百亿的大型出版传媒企业和大型出版发行集团;全球范围内的数字化、网络化出版浪潮,极大地改变着出版的传播形态和传播方式,对传统出版业形成了巨大挑战;国家推出出版产业化转型的一系列强力支持和优惠政策,将推动一批中小出版社加速进入发展快车道;金融危机使出版界很难独善其身,对各社的回款已带来明显影响;而国内和全球出版行业共同面临的低购书率、低阅读率、低利润率,不仅导致国外一批出版社相继倒闭或被兼并,也将国内中小出版社推到更加困难的发展境地。我社作为一个以传统出版、纸质出版和纯医学专业出版为主要特色的出版社,将面临更加激烈、更加复杂的外部竞争,整个发展的外部形势将更加严峻。

三是来自职能与使命任务的挑战。大的方面归纳起来,主要是三个不相适应。即"出版保障水平与多样化军事斗争和部队官兵对最新医学知识日益增长的需求不相适应，发展水平与科学发展观的高标准不相适应，自身建设水平与全面建设现代后勤的要求不相适应"。这"三个不相适应"，将在一个较长时期内，成为制约和影响我社建设和发展的主要矛盾。

在看清面临挑战的同时，我们还要看到我们正面临着的前所未有的五大战略机遇：一是中国特色社会主义事业发展"四位一体"的整体布局，为出版业的发展创造了良好外部环境。二是我国经济的快速发展和人民文化消费水平的快速增长，极大地拓展了出版业的发展空间。三是国家正在大力推进的全民阅读和正在展开建设的"农家书屋""社区书屋""职工书屋"以及由医改带动的医疗卫生机构图书建设，将有力地拉动医学图书的深层需求。四是作为引领 21 世纪出版潮流和方向的数字出版和网络出版，已成为出版界必须抢占的时代制高点，为我们展现了医学专业出版千载难逢的大好机遇。五是总后卫生部、新闻出版总署支持我们上马数字出版工程，对我社加速实现由传统出版向数字和网络出版的战略性转型，给予了强劲有力的支持推动。

因此，我们既要直面严峻挑战，又要抓住难得机遇。从历史上看，出版业具有反经济周期的规律，即在经济相对不景气时，出版企业反而出现快速增长的情况。美国的兰登书屋从一个名不见经传的小社，快速发展成为全球著名的出版企业，就是崛起在 20 世纪 30 年代经济大萧条时期。只要我们真正按照科学发展观的要求，认清大势，贴近中心，调整思路，主动作为，我社就有可能在新的历史条件下，扬长避短，抓住机遇，推动我社由传统医学出版社向现代医学出版大社转变，实现我社建设和发展的第四次腾飞，使我社大踏步地跨入中国医学出版大社强社的行列。

第二个方面，正确分析现状，找准主要差距和问题。

将上面提到的"三大挑战"和"三个不相适应"展开，可总结出以下九个方面的重大差距：(1)在科学发展理念和思路方面的差距；(2)在军事医学图书出版保障功能方面的差距;(三)在整合数字出版力量方面的差距;(四)在推进出版转型方面的差距;(五)在主要业务板块质量建设与管理方面的差距;(六)在统筹重大工作关系方面的差距;(七)在制度机制建设和科学化管理方面的差距;(八)在管理队伍和骨干人才队伍建设方面的差距;(九)在总支班子和支部班子建设方面的差距。

第三个方面,对谋划"十二五"建设发展规划的主要思考。

在分析了人民军医出版社面临的有利机遇和新的挑战及工作中存在的主要差距的基础上,我提出了"十二五"建设发展的总体思路、奋斗目标、发展战略和策略以及主要措施。

在指导思想上,提出以科学发展观为指导,以总后和卫生部党委决策为依据,以提升服务保障效能为主线,以质量效益建设为中心,以改革创新为动力,以学科建设为重点,以数字出版转型为引领,坚定不移地走内涵式可持续发展的路子,坚持面向部队、面向市场、面向转型、面向国际化的工作导向,深入推进以高端出版、数字出版、整合出版为主要内容的三大战略,以适应需求和推进转型为双重牵引,抓住机遇,统一思想,打破常规,加快发展,抢先占领国内数字医学出版高地,为早日实现做中国医学出版引领者的目标而努力奋斗!

在总体目标上,提出从2010年到2015年,全面保持"十五"期间和"十一五"期间的高速持续增长势头,进一步巩固中国医学出版界的"两强"地位,市场份额占据国内医学出版的20%~25%;打造一批具有领军实力和优势地位的重点学科,重点专著出版占据国内医学专著份额第一;全面实现传统出版向数字出版的战略转型,率先建成国内第一家现代化数字医学出版社;对外输出五年总量达到100种,保障能力、整体实力、发展潜力显著增强,全面实现"军内领先、国内一流、国际知名"的目标。

在具体目标与任务上,强调把握好以下7个方面:(1)出版、销售、回款增长幅度为年均 15%~20%，到 2015 年实现年出版图书（不含数字产品）1250 种,销售码洋 6~8 亿元(其中数字产品占 3~4 亿元),资产总额比"十一五"期间翻一番;(2)人均利润、书均利润保持在全国医学出版行业平均利润率 2~3 个百分点之上,数字产品利润率超过图书 20%~30%;(3)建成 5~6 个占据国内专科出版市场份额第一（超过 25%）、年产值 3000~5000 万元的一级医学专科出版中心,5~8 个占据国内专科出版市场份额第二（达 15%~25%）、年产值 1500~3000 万元的二级医学专科出版中心,8~10 个占据国内专科出版市场份额前三名至前五名（为 8%~15%）、年产值 800~1500 万元的三级医学专科出版中心;(4)军队数字医学集成系统按照时间节点完成。跨媒体图书出版、网络出版、手机出版、数据库出版、智能化平台出版和数字网络期刊群形成新的成熟的新业态,总体份额占据国内医学数字出版的 30%以上，并成为我社新的快速稳定的增长点;(5)《人民军医》杂志和《解放军医学杂志》的学术与编校质量保持全军最好水平,办成名副其实的军内和国内医学精品名牌示范期刊。成功创办一批电子网络期刊,并和传统期刊形成良性互动与双赢格局;(6)获国家或军队优秀图书奖项每届力争达到 2 种,每年进入全国医学图书销售排行榜的图书不少于 80 种、推出品牌图书不少于 40 种,每年有 3~5 部电子、音像制品获奖;(7)对外版权输出每年以 20%的比例增长,到 2015 年,年输出版权达 30 种（五年版权输出累计达到 100 种），并在中医药版权输出方面形成明显特色和优势。

在战略层面,全面落实"十二五"规划,采取各种策略实现第四轮腾飞的发展目标。全面实施"四个面向"的工作导向和"双擎牵引"的战略,牢牢把服务保障放在首位,以学科建设为主体,以数字出版转型为突破口,以走出去战略为牵引,统筹谋划社里的各项建设和发展。

在主要措施上,我提出了以下 9 个方面:

（1）提升综合出版保障能力，在强化使命职能上有更大作为；（2）大力推进各出版中心向数字化的高端出版中心转型，形成对医学出版高地的绝对占领；（3）以重大项目为牵引、以基础建设为支撑，全面实现向数字出版的战略转型；（4）以中医药图书走出去为突破口，提升我社参与国际化竞争的整体水平；（5）转换理念，重在创新，优化队伍，完善机制，提升发行营销水平；（6）强化管理，为持续发展提供机制制度保障；（7）加强队伍建设，为战略转型提供坚强有力的组织和人才保证；（8）强化创新文化，保持永不衰减的进取后劲；（9）建强班子，充分发挥好战斗堡垒作用。

第四个方面，是对总支班子与各支部及中层领导如何做好表率，提出了五条要求：一是班子带头；二是从己做起；三是稳心实干；四是讲求实效；五是大局为重。

全社上下经过对我的报告的讨论，思想认识得到了很好的统一。继续推进高速发展，实现全社的第四次腾飞，成为大家的共同追求和愿望。虽然我还没来得及全程带领军医社 200 多名员工来全面实现这个《规划》，但在这个《规划》的感召和指引下，各个学科策划中心和军医社的全体员工以更加昂扬奋发的精神面貌，投入到为新一轮腾飞的集体奋斗中。在 2008 年全社实现 2 个亿的基础上，2009 年，全社继续保持了 30% 的高速增长，年底实现了 2.6 个亿。首战告捷，大大增强了大家在 2 个亿的高起点上继续保持高速增长的信心。

回想十年前走马上任当社长，凭一个躺在病床上拟就的规划，启动了军医社的十年高速发展。十年后，又以一个数宿未眠写就的规划，完成了对军医社持续发展的期待和托付。慎始敬终，古人所说的君子修炼，我还是勉力做到了！

风驰电掣的数字出版

经过八年孕育，三年耕耘，特别是"全军数字医学集成应用系统"在2008年年底纳入全军卫生工作重点并被列入"军卫四号工程"之后，军医社的数字出版在2009年，如同一辆蓄势已久的列车，终于鸣响汽笛，隆隆出发了。

那是一段紧张辛苦却又激情奋发的日子。

珍惜来之不易的数字出版机遇，用一到两年促成军医社的数字出版转型，向大力支持数字出版工作的部领导交出一份合格答卷，不负部领导的期望和信任，成了我和数字出版部全体同志最大的愿望和动力。为此，我提出要把军医社建成"医学信息的高效集约中心、深度整合中心、快速扩散中心"的三大目标，以"军卫四号工程建设"为主线，以加强"一馆四网""八库十站""六大产品"建设为重点，精选抓手、重点突破、产品先行、迅速形成保障力的总体工作思路。精选抓手方面，选择了电子书、数据库、平台这三项工作，并在这三项工作中各筛选出了两个重点进行攻关突破，采取矩阵架构设计、专人分工负责、时间倒计时、节假日连轴转、多项工作交叉推进的方法，确保当年年底前推出一批创新产品，实现当年规划、当年起步、当年形成保障力的目标。

数字出版部全体人员按照上述思路，从2009年1月开始，即投入到异常紧张的各项工作之中，大家把除了吃饭睡觉之外的全部时间投入到工作之中。虽然军医社的数字出版工作在前几年打下了一定基础，但要赶在一年之内推出一系列被部队和市场认可的产品，这在全国数字出版刚刚起步、还没有任何成功经验可供借鉴、一切都靠自己摸索的情况下，难度是相当大的。我在那几个月中，除了用白天时间抓军医社全面工作外，每天晚上和早起后的全部时间，都投入到数字出版工作之中。我本来睡眠就少，在那几个月中，基本上都是到12点以后，而早上又常常不到4点就起床，还经常凌晨一两点就被头脑里冒出来的新想法惊醒，就再也睡不着了。在这种情况下，往往就要披衣起床，或马上打开手机记下这些想法，发给秦新利主任和数字出版部的同事们。这段时间虽然非常辛苦紧张，但由于精力高度兴奋集中，不少好的创意就是这种情况下想出来的，不少难题就是在这种状态下解决的。数字出版部的全体同志，也多次通宵达旦，一连几个昼夜连续作战。但大家都不以此为苦，反而情绪特别高涨，都为自己能有机会为军医社乃至我们国家的数字出版开路搭桥，深感难得且珍惜。正是由于这种强烈的军人意识和责任感，我们在持续多年的工作基础上，又通过2009年一整年的紧张努力，终于在当年年底前，成功推出了一批受到军地欢迎的数字化产品。

一是迅速为全军基层卫生单位制作配发了近7000万元的数字医学图书。为部队基层制作配发电子图书，不仅是落实"全军数字医学集成应用系统"的需要，也是我们多年来的一个心愿。从2003年后的多次部队基层调研中我们发现，从师医院、旅团卫生队到营卫生所、连卫生室，缺少专业书籍，是一个带有共性的普遍问题。即使是师医院，专业图书普遍也只有几十本，远远满足不了广大医务人员学习和工作需要。为此，我们从近年出版的5000余种医学图书中，精选出适合基层卫生人员和部队官兵学习及培训所需要的500余种，运用当时最先进的数字化、电子化手段，加工改版成新型的数字图书，并根据各级各类分级诊疗分工，分别制作了师旅医院、旅团卫生队、营卫生所和连队卫生室四个系列版本下发。这些数字医学图书，不仅内容海量,涵盖军事医学、临床医学、中医药学、医学科普等近 50 个医学学科,总字数达 11 亿字;而且版本高、质量好、内容精、形式新,加之方便查阅、便于携带,为广大部队医务人员所喜闻乐见。此次下发的数字图书单册总计为 216 万余本,纸书总码洋达 6700 多万元,按照当时市场上的电子书定价应为 2230 万元。由于我们严格按照制作成本向部里报领费用,部机关的全部投入仅为 220 万元, 为纸质书价格的 1/30, 市场上电子书价格的 1/10,为全军部队和部机关节省经费近 2000 万元。总后首长和部首长对此项目给予了高度肯定。总后廖锡龙部长、孙大发政委分别为本书作了"牢记服务宗旨,再创辉煌业绩""开拓创新,服务军民"的题词。张雁灵部长在序言中指出:"这些电子书的出版和下发,相当于在军营中迅速建起了上万所小型数字医学图书馆,留下了数万名不见面的老师。"对此项工作给予了高度评价。这些电子图书受到全军基层卫生人员的热烈欢迎和高度好评,他们纷纷来信来电,表扬军医社"为基层解决了缺书难题",办了一件"盼望多年的大好事"。

这套光盘版的《数字医学图书馆》在发放给全军部队后,由于其选题对路,内容丰富,制作精美,阅读和携带方便,成为部队基层卫生人员的必备资料。在为全军部队发放完后,库房中还剩余 300 多套,不到三个月时间,就被海军等单位一本不剩地全部要走。目前,全社仅剩唯一的一套样书。其受欢迎的程度,由此可见一斑。

在给部队配发光盘版的《数字医学图书馆》的基础上,我们将其中的军事医学图书,换成适合地方卫生人员需要的医学图书,做光盘版的单主题医学图书,很受地方"农家书屋"的欢迎。连续几年都被多个省市选中,在支援农村卫生与文化建设中发挥了重要作用。

二是快速建成了面向全军官兵的"军医在线"健康教育网站。在配发光盘版《数字医学图书馆》的同时,考虑到基层官兵对健康科普、卫生防病等

深圳文博会上做数字出版主题演讲

知识的需求日益迫切，在军网上开辟一个面向全军官兵的医学科普网站，就成了当务之急。如果说数字医学图书主要是面向全军卫生专业人员的话，那么这个网站则主要面向全军基层官兵和老干部，是一个以心理健康知识、防病知识、军事劳动与训练伤防护知识、生活保健知识、常见病防治知识为主要内容的医学科普网站。按照这个建设定位，我们从军医社近年来出版的优秀医学科普图书中，精心挑选出1000本部队官兵需要的精品图书和100部健康教育视频，建设了名为"军医在线"的军内医学科普网站，这在当时也是国内医学科普主题网站中内容最丰富的网站，也是截至目前唯一可提供深度智能化阅读服务的医学科普网站。2009年年底，网站全面建成。经总后卫生部领导、部机关和总政宣传部审查通过后，2010年元旦在军网正式上线。它的建成和上线，标志着我军健康教育进入了信息化服务的新阶段。它对于满足全军官兵心理、预防和健康知识的急需，在提升部队健康水平、维护部队战斗力方面，发挥了重大作用。

三是研发了新型数字化电子图书,主要有以下五类:

——第一大类:完全依附于纸书的多媒体电子书。将原来功能单一的纸质图书加工成电子图书,但与市场上一般电子书不同的是,它们同时具备了读、听、看、查等多种跨媒体功能,因此,我们将此多功能的电子书称为增能型电子书。其特点是与纸质版图书同步发行,读者在购买纸书的同时,即可通过纸书封底定价上方的条形码,扫描后免费获得该书的跨媒体网络版电子书。虽然纸书定价没有增加,出版社并没有直接收益,但对方便读者、提升品牌,起到很大作用。2009 年推出的时候,这在国内还仅有军医社一家。

——第二大类:将军事医学等相关电子书集成到专用的电子墨水版阅读器中,起名"军医掌上图书馆"。这是我社利用自主版权内容开发的第一款手持医学阅读器。首批预装 1000 本医学专业书、科普书和部分文学名著,并专门建设了"军医书城"网站作为内容补充更新的后台支持,可多方位地满足部队卫生人员的阅读需要。2010 年总后卫生部首长批示,将其作为后勤保障设备列入基层部队军医背囊,先在沈阳军区试点。2011 年 4 月,我和秦新利主任到沈阳郊区驻军和黑龙江漠河边防部队征求意见,部队反映非常好,称赞我社为部队机动时提供了一座"流动的医学图书馆""派来了一批随军指导老师"。

——第三大类:取于纸书、异于纸书的数据库出版。这是军医社与解放军医学图书馆合作建成的一个大型医学数据库群。内容由军医社提供,技术支持由解放军医学图书馆负责。它由疾病库、药品库等子数据库组成,包括近万种疾病、数千种药品、近千种检验及上十万条医学最新进展,总字数达 10 亿字,是目前国内最大的医学专业数据库群。与此同时,我们还将本版图书集合建成了"名医指路——数字医学图书馆(局域网版)",首批推出的含我社 3000 余本跨媒体数字医学图书,并全部实现与数据库关联阅读。这个数据库群是我社数字产品的主要后台支撑,其本身也可以作为产品直接销售。这个数据库群的快速合作建成，为军医社后续多个数字出版产品的创新推出，奠定了坚实的数字资源基础。

——第四大类：电子书与数据库相结合的拓展型出版。在推出电子书和数据库建设的过程中，考虑到近万种疾病、数千种药品、近千种检验，任何一个医务人员也不能全部记忆，而需要了解该疾病研究的最新进展，往往总量达上十万条，如果能在电子阅读中同步提供数据库关联服务，那对医务人员来讲，将是多么方便！而对广大不懂医的普通读者来讲，阅读一本医学或医学科普图书，往往会遇到大量的"拦路虎"，那就是大量的医学、药学名词，如能把书中这些专业名词与数据库相关联，使广大读者在阅读中能随时对这些名词进行查询，等于为他们每人提供一位随时贴身服务的老师，对于急需得到寻医问药服务的普通读者来讲，简直就是雪中送炭！为此，我和数字出版部的全体同志多次商量，并请来与我们合作的解放军医学图书馆的张文举主任，时代先博公司的赵博、赵景明两位老总，以及他们两家的技术骨干李焱、任崇波、陈伟、沈德生等工程师进行多次商量，终于克服了重重困难，将原先一直都认为做不了的事情变为了现实。在军医社数字出版部、时代先博公司和解放军医学图书馆的协力攻关下，在国内首家实现了电子书与数据库的关联阅读，让广大读者在阅读医学电子书过程中，都能一键到数据库中快捷查阅遇到的各种问题。这个功能实现后，为我们实现对产品的策划和重组，一下子拓展出无比广阔的空间。很快我们就以令同行眼花缭乱的速度，推出了一系列数字产品。

1. 我国第一部跨媒体医学丛书（增值型电子书，跨媒体功能 + 数据库群关联，单书卡）。这套丛书由三大系列、51 个品种，1000 多种畅销书组成，具备看、听、视、查等多种功能，除纸书全部内容和电子书全部功能外，还附加了与数据库相关联的注解型、拓展型等深度阅读功能以及传统读物听不了、看不了、携带不便等问题，大大实现了对纸书的内容与价值增值，故称之为增值型电子书。书中的医学专业词汇作为索引词,点击后能自动链接疾病库、药品库、辅助检查库和循证医学库等数据库,使读者特别是非医学专业的普通读者能轻而易举地克服阅读医学书的"拦路虎",从而实现了集纸质书、电子书、网络书、数据库于一体的新型出版业态,融注解型、增值型、拓展型阅读为一体的深度阅读,这在国内外医学出版界属于首家。2009年年底推出后立刻受到出版界高度关注,当年即被选为"新中国 60 年百种献礼重点图书",这是全军出版界唯一获此殊荣的产品。

2. 单主题组合型电子书(主题阅读卡)。共 50 个品种,每个品种就是一个主题。每个主题含有 10 余本主题相近、内容互补的图书。能够让读者方便地做到一卡在手,一个主题的系列图书都得到,一个方面的问题都能解决。

3. 自选型电子书(自助阅读卡)。这种自助卡相当于一本具有充值功能的购书卡。读者可用该卡提供的账户及密码到我社"名医指路"网站任意选购与卡等值的跨媒体电子书。

4. 多主题网络版集成型电子书。这方面以《"名医指路"家庭健康知识库》为代表。该库由 50 张光盘和相应的 50 张"主题阅读卡"配套组成,全库含 600 余本图书、300 余部视频,并可预览 3000 余本医学电子图书,并全部与数据库群实现关联。可以说是一库在手,全家的健康知识问题全解决。这部书出来后,很受市场欢迎。这部书出来后,很受市场欢迎。该产品还荣获 2010 年第三届中华优秀出版物电子奖。

——第五大类:融纸书、电子书数据库为一体的复合型出版(书卡盘一体型出版)。此类产品除了电子书增加跨媒体功能和数据库查询功能外,还以光盘形式单配了与该书内容相关的手术视频和课件等专业性内容,故又称之为增值增容型电子书。虽然价格较高,但因其强大的拓展阅读功能,读者反映也较好。

四是全面推进数字出版的配套建设。主要是加大书配盘比例,加紧《护考急救包》、电子学习卡、跨媒体复合出版物、手机出版、手持阅读器等主打产品的研发销售。

向全军各卫生单位下发《关于征集〈全军数字医学集成应用系统〉示范手术视频作品的通知》和《关于制作〈全军数字医学集成应用系统〉示范手术视频作品的通知》后，各大单位即踊跃上报自选手术 4305 项，经组织专家认真审核，确定 1936 项手术为第一批上马项目。截至 2010 年年底，已上报了近 300 台手术。

2009 年年底，"名医指路——大众健康馆"成功建成，成为军医社跨媒体系列数字出版物的主要平台。

在"内容资源数字化、业务流程数字化、出版产品数字化和信息服务数字化"方针原则的引导下，经过从 2009 年开始到 2010 年 8 月这一年多的紧张努力，军医社基本形成了为部队服务与为社会服务互为补充，内容建设与平台建设互为促进，图书、期刊、音像建设同步发展，示范手术视频建设、医学数据库群建设、电子书建设、多媒体出版物建设、网站平台建设互为依存的五位一体的数字出版格局。重点学科网站、内部管理 ERP 系统等建设，《数字出版管理规定》等数字出版制度建设，都同时迈出了较大步伐，创造了当年投入、当年见效、互动发展、留有后劲的良好局面。到 2009 年年底，在全国新华书店专业书店"跨媒体出版社店交流会"上，我正式宣布军医社已实现了全部数字图书与纸质图书的同步出版，率先实现了跨媒体出版转型。

军医社的数字出版转型，也引起了各级领导和出版业界的高度重视。2010 年 1 月 10 日，在"2010 年北京图书订货会"上，我社展出"名医指路跨媒体图书""网络自助阅读卡""智能阅读卡""跨媒体图书光盘""家庭健康知识库""手持阅读器""跨媒体系列丛书"等 7 种跨媒体产品，引起了参会者的极大兴趣，数字出版展区成为整个会展的一大亮点，两天内一直挤满了各方嘉宾。新闻出版总署柳斌杰署长、阎晓宏副署长、孙寿山副署长，总后卫生部张雁灵部长和陈新年副部长、王玉民副部长，以及中宣部出版局陶骅局长、中国出版协会于友先主席、中国编辑学会桂晓风会长、总政宣传

新闻出版总署副署长孙寿山(左二)视察我社

部出版局姚计军副局长等领导先后来到展台，亲身体验跨媒体图书的读、听、视、查功能。中宣部相关人员告诉我，陶骅局长在馆内所有展位逗留时间都没有超过 5 分钟，而在军医社展区一停就是 40 分钟。孙寿山副署长称赞"人民军医出版社在数字化方面的探索，不仅为全军带了个好头，也为全国出版社带了个好头"。

在 2010 年 5 月 14 日到 16 日在深圳召开的有中央政治局常委李长春、委员刘云山出席的"第六届中国国际文化产业博览会"上，总署指定我作为数字出版转型的代表，向大会做"跨媒体数字出版的思考与探索"的主题发言。我从做好数字出版必须具备"内容的系统聚合力、数据库的深度建设力、平台高端集成力、资源的跨界借助力、产品的创新盈利力、卖场的新颖展示力、行政资源的开发争取力、行业的资源整合力、社内的配套建设力、顶层的设计决断力"等十个方面介绍了军医社的做法与经验，受到了参会领导和代表的一致好评。大会主席在总结时说："齐社长有理论、有实践、有经验、有思考的精彩报告，为本届文博会增添了浓墨重彩的一笔，他们的经验值得整个行业认真借鉴。"

让飞奔的马儿慢些走

就在全社向着第四次腾飞的目标飞奔时,2010年8月26日,我接到总后卫生部张雁灵部长的电话,说总后勤部已转发我免职的命令,定于9月1日正式宣布,我的社长职务由总后卫生部药材局石虹副局长接任,让我近两天内做好交接准备。

放下电话,我既感到了前所未有的轻松,也有一丝难以言状的不舍。轻松,是因为我这个属马的,这么多年来只知奔跑,现在,终于有了歇歇的理由和机会了。不舍的是,正在和我的战友们全速向第四次腾飞的目标奋进时,我将不能带领他们携手共进了,心中难免生出一丝惆怅。而军医社200多名员工,还有社外近300员加工编辑和校对人员,这么多年来,也一直处于高度紧张状态,从现在开始,或许也可以好好放松一下了。

根据军队干部服役年限规定,军医社的社长是正师职岗位,最高只能干到55岁;我是1954年生,2009年就应免职;根据规定,任何一级军官,在同一职级岗位上最多只能服役十年,而我从1999年12月31日的任职命令算起,最多只能干到2009年年底。因此,根据军队规定,总政治部已于2010年年初下达了我免职的正式命令。但总后首长和总后卫生部领导以一时还找不出合适人选接班为由,将命令压了近一年迟迟没有宣布。由于总政的命令是面向全军的,所以有多个大单位的熟人和朋友,还是告诉了我已免职的消息,军医出版社的部分干部也是知道的。因此,我个人早有思想准备,没有丝毫意外或顾虑。从我知道总政年底已下发命令以来,我一直以平常之心,静候这一时刻的到来。但只要命令一天没有宣布,我还是要尽最大的努力,履行好一社之长的职责。我也清楚地知道,在这种形势下推动工作,在很大程度上是要靠个人的影响力的。军医社的200多名员工,在不少人已知道我已被免职的情况下,仍一如既往,全力以赴地支持配合我的工作,包括制度建设和规划制定这些在正常情况下推动也有阻力和难度的工作。但全社没有一个人以势利之眼、敷衍之心对待我这个已被宣布免职的老社长。回想起来,我对他们仍充满深深的感激与敬意。实际上,从年初以来,我所抓的各项工作,除了正常运转的工作以外,不论是对各个策划中心工作的全面清理,对制度的全面整理修订,对"十二五"发展规划的研究拟制,也包括对数字出版的大步推进,无一不是为了交班这一天在做准备。因为我想在任满十年社长时,把自己对各个中心建设的思考,通过集体讨论的方式变为各个中心未来发展的方向;把我十年来领导军医社建设发展中行之有效的经验做法,通过制度化的方式变成军医社走向未来的财富;把我对军医社未来五年乃至十年发展的要求,通过"十二五"发展规划的形式来进行推动和保持,从而不让快速发展的步伐停滞或减慢;我更想抓紧退下来的宝贵时间,把我对数字出版的思考和探索,尽快变成实践和实际成果,为未来的全面转型奠基铺路。而这一切,在总后首长和总后卫生部领导的关怀下,在延缓命令宣布的近一年时间里,我都已有条有理、紧锣密鼓地做完了。剩下的只是将文件资料整理好,把办公室收拾好,连同军医社未来发展的重担,一起交付给石虹新社长。

　　9月1日下午,张雁灵部长在全社在职干部大会上,宣布了新老社长的离职与任职命令,并对我十多年来工作给予了了高度肯定。我在讲话中对部党委部首长和全社同志,表达了衷心的感谢。至此,我终于卸下了这副压在我肩上10年零8个月零1天的重担。一下子,身上感到了从未有过的轻

中国新闻出版报的报道

松。

交班之时，首先让我欣慰的是，上级为军医社选派了一位优秀的新社长。石虹是我的老搭档，我们之间有着一种特殊缘分。20年前，我给张立平部长当秘书时，就是接他的班；15年前，我到医疗局当副局长，他在医疗局任助理员。现在，他又来接我的班当社长。他大学毕业分配到总后时，就在《人民军医》杂志编辑部工作，所以对出版并不陌生。他对我也非常尊重，有事都是亲自来我在六楼的新办公室进行磋商。由他来接任社长，我是非常高兴的。到任后不久，他就主持总支会议，明确由我主持人民军医电子出版社工作，并在职责履行上给我了许多特殊政策和条件。因此，作为一名主持工作十多年的老社长，我下来后没有任何失落感。我和全社员工一样，从他处理这些事情特别是对老同志的态度上，看到了一个优秀领导人的胸怀与人品。

其次，是在我退下两个月后的 2010 年 11 月月底，全社首次突破了 3 个亿大关。在总量快速增长的同时，发展质量得到同步提升。在新闻出版总署组织的全民阅读推荐书目中，我社有十个品种入选；在第二届中华优秀出版物奖和 2010 年度全行业优秀畅销书品种评比中，我社共获得八项大

中国图书商报的重点报道

奖,获奖总数均居军内和国内同行前列。441 本(次)图书进入全国医学图书销售码洋排行前 100 名,68 本(次)图书进入全国医学图书销量排行前 200 名,标志着我社学术专著出版进入国内最前端。骨科、口腔、超声、影像、检验、考试等学科的市场份额占到全国的 20%~30%。继 2008 年荣获"中国出版政府奖先进出版单位奖"后,2009 年 1 月,在新闻出版总署组织的全国首批出版社等级评审中,军医社成功跻身"全国百佳出版社"和"全国一级出版社"的行列。虽然后来由于种种原因,军医社未能完成 4 个亿的第四次腾飞,但从 2009 年开始向着第四次腾飞的良好起跳,还是很成功、漂亮的一跃!作为一名即将退下来的老社长,我既为军医社在 2 亿跳台的成功起跳而欣慰,也为 3 个亿这个收官之作而自豪。

让我感到欣慰和感动的,还有这么多年来各级领导对军医社高速发展的认可和对自己的肯定。2006 年,军医社进入国内出版 50 强、科技出版社 16 强,成为军队出版社中唯一获此殊荣的出版社。2008 年,荣获"中国出版政府奖先进出版单位"奖。2009 年,被新闻出版部署评为"国家一级出版社""全国百佳出版单位"。2010 年,被中宣部表彰为"全国科普工作先进集体"。社党总支连续 6 年被评为先进党支部。媒体对军医社和我本人也给予了高度关注。中央电视台《焦点访谈》栏目、中国政府网(新华网)、《解放军报》《光

2011 年 12 期，解放军文艺发表解放军报副总编江永红少将以齐学进为主人翁的长篇报告文学《跨越》

明日报》《新闻出版报》《图书商报》《半月谈》《解放军文艺》等国内权威媒体也对我进行了重点宣传报道。我本人也先后获得"全国百佳出版工作者"（2004 年）、"全国出版领军人才"（2005 年）、"中国科技期刊编辑学会金牛奖"（2005 年）、"总后勤部学习实践'科学发展观'先进个人"（2007 年）、"全国新闻出版抗震救灾先进个人"（2008 年）、"中国百名优秀出版企业家"（2009 年）、"新中国 60 年百名优秀出版人物"（2009 年）、"中国出版政府奖先进个人"（2010 年）、"全国最具影响力数字出版人物"（2011 年）、"首届解放军出版奖先进个人"等重大荣誉，并被总后勤部批准荣记三等功（2008 年）和二等功（2009 年）各一次。总后政治部的一位干事对我讲，作为一个正师职主官，荣立三等功特别是二等功，在和平时期是相当少见的。特别是立二等功的正师职主官，总后机关从 2004 年以来，我是第一个，也是唯一一个。在新中国成立 60 周年时，被评为"建设创新型国家杰出人才"和"全国百名出版企业家""新中国 60 年百名出版优秀人物"，同年被批准享受国务院特殊津贴。

尤其使我难以忘怀的是，2009 年年底，中央军委批准我晋升为专业技术三级（2015 年又调整为文职一级），成为目前国内唯一一名享受军职待遇

（职务工资享受大区副职待遇、军衔工资享受中将待遇）的出版社社长。总后卫生部为我专门举行了隆重的仪式，张雁灵部长在讲话中，对我所做的工作给予了高度评价。他说："齐学进同志晋升为专业技术三级，是人民军医出版社具有重大历史意义的一件大事。它不仅是齐学进个人的光荣，也是人民军医出版社全体人员共同奋斗、拼搏进取的结果；不仅是军医社的一件大事、喜事，也是总后卫生部的一件大事、喜事。晋升专业技术三级，对一个干部来讲，是一个重大转折。第一，它既是一种荣誉，又是一种责任。

晋升技术三级仪式上与张雁灵部长合影

人们常把专业技术三级称作文职将军，是一个专业干部进入高级技术专家行列的标志，也是一个专业干部的最高荣誉。但它更是一种责任，它要求专业技术三级专家要切实发挥好学术带头人的作用，切实担当起技术指导、技术引领、技术领衔的重任。第二，它既是一种待遇，又是一种要求。专业技术三级享受军职干部待遇，基本工资比正军职干部还高。而军职干部是我们党和国家的高级干部，高级干部必须有高级干部的要求。在政治上，要求我们与党中央、中央军委保持高度一致；在工作上，要求我们更加严格、更加认真、更加忠诚地履行好自己的职责；在其他方面，要求我们树好形象，做好表率。我相信，学进同志一定会以此为标准，更加努力地工作。在座的同志们会与他更好地合作共事，把出版社的各项工作做得更好。全社同志也会以这个仪式为动力，在推动出版社建设发展的同时，实现个人事业的不断进步。"

我作为一个初中还未毕业的农村孩子，从一个不满 15 岁的小兵，一路走来，收获了这么多荣誉，直到享受国家和军队的高级干部待遇，已经很满足了。虽说自己做了一些工作，但没有军队这个大学校对自己的培养教育，没有各级领导和同志们、战友们的关心帮助，自己是不可能有今天的。不管当不当社长，感恩不忘本，戒骄争一流。这是一个军人天职，也是一个老兵的本分。

第七辑

独具特色的"引进来与走出去"

新时期出版人改革亲历丛书

知识无国界，同样，出版也无国界。一个好的出版物，应该属于全人类。

在中国，任何一家出版社，都面临着一个面对国际市场的问题。一个有追求、有担当的出版人，如同一个有追求的运动员，都把在国际市场上争金夺银作为自己的人生之梦。当然，文化与出版走出去的后面，除了国家与民族的光荣，还有我们这一代出版人的使命与责任。

军医社的走出去，是从引进来开始起步的。

从与德国朋友——哈泽的合作起步

与国外大型出版单位的合作，是资源整合的一个重要方面。军医社的国际出版合作，始于 2004 年 4 月与国际精萃出版集团的成功合作。作为全球最大、也是最负盛名的口腔专业出版跨国集团，国际精萃出版集团于 1950 年在德国柏林成立，截至 2004 年已经在全球 11 个国家设立了分公司，每年出版近 200 种涵盖英文、德文、西班牙文、意大利文、日文、法文、葡萄牙文等 10 个语种的图书，同时每年还出版 16 种语言的 48 种口腔期刊以及 5 种电子出版物。集团总裁哈泽先生虽年近七十，但精力充沛，对中国非常友好，也是一个具有全球眼光的著名出版家。据他告诉我，他是中国自 1978 年向国外打开国门后，第一个经当时的国家卫生部部长崔月犁同意并报国务院领导同意，在中国开办大型口腔学术会议的外国人。在见到我之前，他已来中国 30 多次，对中国出版界非常熟悉，但一直未能找到一个合适的中国合作伙伴。但就是这么一个非常挑剔的人，却和我一见如故。那是 2004 年 4 月 22 日上午，当他在口腔中心杨化兵编辑陪同下来到人民军医出版社时，还没有开始谈判，只是在我陪同下在新办公大楼里看了一圈，他就从每个员工充满活力、阳光与真诚的脸上，从军医社整洁的内务和卫生间，从紧张而有秩序的工作氛围中，认定这就是一个他多年来要找的中国合作伙伴。由于双方有了信任，所以谈判进行得很顺利。当天下午，我和他就签订了战略合作协议。协议规定，双方均为彼此在口腔医学领域的唯一合作单位。德国昆腾氏所有产品，均首先交由人民军医出版社引进出版，人民军医出版社则按照双方协定的比例付给版税。协议签订的当年，我们就精选了首批9本国际口腔精品系列丛书。为了把这批国际顶级口腔巨著翻译好、制作好、出版好，我们专门从国内最负盛名的口腔医科大学和医院聘请了国内口腔界的领军大家，来为我们这批名著进行翻译。在这些大家名家的努力之下，首批出版的《固定义齿修复学精要》《牙周外科临床图谱》《牙体预备基本原则》《正畸学荟萃》等9种享誉国际医坛多年的口腔巨著，终于在2004年年底全部推出。这套巨著由中华口腔医学会张震康会长作序；在制作上，国内最早采用InDesign排版，128克亚光铜版纸印刷；在装帧、设计、装订方面，也全部参照国际标准。2005年1月19日，由人民军医出版社联合中华口腔医学会和国际精萃出版集团，在人民大会堂隆重举行了"《国际牙科名著系列》走进中国"新闻发布会。会议由我主持，国内口腔医学界的近百名专家济济一堂，国家卫生部朱庆生副部长、总后卫生部张雁灵副

2004年4月22日，国际精萃出版集团总裁哈泽先生一行来军医社访问

部长出席。会议由我介绍该套巨著的出版情况,哈泽先生在会上做了演讲。由于这批专著源于全球口腔领域内的畅销经典,作者都是国际顶级名家大师,内容是国外口腔医学的最新进展与技术,选题紧紧着眼于我国口腔界紧迫需求,因此对我国的广大口腔大夫来说如同久旱遇甘雨,受到了他们的热烈欢迎。人民军医的口腔出版从此一炮打响,由国内口腔出版界默默无闻到一跃而名列前茅。从此以后,军医社和昆腾氏的合作一直非常顺利。从 2004 年至 2011 年的 8 年间,我社共出版了 80 种经典实用口腔图书,其中引进产品近 60 种, 占出版品种的 3/4, 码洋 4000 多万元, 占总码洋的4/5。军医社的口腔出版也一下子变成了国内口腔专著出版的"领头羊",其口腔图书成为国内口腔医生的第一选择,在口腔专著出版市场的份额多次超过人民卫生出版社,尤其是口腔的二级学科如口腔种植学、口腔修复学、口腔正畸学等一直高居第一。

在口腔图书良好合作的基础上,2007 年 10 月, 哈泽先生又与我商量,并在中华口腔医学会张震康老会长和王兴会长的大力支持下,把他原先与中华口腔医学会合作的《中国口腔医学继续教育杂志》交由军医社出版。这虽然仅是一本杂志,但它在军医社第一次开辟了书刊并举、书刊互动的新出版模式。这种模式对图书的作者资源的吸引、对内容资源的跟踪、对营销渠道的拓展,都是单出图书所难以比拟的,而这也是昆腾氏集团与国际上大型跨国出版集团的成功经验。这本杂志转军医社出版后,在总编辑、中国口腔医学会王兴会长的关心指导下,在各位评委的精心呵护下,经过口腔中心张怡泓主任和杨淮、王海燕等的精心努力,很快以焕然一新的面貌出现在口腔学界面前,并赢得了大家的欢迎和好评,影响也日益扩大。它很快就发行达 3 万余册,成了中国口腔期刊的第一品牌。

继口腔中心的书刊互动出版后,我社的骨科中心、教材考试中心、内科心血管与检验出版中心,也相继走开了书刊互动出版之路。为了深入学习了解国外出版社的管理运作之道,我先后三次赴德国昆腾氏出版集团现场参观取经,哈泽先生也因此和我成了特别好的朋友。我社还派口腔中心张怡泓主任到昆腾氏出版社驻社考察一个月。在图书定价和宣传方面,我们也借鉴了哈泽先生的不少做法与经验。所有这些,算是与昆腾氏合作在图书之外的收获吧。

集全球医学出版精品为我所用

在成功推行口腔对外合作出版之后,我们又于2005年开始,先后与国际上最大的医学出版集团——爱思唯尔出版集团,以及国际上声名显赫的荷兰威科、美国麦克劳－希尔、美国林品特、德国斯普林格等全球最著名的20多家大型跨国出版集团及世界卫生组织建立了战略合作关系。其中,与爱思唯尔的战略合作,堪称与国外大型出版集团成功合作的典范。2007年,我们与爱思唯尔达成了战略合作协议,获得了骨科、妇产、护理等重点学科的合作优先权。于是,军医社先后推出了号称"全球骨科圣经"的《坎贝尔骨科手术学》以及《赫思特心脏病学》《威廉姆斯内分泌学》《儿科诊断影像必读》,分别是全球骨科、心脏病科、内分泌科和儿科领域的顶级巨著,代表了相关学科最为先进的知识和技术,在全球拥有极高的声誉和地位。它们和昆腾氏口腔系列的引进一起,对进一步巩固我社在上述学科领域的出版领先地位,促进相关学科的快速发展,起到了极为重要的作用。军医社之所以和国外大型出版集团合作得如此顺利,如此有成效,主要的原因有四点:

一是认识到位。记得在2007年年底,我和姚磊副总编一起去看科技出版委于国华老主任时,他特别提醒我们,军医社在应对国际化、数字化大潮中,如果总囿于一己之力,不仅难以做大,且易于错失机遇;一定要在"借"字上做好文章:借鸡下蛋、借船出海、借灯照明、借路行车、借树上房。临走时,他唯恐我们未听清他的意思,又再次对我说,一定要记住这个"借"字,

与德国贝塔出版社魏茨克总裁签订中德两军开展军事医学出版合作协议

没有胳膊借胳膊，没有脑袋借脑袋，要靠"借"字再上台阶。于国华主任的这一番话，进一步打开了我们对外合作的思路。我们随即开始了以"借"字为核心的新思考、新探索、新谋划。近几年军医社的对外合作特别是数字出版，"借"字战略始终没有动摇过。

二是彼此信任。和昆腾氏出版集团、爱思唯尔出版集团等多家国际出版集团的合作，都已长达十年左右，目前仍在稳定合作，彼此的信任和真诚最为重要。有的出版社为了少交版税，故意隐瞒印量，以至于国外出版社到库房中去现场核查。这种缺少信任的合作，结果大都是短命的。军医社在和国外同行合作一开始，我就明确要求，绝不允许隐瞒一本印数，绝不多算一分成本，绝不少给对方一分利润。在刚和昆腾氏合作的前几年，我好几次主动对每年来访的哈泽先生发出邀请，请他到库房现场去看一下印数，他每次给予明确的拒绝，并说他相信军医社、相信我。也正因为有了彼此之间的信任，我和昆腾氏的哈泽父子、爱思唯尔亚太区的林玉祥总经理和中国区的王春茹总经理、威科集团驻中国的张莎莎总经理之间都建立了很好的合作关系,有的还成了很好的朋友。

三是方法正确。一本选题错误先天不足的图书,再好的翻译和制作也等于零。引进书也是如此。所以,在每次军医社编辑去国际图书博览会选书之前,我都会组织一次会前会,要求编辑们按照各自专业分工,邀请本专业内外语好、对本专业业务精通、熟悉国内最新进展的医学专家两人,与我社编辑一起,共同组成选书小组,并在图书博览会开展的第一时间,到各个参展的国外大型出版集团展位前选书。由于我们准备充分,每次北京国际图书博览会开幕的当天,军医社几十位身穿统一制服的员工,带着几十位医学专家,立即分赴世界各国各个对口专业的摊位前,进行紧张而有序的"书海淘宝",这已成为每届国际书展上一道亮丽的风景线。每年书展下来,军医社都是硕果累累,满载而归。就以2009年9月3日到7日第16届北京国际图书博览会为例,在这届由56个国家、1320家出版单位参加的国际书展上,军医社除了对参展的医学图书进行海选外,还与22家国外出版社进行了会谈。我和曾星副社长、姚磊副总编辑在会场先后与德国斯普林格公司总裁Haank先生、美国麦格劳-希尔公司高级副总裁Allen先生及美国林品克公司、日本MEDICAL VIEW株式会社、香港万里公司等就精品图书和数字出版进行会谈。共达成版权引进意向图书98本,其中林品克公司的《成人骨折》、麦格劳-希尔公司的《Hazzards老年和老人医学》、MEDICAL VIEW株式会社的《外科标准手术》、美国骨科协会的《骨科教程》系列等,均为享誉国际医学界的名著,从而在第一时间把全球最新出版的大部分医学图书精品收入囊中。实践证明,我们采用的这种编辑加专家混合编组现场选书现场决策的办法,对于选准、选精、选全全球各国最新推出的医学名著,提升选题成功率,防范和减少选题失误,起到了极为重要的作用。

四是有一个好的版权人。军医社虽然没有设立专门的版权部,但在总编办一直有一位专职的版权经理,刚开始是杨化兵兼管,随着整合出版成为社里的三大战略后,就由孟凡辉专职负责这项工作。作为版权经理,除了要精通外语和版权知识外,还要负责与全球各国医学出版社进行密切沟通,要与社内各个策划编辑进行密切协同,对自身的素质要求和工作节奏要求都是相当高的。版权管理的专职化、规范化、国际化,保证了军医社大量的版权工作有条不紊地进行,并能一年上一个大台阶。从 2016 年开始,全社每年引进的图书一直稳定保持在 80 种左右,引进图书总码洋年均在 2000 万元,占到全社总量近 10%,这对全社的快速发展,对一些重点学科精品板块的快速形成和市场地位的快速提高,以及更新出版理念、加速与国外最新最高出版水平的接轨,都起到了极为重要的作用。

当然,要做到这一点,没有前期的学科专业细分,没有强大的专家资源支撑,没有专业的翻译、加工、制作能力,没有近些年快速发展在国外同行中建立起来的信任度、美誉度,也是不可能的。

与荷兰爱思维尔出版集团签订战略合作协议

军医社也能大步走出国门

与国外合作的目的,除了引进最新的医学科学技术,以发展医学、造福社会外,学习他们的先进出版做法与理念,也是一个重要方面。这一点,是我在昆腾氏日本分公司的做法中得到的启示。

记得那是 2007 年,我和杨淮应哈泽先生和昆腾氏日本分公司总裁佐佐木先生的邀请,到日本横滨参加由哈泽和佐佐木共同主持的日本口腔大会。那是有近 5 万人参加的规模空前的口腔盛会。在会上,我用了近半天时间对日本昆腾氏的数百本展书进行了逐本了解,发现绝大部分都为日本昆腾氏公司自己出版的口腔著作。陪同我的哈泽先生告诉我们,20 年前,在日本昆腾氏分公司刚成立的前几年,他们基本上靠大量从德国引进;20 年过去了,日本已很少从德国引进;相反,日本的不少产品开始输出到德国和昆腾氏在世界上各个国家的分公司。这个例子对我的启发很大。引进的目的,是为了不再引进,是为了尽快让中国文化、中国医学、中国出版走向国际,这才是我们这一代中国出版人的应有担当。日本人能做到的,我们也一定能做到,而且应该做得更好。记得临回国前,我和杨淮背着从日本书展上挑选的近 40 本样书,装了满满两个大纸箱,两个人硬是背回了北京。回来当天晚上,我连夜赶写了出访报告,制作了 PPT,第二天就召开了全社编辑大会,让编辑们现场观摩我们从日本背回的样书,并进行逐本介绍。同时也介绍了日本昆腾氏的书刊互动、书会互动、书培互动的成功经验,使大家深受启发。加上近几年与美、德、英、荷等国大型出版集团交往中学到的经验,特别是从与德国昆腾氏深度交往中学到的东西, 使全社编辑的眼界大为开阔,了解了国际最先进出版机构的最新理念、思路、做法,使我们从做单纯的传统纸书出版的初级阶段,一下子跨越到了国际出版前沿。这种跨越,如果关起门来自己摸索,不知要费多少时间,走多少弯路。而这种交往,使我们与国外搞了一二百年出版的大型跨国集团站在了一起。也就是从那个时候起, 全社同志开始把眼光投向更为远大更为广阔的国际出版大市场,从而在更新出版理念、加快书刊互动、提升图书策划与制作水平的同时,将眼光投向世界,加强对向欧美主流市场输出图书的策划和推动。

在此之前,军医社虽然也有过少量的对外版权输出,但都是中医小册子方面的选题且集中在中国周边国家新加坡、韩国、日本及香港、台湾地区,而向欧美等出版大国的输出一直未能迈开步子。通过广泛开展与国际大型跨国出版集团的合作, 我们对欧美国家的最新出版理念有了全面了解,我们自身的出版水平和质量也随之不断提高。在选题策划和制作实力方面,我们已开始具备了打入欧美出版的能力,但要成批量地打入欧美市场,我觉得还有两个条件没有具备:一是缺少对国外市场及读者需求的深入准确把握,二是缺少准确生动传神的医学英语翻译。2008 年年初,当中医出版中心的周垒告诉我,原人民卫生出版社的编辑,现任英国多尼克出版公司的李燕萍老师回国探亲。我意识到,与既懂中国出版也懂国外出版的人接触,是了解国外出版市场、拓展合作渠道的一个重要机会。在和李燕萍老师交流后,知道在国外有不少读者对中医、针灸、保健等读物非常喜爱,只是由于选题不对路,写作结构方式不适合国外读者阅读习惯,特别是我们自己写的中式英语令国外读者很不舒服,都不利于中国图书进入国外市场。为了解决这个问题,我和李燕萍老师商定,由她在国外组织需求调研,军医社和多尼克公司共同确定选题,由我们在国内组织作者撰写和初步翻译,再交由多尼克公司组织翻译把关后,由国内组织印制,最后由多尼克公司负责组织海外推广和销售。

按照上述思路,我社黄建松主任、王显刚主任开始紧锣密鼓地投入到策划、组稿工作。经过半年多的紧张努力,我们终于在 2009 年德国法兰克福国际书展前,成功地赶出 12 本专为国外读者量身定做的精美图书,以及中医操作类 4 张 VCD、3 种中英文对照版图书和 3 种挂图。2009 年的德国法兰克福书展,是全球出版人的一次空前盛会。全球 100 多个国家 7000 多家出版社参展, 参展图书达 40 万种之多。这也是中国作为主办国首次参展,时任国家副主席习近平出席。国内也派出了由柳斌杰署长亲自带队的272 家出版社组成的强大阵容,体现党和国家对中国文化走出去的高度重视。

2009 年 10 月 13 日, 当法兰克福书书展第一次摆出人民军医的图书时,立即吸引了来自世界各国参展商的眼光。短短三天时间,我社带去的 20本图书中,《国际针灸教材——中医基础理论》《国际针灸教材——中医诊断学》《国际针灸教材——人体经络腧穴》《国际针灸教材——针灸治疗学》这 4 本的英文版权向英国杰西卡·金斯利公司输出;《中医基础》《中医针灸》2 本书的英文版权被美国琼斯·巴特勒公司买走;还有 13 本图书和 6 种数字与音像产品分别与美、英、德、法四国有关公司达成了版权输出意向。参加过国际书展的人都知道,在国际书展上,现场签订输出版权的难度是非常之大的,绝大多数仅能达成合作意向,我社不仅能正式签约,而且数量达到 6 本之多,这是很少见的。加上有合作意向的,达到 20 个品种的规模;特别是数字音像产品受到外商的高度重视并达成了合作意向,十分引人注目。军医社在法兰克福书展上的突出表现,也引起了同行、媒体及有关领导的高度关注。中宣部出版局张小影局长(现为经济日报总编辑)亲临军医社展台,对我社在国际书展上取得的突出成绩给予了高度称赞。法兰克福书展上军医社版权输出工作的首战告捷,极大地鼓舞了全社编辑的信心。

在德国法兰克福书展上签署版权合同

　　之后的几年中,军医社在走出去方面又陆续取得了一个又一个骄人成绩:向英国唱龙公司成功输出了 *Tuina Manipulations Demonstrated* 和 *Needling Teaching Demonstration* 两本书的英文版权,在数字出版方面,与全球著名的大型出版集团——荷兰威科出版集团达成了战略合作,与多尼克公司合作出版的《针灸治疗伤科与神经科疾病》《分析前因素对临床检验结果影响》《常用腧穴临床应用》荣获全国输出版图书奖。几年中,军医社共实现了向境外输出版权总量达 120 项。不仅创造了军医社历史上的最佳纪录,而且使军医社的品牌和影响冲出了国门,为中国医学文化走向世界做出了贡献。

　　除了图书合作之外,《解放军医学杂志》也与德军的贝塔出版社(Beta Publishing)进行了杂志内容互登及部分图书方面的长期合作。总后勤部还把军医社作为对外合作的一个窗口。我在军医社先后接待过德国、埃及、印度等多个军队代表团。记得 2003 年德军军医副总监纳卡特少将到我社访问时曾说:"军医社是我见到的全世界军队中最好的出版社。如果有机会,我愿意成为你的员工,到军医社来工作。"当然,我知道他这是开玩笑,但也确实体现了他对军医社由衷的欣赏之情。三年后的 2006 年 4 月,当我受贝塔出版社魏茨克社长的邀请去德国访问,同时作为中国军医代表团成员出席"中德军事医学论坛"时,他作为大会的东道主,在百忙之中抽出时间,亲自在波恩城外、美丽的多瑙河之滨的一个很有特色的餐馆里,单独设宴款待我这个来自中国军队的老朋友。2010 年 11 月,当"中德军事医学论坛"在上海第二军医大学召开时,我和他又在会上相遇,这时,他已荣任德军军医总监并晋升为中将,作为德军第四军种的司令(注:德军卫生兵不归后勤领导,而是自成体系,排在陆海空三军之后,德军军医总监又称为卫生兵司令),我们一见面即像老朋友一样紧紧拥抱并合影留念。交谈中,他还记得七年前访问军医社的很多细节及留给他的美好记忆,风趣地说他一直想成为我的员工,很遗憾至今未能实现,并对军医社再次给予了很多称赞。尽管军医社在国内外得到过很多同行的称赞,也得到过很多领导的夸奖,但面对一名德军中将的由衷赞誉,我仍感到十分自豪。当然,我知道,这些荣誉是属于中国军队的,也是属于军医社的。

第八辑

中国应急出版的轻骑兵

新时期出版人改革亲历丛书

　　2008 年 7 月 28 日，汶川地震刚刚过去两个半月，新闻出版总署柳斌杰署长专门来军医社看望大家，并满怀深情地讲了下面这段话："今年的抗震救灾中，人民军医出版社发挥了不可替代的作用，及时出版了 20 多种有关抗震救灾的、人民群众急需的、灾区军民企盼的图书，这些包括心理、防疫、救治等各个方面内容的优秀图书，受到社会各界的一致好评，更看出我们人民军医社在这样特殊的、关键的时期所发挥的重要作用，令我非常感动。""你们一直坚持发扬了我党我军的光荣传统，坚持为国家大局服务、为全军服务、为国防建设服务、为出版全局服务的方向，特别是在国家遇到特殊的、突发的重大灾难事件时，人民军医社总是走在前面。尤其是在这次抗震救灾中，做得非常好，表现得非常突出，是我国整个出版界的一个优秀代表。"

抗"非典"中的军医社速度

2003的春天,"非典",一场突如其来的瘟疫,如同铺天而来的黑云,瞬间覆盖了中国大地。特别是当它装扮成普通病毒潜伏于一个个普通发烧感冒的病人身上,但又可能随时置人于死地时,它的狰狞和可怕,使人们一下子笼罩在一片恐慌无助之中。

"疾风知劲草,板荡识忠臣!"在国家民族面临重大灾难的危急时刻,人民子弟兵挺身而出!我所尊敬的老领导——张雁灵部长,此刻被军委和总后勤部紧急点将,临危受命,从国防大学星夜赶往仅用七天时间赶建出来的有1000张床位的小汤山医院担任院长,肩负起抗击"非典"基地总指挥的千斤重担。

作为军医社社长,此时此刻,我虽不能和首长与战友们奋击在抗"非典"的最前线,但我知道,部队官兵和广大人民群众正在企盼我们给他们送去另外一种抗击"非典"的武器——防治"非典"的知识!

我驱车来到总后卫生防疫队找到李锋队长,和他谈了我的想法,请他指派专家连夜赶写一本"非典"防治科普图书,得到了他的赞同和支持。经过几位专家的连夜奋战;就拿出了一本近4万字的防"非典"手册初稿。在总后卫生部防疫局李春明局长、防疫队李锋队长审查时,我安排了加工、校对、美编、排版等有关人员同步突击。队疫队第三天,一本《部队官兵防非典手册》就开始装车,发往驻京部队和各大书店。

　　与此同时，我在思考如何为地方广大人民群众出一本更通俗、更易懂、更实用的科普小册子。而出这本书的前提，就是要准确把握广大人民群众的需求，这在当时要求尽量减少集会的情况下，像平时一样去调研和开座谈会，已无条件做到。既然出去调研不行，那就开家人座谈会吧。晚上下班回家后，当我向全家人谈了我的想法，并向他们询问社会上大家对预防"非典"的知识需求时，他们立即把单位员工和学校同学的各种疑虑、担心一下子说了很多。比如，出门还能不能坐公交？还能不能和人握手？到底怎样才是正确的洗手方法？室内如何科学地通风换气？怎样进行空气消毒？怎样通过科学饮食提升免疫力？抗"非典"时期如何保持好乐观心态？患了感冒怎么办？感觉发热怎么办？发现同事和同学患感冒怎么办？去医院看病怎么办？等等。四五个小时下来，提出的问题已有上百条，经过归类，最后整理为66条。这66个问题，都是老百姓在生活中实实在在所遇到、所关心、所疑惑和所急需解决的。第二天一早，我再次驱车赶到总后防疫队，将这66个问题交给李锋队长，他看后拍案叫好，当场就组织了专家班子，分头对这些问题进行解答。不到一天，这66个问题就全部解答完成。经紧急编辑加工、汇编成册后，我把它起名为《防非典实招66》。这本书因其系统地、简明扼要地回答了老百姓所关心的问题，4月底一上市，即受到了特别热烈的欢迎。一周内即发行20万册，创造了名列当月全国非文学类畅销书前列的不俗业绩。"五一"刚过，江西一家书店就来电话，准备一次性买进20万册。陕西省新华书店领导在众多的防"非典"图书中，挑选出《防非典实招66》，准备印刷100万册向全省下发，并通过总后宣传部向我社联系订购该书版型。这也打破了军医社建社以来科普图书的最高发行纪录。

　　在策划出版了上两本图书并在五一劳动节向部队和社区赠阅的过程中，我发现不少连队和社区的黑板报，都在引用我们出版的书中的内容。他们反映这些内容虽然很好，但如能多加些插图和便于记忆及传诵的防治要

抗"非典"加班

点,那就更好了。听了他们的反映,我觉得很有道理。于是,我决定利用"五一"放假,以诗配画的形式,赶出一本全新的防"非典"科普图书来。诗配画的"诗"是基础,要通过"诗"这一部分,对防治"非典"的相关知识进行高度概括,使之读起来朗朗上口,便于记忆。虽然我的诗写得不好,但我本人有医学和中文的专业基础,能够用"诗"这种形式把防"非典"的相关知识要求准确表达出来。至于"画"这一部分,正在我为找不到合适的漫画家而发愁的时候,曾星副社长主动推荐了他的中学同学、安徽省著名漫画家、合肥市政协副秘书长韩一民。当我电话中请他利用"五一"假期为防"非典"诗配画时,他一口答应了。当时,军医社能给的稿酬是比较低的,但他表示毫不介意,只要能为抗"非典"出点力就行。就这样,放下电话后,我俩当即投入了编写工作。为了加快编写进度,决定采取我写一段诗文,他配一幅画的办法。等我把全部诗文写完了,他的几十幅插画也都加班加点同步赶出来了。五一劳动节过完,我俩合作的这本书稿也拿出来了,定名为《抗非典歌诀图解》。5月9日推出后,尽管因为随着天气转热和"非典"发病率降低,防"非典"图书已普遍下滑,但由于该书独具特色,别致新颖,首印5万册,三天内即销售一空。我曾到总后直属单位去走访,发现这些单位的黑板报上,好多是选登《抗非典歌诀图解》一书的相关内容,可见这种图文并茂的书确实是受欢迎的。

在直接策划和编写这3本书的同时,我还组织军医社相关中心分别出版了《防非典挂图》等7种抗"非典"出版物。这10种各具特色的军医版抗"非典"图书,从多个方面创造了行业记录:一是数量最多,品种最全。所出的10种抗"非典"图书,约占全国抗"非典"图书品种的1/5。二是时间最短,速度最快。我社出版的10个品种抗"非典"图书,全部用时一个月。其中《防非典实招66》和《部队官兵防非典手册》,从选题策划到编印出书,最快的仅用4天时间,创造了军医社历史上出书最快的纪录。三是选题精,销量大。10种防非典图书共印53万册,造货码洋达到200万元。四是编辑、发行打破常规。在"非典"流行期间联系专家不便、书店发行渠道不畅的特殊情况下,在社里确定选题思路后,社领导和新老编辑一起动手,拟提纲、写稿子、送样书、搞发行,既当作者,又当编辑。特别是4月底疫情最严重的时候,全社同志按照社里的分片包干任务,冒着危险,分批分组走上北京市街头,在一天多的时间内就把图书送上了全市街头的大小书摊,并通过这些大小书摊送达全市群众手中。与此同时,我们还多次组织人员向总后机关、小汤山医院和基层官兵送书,总量达到6200册,向社会各界送书近14 620册。全社员工也纷纷行动起来,通过各自的渠道联系推广。全国电子网站中,我社的10本抗"非典"图书有3本进入了前10名。对于军医社在抗"非典"图书出版中的突出表现,《解放军报》头版进行了重点介绍。总后卫生部白书忠部长赞扬军医社"在抗'非典'出版中做出了突出成绩,是一支能打硬仗的队伍"。

第一次应急出版,军医社就打了个漂亮仗!

汶川抗震中的特种部队

2009 年 5 月 12 日,一场突如其来的大地震,撼动了大半个中国。

那天中午,我正在北京的家中,突然感到大楼一阵抖动,我一下子意识到这场地震格外不同。当我赶到办公室时,电视上已预告了这场地震的级别为里氏 8 级,来自四川汶川。

常识告诉我,超过 8 级的地震属于特大地震。第一时间我该为灾区做些什么? 凭着直觉,我觉得要办的第一件事就是组织捐助和救灾应急出版。于是,我马上拨通了几位社领导的电话,紧急召开党总支和社中层干部会。会议决定:(1)马上组织全社员工为汶川灾区捐款;(2)由社办负责了解本社四川籍员工家中受灾情况并进行慰问;(3)由发行部针对灾区需要组织捐书;(4)对这次特大地震所带来的出版需求与走势做出以下三个方面的判断:第一,这是一场现代科技知识含量很高的现代医学大救援,它将对医学救治、防疫和心理救护知识产生巨大需求。第二,这次地震将按紧急救治、防疫防病和灾后恢复这三个不同阶段,依次产生对医学救治、震后防疫防病和心理自助出版物的三类需求。针对这三类需求,应紧急安排医疗救治、防疫防病和心理救助这三大系列出版物的出版。第三,准确判断这三类出版物的内容、结构与形式特点,最大程度地实现这三类出版物的使用价值与出版功能。在医疗救治系列出版方面,要根据医疗队员大都是来自各大城市和军队大医院中的专业医生,熟悉本专业伤病的救治,而对跨专业、多部位的地震复合伤不熟；熟悉平时一般疾病的诊治，而对压在废墟下多合并有感染、脱水、休克的危重伤不熟；熟悉在医疗设备齐全的正规医院环境条件下展开救治，而对地震伤大都在野外现场救治不熟的特点，加强内容的针对性。医疗救治手册的内容要侧重复合伤、危重伤和野战条件下的急救知识；编写结构上采用条目式、纲要式编写，简明扼要，一目了然；开本选用小32开，方便医务人员装入白大褂口袋中随身携带。封底上印有彩色书签，以便于医务人员在紧急情况下快速查阅。在防疫防病系列出版方面，考虑到灾区群众易学易懂的需求，我们将内容编写成顺口溜并采取配图画的形式，使之一看就会。考虑到医疗队员急需各类地震伤救治知识、防疫人员急需震后防疫指导知识、普通灾区群众急需震区防病知识的实际，决定启动应急出版机制，火速开展上述选题的紧急组稿和出版工作。

5月13日上午，我在召开的全社员工大会做了简短动员后，即和各位社领导与总支成员当场带头捐款，全社员工无一不慷慨解囊，踊跃捐款，那种场面至今还历历在目，令人难忘。会后，办公室将捐来的6万元现金，当天即联系中国慈善总会，请其代为转捐给四川灾区（在这次捐款后的一个星期，总后机关再次组织捐款，大家又一次积极参与）。开完捐款会，在安排姚磊副总编带领总编办向灾区捐书（《现代创伤骨科学》《实用创伤救治》等）工作后，我即驱车前往全军疾病预防控制中心，与所领导共商为灾区群众出一套震后防疫知识读物。根据专家们的意见，确定从把好饮食、饮水、个人卫生、环境卫生和精神心理卫生这五个环节入手，采取诗配画挂图这样通俗易懂、喜闻乐见的形式，名字就叫《震后防疫把五关》，并确定由该所科研处贾红处长亲自执笔，很快就拿出了初稿。5月14日晚，我连夜修改定稿后，即交军医社于春华美编绘图，这套全开本两幅一套的宣传画正式定版，并正式付印。

5月15日，全军组建的医疗队和防疫分队开始奔赴汶川。地震伤诊治指导手册需要紧急编印，为抗震救灾一线指战员编写一本心理防护手册也是当务之急。为此，15日早上一上班，我和姚磊副总编即来到解放军总医院，找到医务部主任郭渝成少将。她对我们的提议极为赞同，当场商定了书名，并高兴地接受了我们对她任这两种出版物主编的邀请（《地震伤急救手册》的另一位主编由著名骨科专家、解放军总医院骨科主任王岩担任，《震区防疫手册》的第二主编由我担任）。她还告诉我们，遵照秦银河院长（曾任总后勤部副部长、中将）的指示，他们已着手组织编写《地震伤急救手册》，稿子将尽快交给我们编辑加工。

　　5月16日晚上，在我召开全社中层干部大会进行应急出版紧急动员后，《震区防疫手册》和《抗震救灾一线指战员心理防护手册》初稿正好赶出来了，我和姚副总编带着编辑开始突击加工。加工完成后，我和姚副总编带着有关人员，于凌晨3点赶到301医院，了解《地震伤急救手册》的编写进展情况。当我们走进医院办公楼三楼会议室时，发现301医院外科的王岩主任、张国华主任、侯树勋主任、杨庭树主任、陈振玉主任、沈洪主任等近30名著名专家，分别围坐在几面大的投影前，正在对书稿进行最后修改把关。看到这些我十分敬重的军内外大家名家，有的都70多岁了，还是通宵达旦地为灾区操劳，我的心里不禁一热，近几天加班的疲劳已随之一扫而光。我仔细看了一下打在各个大屏幕上的书稿，发现有一个共同的特点，那就是对各个部位的伤情诊断和治疗，全部是采用统一的条目式编写方式，提纲挈领，非常清爽，使人一目了然，非常便于在野外救治时快速浏览和要领性掌握。看到各位专家如此辛苦，我实在没有理由再催促他们。我想宁愿我们多辛苦一些，也尽可能让专家们少熬点夜，明天还有病人和手术在等着他们呢。想到这里，我和郭渝成主任商量，初稿出来后，就不用专家们辛苦修改了，直接交给我们来编辑加工；也不要等全部稿件出来，现在就开始流水作业，出来多少先交给我们；我们派人派车在这里等着，写出一部分，我们就接一部分。17日凌晨4点15分，第一批稿件交到了军医社。早已在社里等候了大半个晚上的近30名加工编辑、校对编辑、美术编辑，以及排版和

在汶川地震灾区发放救灾防病图书

版式设计人员,按照各自分工,立即高速运转起来。我和姚副总编则守在照排室,现场研究稿件编写中遇到的各种问题,全部稿件实现了边写、边送、边编、边校。从17日凌晨4点收到稿件到18日晚11点将首批三种出版物全部出齐,只用了43个小时,这部13.6万字的《地震伤急救手册》已全部完成。加上17日前已完成的《震后防疫把五关》《震区防疫手册》和《抗震救灾一线指战员心理防护手册》,各印1万,共计4万册,于18日紧急运往灾区。

这是一次特别的行动!

继第一批四种抗震救灾出版物送往灾区后,我立即组织图书编辑部有关人员,研究灾区部队和群众需要,又确定上马《灾区医院感染预防指南》《震后心理指导手册》《灾后传染病防控须知》《灾区驻地卫生须知》《地震灾后传染病防治手册》《救灾防疫消毒技术指南》《震区防疫知识问答》(光盘),音像部还赶出了《凝集的爱》抗震救灾歌曲专辑、《震后音乐心理减压MTV》等近十个品种。全社上下一直以高昂的精神状态,快马加鞭未下鞍,继续争分夺秒地投入到抗震救灾出版之中。

5月18日晚，正当我们在社里继续加班时，接到中宣部出版局郭义强副局长的电话。他说，由于灾区医疗队急需跨专科的伤员救治的知识、经验和技巧，需要一本简明实用的专业指导手册。随着灾区天气渐渐炎热，震区的防疫工作也已提到重要议事日程。胡锦涛主席和温家宝总理都明确要求，要"确保大灾之后无大疫"！在灾区中普及震后防疫知识，急需一本震后的科普防疫宣传物，以及一本专业的防疫手册。为此，中宣部出版局通过对全国几百家出版社已出版的抗震救灾出版物进行拉网式查找，发现军医社刚出版的《地震伤急救手册》《震后防疫把五关》《震区防疫手册》，选题贴近实际，内容科学实用，版面美观大方，制作精美漂亮。他们准备将这三个产品，另加四川人民出版社和二十一世纪出版社的各一个品种，选为中宣部赠送灾区的五种捐赠图书，要求我们做好捐赠准备。

5月19日清晨，我和家人刚收看完央视播放的国家地震局发布的关于当天四川震区将有6~7级余震的通告，接到中宣部出版局张拥军处长的正式通知，18日确定的五种捐赠图书，经18日晚李东升副部长批示后，19日一上班即报中央政治局委员、中宣部部长刘云山，首长当即亲笔批示："很好。抓紧落实。"张拥军处长让我们按照中央首长指示，尽快前往灾区，就地各印10万册。并告诉我，原定中宣部准备去位领导带队，由于另有重要任务，经研究，由我社去一名领导，代表中宣部，前往灾区实施捐赠。

放下电话，一种庄严的责任感油然而生。当兵40年，我还是第一次接受中央领导交办的任务，而且是直接服务灾区广大人民的任务，它神圣而光荣；但执行这次任务的时间，正好在即将发生大余震的前夕，此时去灾区也意味着巨大的危险。在某种意义上讲，这将同1984年上老山战场一样，这又是一次上战场、上前线。如果说平时加班加点只是付出辛劳的话，而这次灾区之行，面临的将是生死伤残的考验。虽然我可以指定一名社领导带队前往，但这不是我的风格。在这危难时刻，我这个当社长的，必须冲在最前面,而不能把它推给他人。因此,几乎没有任何考虑,我已决定,这次灾区之行,我要亲自前往。我当即向在家的贾万年副社长、曾星副社长、姚磊副总编等几位社领导通报了我的想法,并分别交代了手头重要工作。然后通知《人民军医》杂志编辑部王敏主任和骨科出版中心黄建松主任,随我一起前往灾区;通知王敏主任负责购买当天12点前的飞成都机票,确保当天下午赶到灾区;通知出版部陈琪福主任,两个小时内准备好全部胶片,交我们带往灾区,以便就地印刷;通知总编办黄春霞主任与四川省委宣传部和省新闻出版局联系,请他们代为联系好三家印刷装订工厂;通知社办组织取消原定由我主持的上午9点全国汶川地震追悼会军医社分会场的安排,改由贾万年副社长主持。最后,当我告诉郭静要去灾区时,她都还是感到很难接受,因为她已从电视中看了国家地震局关于将要发生强余震的播报,知道这时去灾区意味着什么,但在听了我的解释后,最终理解了我的"危难关头,我当社长不去谁去"的想法,在关键时刻支持了我。

就这样,我和王敏、黄建松主任乘坐中午12点的班机,于下午两点半到达成都。在进城的路上,我发现一个很奇怪的现象:由机场进城的路上,基本上没有车辆;而在出城的路上,则挤满了出城的人群,开车的,骑电动车、自行车的,甚至骑平板车、赶马车的,也有少数步行的,扶老携幼,拖家带口,把出城的马路挤得水泄不通,整个人流只能在马路上缓缓地流动。进城以后,发现城里人已很少,大多数楼房都已人走楼空。看到地震给有的楼房留下了大小不等的裂隙,如果真的今晚再来一场7级左右余震,这些已有内伤的房屋必倒无疑。在这种情况下,出城避震应该是最好的选择。

为了抓紧时间,我们从成都双流机场驱车直奔城内,寻找在北京已联系过的三家印刷厂。当我们到达第一家印刷厂时,这家工厂里空空荡荡,厂长赶来见我们时,告诉我们工人都已出去避震,在强余震即将到来的前夕,再把工人找回来加班,是根本不可能的;况且这些工人有不少人还要照顾在前几天地震中受伤的家人。告别厂长后，我们又来到西南财经大学印刷厂，这家工厂还不错，年轻的厂长告诉我，厂里在接到上级通知后，他们专门留下了部分工人，但只能承担《震后防疫把五关》这幅挂图的印制，其他任务得另找工厂。在和他详细交代了有关事项和要求后，我们来到了成都地区规模最大的四川新华彩印公司，接待我们的公司总经理又称为厂长的姓徐，是从部队转业下来的，他接到通知后，已为这次任务留下了部分工人，正等着我们交代任务。有了他的支持，我在跑前两家工厂中一直悬着的心终于放了下来。跟他来到车间，这是我在北京也未见到过的特大现代印装企业，高大宽敞的厂房、崭新先进的设备、高度自动化的流水线，让我这个老出版也暗自称奇。王敏和黄建松两位主任当即和他们工厂的相关负责人一起，逐张交接胶片，开展现场拼版，工人们各就各位，晚上 11 点左右，三台大型海德堡印刷机同步启动。雪白的书稿从机器中一张接一张地飞出，在认真检查印刷质量没有问题后，我才突然感觉肚子饿了。原来从早上到现在，只是在飞机上垫了一点，一天竟忙得忘了吃饭。这时，徐厂长见状，赶快带着我们三人，到工厂旁边的一个小饭店。也许是没有任务和压力，这顿四川小吃显得格外香。

回到车间，把各台机器印刷出来的样品又检查一遍后，我隐约感到车间气氛有点不对，除了紧张的工作之外，似乎还有一种悲哀凄凉。抬头看了看，原来车间的大屏幕上，正在滚动播放关于今夜将要有 6~7 级余震、请大家做好防范准备的通告。想到徐厂长和我讲过的不少工人家在都江堰，家中都还有伤员，而此时，他们为了完成中央下达的任务，既不能照料受伤的亲人，更要冒着随时有可能发生强余震的生命危险，坚守在这个平凡而重要的岗位上。想到此时，我不由得对这些加班的工人师傅们，从内心深处涌出深深的敬意，感到他们就如同在老山前线浴血奋战的战友们一样，是那样的可亲可敬可爱。我也知道，我们此时所在的这个特大宽跨度的厂房，如果真的有 6~7 级余震,在这里面是相当危险的。此时机器已全部正常开印,我们和徐厂长是完全可以离开厂房,去安全的地方休息的。但面对这些可敬可亲的工人,我觉得,此时,我们应当留下来,留在这个厂房,留在这个车间,和工人们患难与共,并肩战斗。徐厂长也是同样的想法,他说,在工人们悲伤危险的时候,我们作为领导的,只要出现在他们的身边,就是对他们无言的理解和关心。虽然那天夜晚并未像国家地震局预报的那样发生 6~7 级地震,但不到一个小时就有一次余震,明显感到楼在晃动。但不管怎么地动楼摇,我、徐厂长和王敏、黄建松主任四人,一直坚守在车间,坚守在工人身边。我们虽然不懂印刷,只能做点对印刷品进行检查和协助拼版等小事,并不能为工人师傅们分担更多,但毕竟我们始终和他们并肩战斗在车间,这体现了特殊战斗中特殊战友之间的至诚关心。

几个小时后,工人师傅们看到几位领导始终和他们在一起,大家的情绪也都逐渐平复。凌晨三点多,徐厂长说让我休息一会儿。虽说地震以来的这些天都未怎么休息,但因为任务一项接着一项地压着,所以始终处于高度亢奋状态。而现在各项任务进展顺利,疲劳和瞌睡也开始一齐袭来。王敏和建松也辛苦多日未能休息,这时也开始打起瞌睡。我们三人和徐厂长一起,从墙角找来几片纸板和几张包装纸及报纸,铺在车间大门旁的马路上,权当铺盖;又找来两块砖头,当作枕头。也许是太累的缘故,尽管是睡马路、枕砖头、盖报纸,还是一觉睡到了快天亮。早上起来,身上盖的纸都已被露水淋湿,头也被砖头硌得生疼,但还是美美地睡了自地震以来最为香甜的一觉。

5 月 20 日上午,为了把这批抗震救灾出版物尽快发送灾区,我们三人吃过早饭后即赶到四川省委宣传部和省新闻出版局。宣传部和省局领导非常重视,和我一起对汶川和绵阳、都江堰等地的捐赠活动及与省慈善总会捐赠等做了统一安排,决定采取点面结合的方式,即由我代表中宣部直接向部分点上赠送,全省十多个县市灾区的赠送由省新闻出版局和省慈善分会分别组织,并派出了四川电视台一套的一个采访组跟随我们并做好全程采访。省新闻出版局周国良局长等五位局领导和我们集体会面,听取我对捐赠活动的安排意见,共同研究实施方案;对西南彩印厂提出的印刷用纸不够的问题,决定紧急借调原本为秋季中小学备用的教材专用纸张,并指派省局党组副书记张晓杰和图书出版管理处孙处长专门负责和印装、仓储、运输、书店等有关部门单位的协调。在省委宣传部和省局的高度重视和帮助下,整体捐赠活动得以顺利进展。

5 月 21 日下午,首批捐赠灾区的三种出版物全部印装完毕,装了满满 6 辆 12 吨的大卡车。"中央宣传部捐赠图书"的红色横标醒目地悬挂在卡车

的两侧；每包书的封口上，也都印上了同样的字样。早上 8 点，我带着由 6 辆大车和首车、采访车各 1 辆组成的车队，浩浩荡荡地驶出了西南彩印厂大门，开始按省委宣传部确定的单位，先后到都江堰抗震救灾指挥部、四川农业大学临时安置点和都江堰市医院，向灾民和医疗救援人员进行现场捐赠。所到之处，我们均在当地志愿者的配合下，一边将挂图进行张贴，一边将图书送给医疗队。医疗队员和防疫队员们非常喜欢《地震伤急救手册》和《震区防疫手册》，争先恐后地前来领书；其中《震区防疫手册》半个小时就发放了 1500 册。有的领到后立即津津有味地读起来，有的还专程返回要为值班的同事代领一本。每张挂图张贴后，也都会立马围上一大群人观看。我的笔记本上至今还记载着当年现场采访的记录。一位看了宣传画的中年男子说："这些画形象生动，顺口溜也易背易记，很适合我们看。"一位眼科医生说："这本《地震伤急救手册》太好了！地震伤大都是复合伤，而我们又大都是专科医生，加之缺少在大医院的检查与诊治条件，与平时在医院处理起来有很多不同，工作中有很多棘手问题，这本书就像是给我们请来了一位老师。"两个志愿者对我说：《震区防疫手册》篇幅虽然不长，但有 100 多个知识点，内容涉及灾区防疫的方方面面，像个防疫小百科，对我们这些志愿者特管用。"都江堰市卫生局刘局长对我说："这些东西来得太及时了。现在灾区吃住问题基本解决了，但防疫救治工作难度非常大，中宣部给我们送来的防疫救治知识，确实是雪中送炭！"看到自己与战友们的心血和劳动成果如此受灾区人民群众和医务工作者的欢迎，我心里感到莫大的欣慰。接着，我又到成都军区总医院、成都军区疾病预防控制中心、解放军总医院驻成都医疗队等单位，进行了现场捐赠，同样受到了热烈欢迎。

5 月 21 晚上，我从灾区捐赠地点回成都后，又到四川省民政厅和省慈善总会，与有关领导协商了捐赠方案。

5 月 22 日上午，正式将所有捐赠图书转交给四川省民政厅指定的省慈善总会,并办理了交接手续。22 日下午,正当我胜利完成任务准备返京时,接到总政治部宣传部的电话,要我留在成都,准备第二天参加全军出版社为灾区捐赠的活动。5 月 23 日和 24 日两天,我又与解放军各出版社近 20 位社长一起,分别到绵阳、绵竹等地灾区进行现场捐赠活动。沿途看到我前两天送来的《震后防疫把五关》张贴画已张贴在不少灾区点,并看到不少灾民正在围着阅读;而《地震伤急救手册》已被不少医生装进白大褂的口袋随身携带查阅,我还亲耳听到好几个医生表达对这本书的喜爱。我大致计算了一下,三个品种各 10 万册送到灾区后,《地震伤急救手册》基本可达到灾区医疗队员和当地医疗人员人手一册,而《震后防疫把五关》张贴画以每套有 50 人次观看计、10 万套张贴画最少可使灾区 500 万群众从中学到防疫防病知识,在抗震救灾工作中确实是发挥了重要作用。

　　5 月 25 日返回北京,结束了为期近半个月的汶川应急出版工作。在我离京六天间,社里又按计划策划出版了近 10 种出版物。加上后续陆续出版的,累计起来,军医社共为汶川抗震出版了 23 个品种的出版物,不论是出版总量,还是 43 个小时推出 4 种出版物的速度,以及被中宣部选中的品种,都居全国出版社之冠。

　　军医社的汶川抗震应急出版,在国内引起了较大反响。国内军内各重要媒体,均对我社心系灾区、快速出版灾区急需用书一事给予了大量报道。中央电视台则指派四川电视台,对 5 月 22 日的捐赠活动进行了全程跟踪与采访。中央电视台一频道和新闻频道于 5 月 22 日晚 9 点和 11 点,分别播放了捐赠活动及对我的采访,时间长达两分半钟。5 月 28 日,中央电视台决定以此为主题,专门做一期《焦点访谈》,并通知我专门再去四川一趟,主要是为这期节目补拍一些镜头。为此,我于 5 月 29 日飞抵成都,第三次赶赴灾区,配合《焦点访谈》栏目陈远达编导,顺利完成了任务。《焦点访谈》播出后,在社会上引起了反响,不少领导、战友和亲戚朋友也纷纷来电,对我给予了诸多鼓励和问候。

6月3日,中宣部专门致函总后勤部,称赞军医社:"心系灾区,发扬中国人民解放军不畏艰险、不怕牺牲、敢打敢拼的优良传统,克服种种困难,按时高质量完成了承担的各项任务,为抵御灾害、防病治病,振奋精神、重建家园,夺取抗震救灾斗争的全面胜利做出了积极贡献。"总后副部长王谦在中宣部的来函上批示:"军医社心系大局,服务灾区,成绩显著,事迹突出,很值得大家学习和发扬。"新闻出版总署柳斌杰署长于7月28日带领总署机关各部门领导来我社看望大家,称赞军医社是"抗震救灾出版工作的排头兵",是"我国整个出版战线的优秀代表",是"军队出版战线的典范"。对我社在抗震救灾工作中的重要贡献和突出成绩,给予了极高评价。10月中旬,军医社和我本人分别被总后政治部和总后表彰为"总后抗震救灾先进单位"和"总后抗震救灾先进个人"。2008年年底,以王敏为主任的

军医社和我同时荣获全国抗震救灾先进单位与个人奖(全国仅此一家)

《人民军医》杂志也被中国期刊协会授予"全国抗震救灾宣传报道先进期刊"。2009 年 1 月 12 日,在新闻出版总署召开的"全国新闻出版战线抗震救灾表彰大会"上,军医社被表彰为"全国新闻出版抗震救灾先进单位",我本人则被表彰为"全国新闻出版抗震救灾先进个人"。

我知道,这些荣誉来自军医社这个光荣的集体,来自全社每一个战友的汗水和辛劳。我永远不会忘记,姚磊副总编加班的那几天带着伤病;总编办黄春霞主任承担的任务重、难度大、头绪多,她在接受任务后,把生病的孩子送交父母手里就赶到办公室,所有的联系协调,相关媒体的报道汇总,几乎都是由她操办完成的;黄建松主任作为《地震伤急救手册》的责任编辑,连续几天没有休息,书印出后,他已极度疲劳,双腿肿胀,几乎站不起来,即使在这种情况下,他接到我要他和王敏主任去灾区的通知后,二话未说,又接着在前线连续奋战几个昼夜,经受住了艰难困苦和急难危重任务的严峻考验;焦健姿是《震区防疫手册》的责任编辑,她的孩子才 6 岁,周末家中无人看护,为了加班只好让孩子吃住在社里;担任《震后防疫把五关》和《抗震救灾一线指战员心理防护手册》等书责任编辑的郭伟疆主任、秦速励主任、张怡泓主任、崔晓荣编辑、加工部周晓州主任和刘平副主任,带领加工部的王三荣、王久红、黄维佳、迟静、常昆、刘新瑞、高磊、任海霞,持续加班了近三个通宵;出版部陈琪福主任、赫英华、杨巍,张丽霞,美编中心吴朝洪、于春华、白杰、龙岩美编,照排室李治英主任、和王新红、高美娟、王雪茹等人,都在为我们这个光荣的集体增光添彩! 当所有的爱心汇聚到一起,它就能战胜一切艰难险阻。当大地恢复了平静,灾害停止了肆虐,留给我们的不只是满目疮痍,还有中华儿女的炽热情怀、博大爱心和中华民族的强大凝聚力。灾难,让我们更坚强,让我们更团结。军医社也通过这次特殊的历练,变得更加成熟,更有朝气,也更加有战斗力!

军医社的应急出版能力,也由此翻开了新的一页。

"朝令夕至"的出版奇迹

2010 年 4 月 14 日 7 点 49 分,来自玉树的里氏 7.1 级地震,再次撼动了半个中国。

灾情就是命令!中央军委迅即组建了四总部玉树抗震救灾前方工作组,由总参作战部白建军部长任组长,总后卫生部张雁灵部长任副组长兼后勤组组长。当天中午,兰州军区第四医院的一支由 30 人组建的医疗队已赶赴灾区,另外四支各由 60 人组成的医疗队随后出发,由北京军区某工兵团和武警总医院联合组建的我军第一支地震专业力量——国家地震灾害紧急救援队,从海地救援刚回来不久就再次披挂出征。一场全国瞩目的玉树抗震救灾,就此拉开了序幕。

作为军医社社长,我的心也一下子飞到了玉树。

玉树,海拔高达 4000 多米。作为一个在青海待过八年多的老高原,我非常清楚地知道,这样一个海拔高度,对于一个从平原快速进入的人来讲,它意味着头晕、头痛、腹胀、胸闷、气喘,如果患有感冒、气管炎、高血压、心脏病,还极易诱发肺水肿、脑水肿等危及生命的凶险重症。记得 1998 年,我在任总后医疗局副局长时,曾和中国残联领导一起率领四支医疗队进藏开展白内障义务复明活动。参与这项活动的香港狮子会代表,尽管都严格遵循"少说、少动、少吃"的原则,但还是在海拔 3700 米的拉萨就患了急性肺水肿,差点发生生命危险。而现在,大批从内地快速进入玉树的抗震救灾人员,不仅要面对海拔 4100 多米的高原,还要面对高强度的体力劳动,稍有不慎,如大批量发生高原反应,出现救人的人要被人救治的局面,那将使灾区救援工作雪上加霜,后果将不堪设想。除此之外,还有极度寒冷可能带来的冻伤与高原反应将互为诱发,加之玉树地处疫源地,鼠间鼠疫等时有流行。所有这些将对救援工作和救援人员带来多重威胁。而且玉树高原高寒,地广人稀,运输不便,使救治工作面临比内地救灾更大的困难。

急灾区所难,帮灾区所需。我立即启动了军医社的应急出版方案。经过抗击"非典"和汶川抗震的锻炼,军医社已在实践中探索形成了从选题到出版的一整套行之有效的应急出版绿色通道。在研究选题时,为了抢时间、争速度,尽快为灾区救援人员提供应急出版服务,大家提出借鉴汶川抗震选题和形式。这样,首批为玉树灾区出版的选题确定为《震后救灾把好关》《震后防疫手册》《震区卫生防护指导》三个品种,为震区群众、震区防疫人员、外来救援人员分别提供他们所需要的高原高寒地区抗震救护指导。经过 20多个小时的连续作战,于 4 月 16 日早晨,我和曾星副社长、杨越朝副社长、姚磊副总编等同志一起,在北京南苑机场,将我社捐赠灾区的《外科急症手术指导》等专为灾区选的五本图书一起,亲手装上西宁赴玉树的军用飞机,并派数字出版部的秦新利主任亲自赴灾区送书,成了国内首家向灾区捐赠抗震救灾图书的出版社。

4 月 16 日晚,就在我社首批的三种抗震救灾出版物发出 5 个小时后,新闻出版总署连夜召开紧急会议,要求我社和民族出版社分别为玉树灾区出版《灾后疾病防控手册》和一本藏文版的《震后避灾手册》,并要求务必于 4 月 18 日下午 6 点前赶出,由我社联系军用飞机直接运送到灾区。接到姚副总编传达会议精神后,我当即召开了紧急会议,确定编写架构、责任编辑、美术编辑、加工编辑和校对责任人,明确衔接节点、时间要求,各项工作迅即有条不紊地同步展开。4 月 17 日下午,我和姚副总编带领有关编辑正在策划编辑部就样稿进行最后一轮审读时,新闻出版总署图书出版管理司吴尚之司长突然来到我社,对前一天晚上所布置的应急出版任务进行现场检查。当他仔细审看了我们突击赶出来的《灾后疾病防控手册》书稿清样后,表示非常满意,说未想到军医社的任务完成得这么快、这么好,不愧是全国新闻出版抗震救灾先进单位。

在连续几天几夜连轴转为玉树灾区赶出五种出版物,我原想好好睡一觉的时候,4月19日早晨,我刚刚起床,手机突然响了,电话中传来张雁灵部长的声音。部长告诉我,玉树是鼠间鼠疫的疫源地,为了防止鼠疫在大灾后发病和传播,要我在两天之内赶出一套预防鼠疫挂图,越快越好。我知道,鼠疫是危害人类最严重的传染病,一旦发生,它的威胁将远远超过地震。张雁灵部长作为玉树抗震救灾工作的两位最高首长之一,在日理万机中一大早就亲自来电布置任务,一定是前方急需。和疫情赛跑,必须分秒必争!我当即向部长表态:"部长请放心,我保证一天内完成任务!"

放下电话,我看了一下表,正好是早晨7点整。我当即通知司机胡玉阳,15分钟赶到我家;通知姚磊副总编,7点15分下楼和我会合;同时,打电话给军事医学科学院分管业务的徐卸古副院长,请他为我指定两名鼠疫防治专家,务必8点前赶到办公室。7点10分,徐卸古副院长打来电话,有关鼠疫防治专家已安排好,并将在40分钟后赶到军事医学科学院五所办公楼会议室。

7点15分,司机赶到家门口,我和姚磊副总编会合后,立即驱车直奔军事医学科学院五所。上车后,我电话通知社总编办黄春霞主任,请她通知相关策划编辑、加工编辑、美术编辑迅速到社,并要求策划编辑从网上和社里的出版物中,找出有关鼠疫的传播、途径、危害和预防要点,要求美术编辑找出旱獭(玉树是旱獭鼠疫疫源地,旱獭是主要传播源)及其生活习性的相关图形照片,要求相关加工编辑全部到位做好应急加工准备;上述准备务

防病专家正在用军医社赶制出来的挂图宣讲震后防病知识

必于 9 点前全部完成。打完电话后,我和姚磊副总编就编写内容和要求进行紧急磋商,决定该挂图从鼠疫的传播特点、传染源、传播途径、预防要点等关键环节入手,按照 10 个知识点进行概括;为便于广大救援人员掌握,每个知识点的文字不得超过 200 字;同时,明确由他对挂图内容进行把关,以便我集中精力于出版全环节的指挥协调。

7 点 50 分,当我们到达军事医学科学院五所所部时,万兴坤政委已在门口迎候。尽管我和万政委是老朋友,但此刻已来不及寒暄。进入二楼会议室后,两位老专家已等候在办公室。我向两位专家传达了张雁灵部长的紧急指示,然后向专家提出了编写要求,即按照十个知识点,每个知识点不得多于 200 字的要求,当即对他们两人进行分工,一人负责五个知识点,9 点前全部完成。

在留下姚磊副总编和这两位专家具体商量的编写内容的时候,我驱车赶回了军医社。在回社的路上,我和总后司令部联系当天去玉树的军用飞机,答复是只有中午有一班,下午 2 点后没有。我又马上查了民航,答复下午 6 点 15 分有一班民航班机飞往西宁。这一下,我的心里有底了。想到这里,我觉得全部出版环节都要按照下午 5 点前将出版物运至首都国际机场这一时间节点，来倒计时安排各个出版环节工作。我当即通知社办主任，9点15分，准时召集总编办、策划编辑部、加工编辑部、出版部、社办等相关人员，专题部署紧急出版任务。当我回社时，相关人员已经到齐。我的部署和安排是：当姚磊副总编辑9点30分从五所带回稿件时，加工部立即进行加工，美编同步进行配图，全部时间为2小时；11点30分，出片室开始出片；12点前，印装厂来接片的车辆准时到社；下午2点，进行印刷；下午3点，全部成品印完；下午4点前完成包装和装车；下午5点前赶到首都国际机场。以上各环节按照分工明确责任，只能提前，不得延误，进展情况都要在第一时间报告。

散会后，我考虑到当时大量抗震救灾物品都在紧急向灾区空运，为了防止在民航这个环节出现问题，我要求社办写出介绍信，说明这批出版物是支援灾区的紧急物品，请他们予以优先安排，确保落实。考虑到完成这项任务的难度较大，无论是与首都国际机场的联系，还是到西宁自主联系军机，都有大量的协调工作要做，必须选派一名能够独立应对各种复杂特殊情况、协调办事能力强的同志来承担此项任务。经过反复思考，我挑选了社办公室副主任孙德忠同志。当我找他交代任务后，他二话没说，当即和首都国际机场联系，机场的同志得知我们要为灾区运送紧急救灾物资，当即表示开通绿色通道，并为孙德忠同志预留了机票。

之后的工作进展，全部严格按计划如期进展。晚上6点15分，飞机正点起飞。晚上9点，到达西宁。当天晚上，我在电话中向在玉树指挥部工作的总后卫生部医疗局刘名华副局长报告了这一消息，并请他报告张雁灵部长。从早上接到部长的指示，到晚上将书送抵青海，整个时间仅仅为14个小时。

一个新的出版奇迹，"朝令夕至"的出版奇迹，就这样被创造出来了！

次日早晨8点50分，孙德忠同志将挂图送到了玉树。

整整三年过去了,我和张雁灵部长虽然有过无数次的见面,但谁都没有提过此事。直到2013年,我在拜读张雁灵部长所著的《回望玉树》这本书时,发现了他写了这样一段话:

> 之所以在玉树灾区的防疫工作中重点是防鼠疫,是因为玉树是我国鼠疫的主要疫源地之一。令人担忧的是,地震导致原有栖息地受到一定影响,致使人与旱獭活动区域接触增多,加上当地医疗条件较差,防疫力量单薄,灾民防疫意识较差,使灾后发生鼠疫的概率增大。按照以往的经验,旱獭应该在每月5月出蛰。虽然地震是否会引发旱獭生活习性改变尚无确切资料,但震后已有旱獭出现,所以在过渡期以及在恢复重建过程中,灾后防疫的主要任务是预防鼠疫。要打好防疫战,宣传工作不可小视。
>
> 我决定要出一本简易的宣传册。如果配上有趣的插图,官兵和老百姓会更容易接受。我想到人民军医出版社。在汶川大地震中,他们的宣传册让我印象深刻,不但内容通俗易懂,而且出版速度也快。
>
> 我当即给军医社社长齐学进打电话,说明了灾区急需普及的防疫知识。
>
> "老齐呀,这个宣传册很重要。最好两天内完成出版!"
>
> "请部长放心,保证一天内完成任务!"
>
> 老齐是个痛快人,做事认真干练。当天晚上,几千份宣传册就从北京运了过来。我感叹他的速度,也不知道他是怎么搞出来的。

这里,也就算是我对张部长书中所感叹的出版速度,做出的一个迟到的回答吧!

军医社应急出版的奥秘何在？

从 2003 年的抗击"非典"出版，到 2008 年的汶川抗震出版，人民军医出版社均在很短时间内，突击出版了多个品种灾区急需对路的系列出版物，创造了国内出版社中出版抗震救灾读物数量最多、品种最全、印量最大、时间最短的纪录。而在 2010 年玉树地震中，则创造了"朝令夕至"的出版奇迹。在前三节叙说了应急出版过程以后，我还想从理论与实践相结合的角度，对军医社的应急出版经验做一个更深入的总结，这对于做好今后的救灾与突发事件中的应急出版工作，或许具有一定的借鉴意义。

一、第一时间响应力——应急出版能力的前提

抗震救灾出版物组织费力、费钱，且无任何市场前景和经济回报；在上级主管部门未下达明确任务，同行又大都没有动作的情况下，出版社往往缺少在第一时间响应的动力和激情。而一旦错过第一时间再回过神来组织出版，才发现佳期已失，时机不再。要在第一时间做出响应，一是要有奉献意识。必须牢固树立作为出版人为国纾难的良心意识和责任感，不要希冀任何回报，要明确为震区出书，就是为国分忧，如同子女为父母分忧，只讲义务，不讲回报。二是要有主动作为的意识。不能等上级下达任务后才动，不能看周围同行行动起来再动，而是要想在前面，抢先行动，主动为领导分忧、为灾区解难。三是要有争分夺秒的责任意识。对应急出版来说，时间就

是生命。及时宣传一个知识,早一点推行一项技术,就意味着多提高一分抢救正确率、成功率,多减少一分致残率。四是要有"出版先行"的意识。现代应急救援需要大批量卫生人员广泛参与,现代科技手段和科技知识含量都很高,不论是救援者还是被救援者,都有对大量应急救援医学知识的急迫需求。如果说过去作战是"兵马未动,粮草先行"的话,那么在现代医学大救援中,则要做到"兵马未动,知识先行""兵马一动,出版同行"。出版虽然是二线工作,但人在二线,心要在一线,作为一个有责任感和职业操守的出版工作者,必须怀着"为国纾难、出版有责"的强烈责任感和使命感,才能做到在第一时间快速反应,后方前方同步行动,不等不靠主动作为,并为后续工作赢得主动。因此,灾难等重大事件突发后,作为一个出版单位是快速响应还是迟缓响应甚至是不响应,不仅仅直接决定出版效用,也是一个出版单位大局意识、服务意识高低强弱的试金石。"5·12"地震后第二天,我们上班后的第一件事,就是紧急召开党总支和社中层干部会,在部署慰问四川籍员工和捐款、捐书的同时,对抗震救灾出版工作进行专题研究部署。紧接着由主要领导带队,立即分赴有关单位进行组稿,说到底,正是这种奉献意识、责任意识和使命意识在支撑。

二、深刻的预测判断力——应急出版的指路明灯

灾难突发事件发生后,出版单位没有时间对市场需求进行深入调研,情况紧急又不允许犹豫不决而延误最佳出版时机,在这种情况下,最能反映出一个出版单位的积淀程度、业务眼光和应变能力。当"非典"出其不意袭来时,很多出版社不知如何策划选题,军医社则迅速针对基层部队和社会上对"非典"防控知识的急需,精选了《部队官兵防非典挂图》《防非典实招66》和《抗非典歌诀图解》三个选题,并创造了十天内重印20万册的奇迹,说明了这个系列选题的精准和独到。而在汶川大地震突发时,我们在第

一时间做出的关于这是一场现代科技知识含量很高的一次现代医学大救援，将对医学救治、防疫和心理救护知识产生巨大需求的判断；关于这次地震将分为紧急救治、防疫防病和灾后恢复这三个不同阶段，依次产生对医学救治、震后防疫防病和心理自助出版物的三类需求的判断；关于正确确定这三类出版物的内容、结构与形式，以最大限度地实现这三类出版物使用价值与出版功能的判断，为整个汶川抗震出版提供了精确的全程指导，其判断的科学和准确已为整个出版过程所证明。可以说，军医社之所以能在这场规模如此宏大的抗震出版中做到游刃有余，全程掌握主动，其根本原因就在于此。至于玉树地震发生后所做出的关于集中做好三个防治即高原病防治、冻伤防治、地方疫情防治的判断，同样为后续出版赢得了主动和先发优势。实践证明，正是由于在宏观、中观和微观上所做出的预测与判断正确，从而为后续出版理清了思路，指明了方向。所谓"凡事预则立，不预则废"，平常工作是如此，应急出版瞬息万变，要赢得主动，抓住每一个稍纵即逝的机会，这种"预"即料事在先的判断，就显得更为重要。道理很简单，预事在先，才能行动在先。离开了这一点，应急出版就失去了行动的方向和依据。可以说，预测判断力是应急出版的指路明灯。当然，它要靠思想的力量来点亮。

三、资源的掌控动员力——实现应急出版的本钱

当汶川和玉树大地震发生后，相当一部分出版社也都有为灾区出书的意愿和冲动，但大都苦于手中无合适的专家作者资源而未能实现。而我社在地震后提出出版系列计划后，在第一时间同与我社有着密切合作关系的全军疾病控制中心、解放军总医院和军事医学科学院联系，取得了这三个在国内医疗、预防领域中堪称龙头单位的真诚响应和强力支持。当我们提出请全军疾控中心为震区紧急编写一套诗配画形式的震后防疫防病张贴

画的设想后,所里在已抽调一支防疫队前往灾区、第二支防疫队也正在组建之中、人手高度紧张的情况下,该所领导和业务处机关亲自牵头,抽调专门人员,用 5 个小时就编写出了初稿。而编写《地震伤医疗救治手册》是我们与解放军总医院领导的共同想法。该院在已为一线抽调出三支 300 多人医疗队的情况下,紧急动员了 70 多名知名专家,在该院医务部主任郭渝成少将的亲自带领下,通宵达旦突击编写,仅用了 30 个小时就突击编写出 17 万字的《地震伤急救手册》初稿。接着,又用不到 10 个小时,编写出了《震区防疫手册》和《抗震救灾一线指战员心理防护手册》。在整个编写过程中,我社领导带领编辑在第一时间深入编写现场,就地研究稿件编写中遇到的各种问题,全部稿件实现边写、边送、边编、边校。当编辑发现《震区防疫手册》缺少心理方面的内容时,当即主动帮助查找资料,为手册补齐了该部分内容。在对《震后防病把五关》编辑加工时,社领导亲自主持对稿件进行深度修改。在整个出版过程中,出版社与编写单位、编写专家的合作天衣无缝,如行云流水般顺畅快捷。玉树抗震中与军事医学科学院领导、专家的配合,则做到了争分夺秒,丝毫不差。实践证明,一个出版社是否有能力在第一时间把选题判断转化为出版稿件, 特别是在应急出版时做到合作的高度默契,正是建立在出版社平时对权威机构和权威专家的高度信任和深度掌控的基础之上。

四、坚强的协同突击力——应急出版的绿色通道

应急出版具有高度的时限性。但在抢时间的同时,决不能打乱仗,更不能以牺牲质量为代价。要使整个出版工作做到又好又快、忙而不乱、快而有序,必须着重抓好以下三个环节:一是以项目责任编辑为核心整合人力。我社在这几次应急出版中,先后抽调了 8 名策划中心主任或骨干,由他们分别牵头负责所分工书稿的运作。在运作中,实行项目责任制的运作方式,即

根据工作进展需要,策划编辑有权跨部门协调加工、校对、美编和出版,并直接对社领导负责,这就有效地防止按建制运作带来的程序化障碍,保证了书稿的快捷顺畅运作。二是以时间进度为核心整合流程。一个出版物按正常流程运作,大约需100天左右才能出版,这在紧急状态下显然是不行的。为此,我们采取简化、合并、提前开通绿色通道运行等方式,对应急出版流程进行了大幅度改造。首先是把原先的初加工、补加工、三审、三校、质控等近十个环节,合并为加工、校对和三审、质控三个环节,减去了补加工、一、二审、一、二校。其次是将制图、封面、版式等后续环节提前,与书稿加工同步平行进行,变纵式线形推进为复式立体推进,从而大大节省了时间。与此同时,开辟绿色紧急出版通道,确保抗震出版物一路顺利无阻。三是以任务为核心整合相关资源。当应急出版工作展开后,全社上下形成一盘棋,二线围着一线转,领导围着编辑转,印装发围着出版转,方方面面形成一个整体,快速运转,这就确保了应急出版的紧密衔接、极速展开和高效推进,而任何环节都无半点迟滞。汶川抗震中,我社从5月17号凌晨4点收到稿件,到18日晚11点将首批3种出版物全部出齐,只用了43个小时,创下了国内同行业中为灾区出书数量最多、质量最好的纪录;两年后更在玉树抗震中创下当天上马、当天出版、当天送达的奇迹。没有严密的组织力、突击力与协同力,这简直是不可想象的。

五、扎实牢靠的储备力——应急出版的强大灵魂

人民军医出版社在这几次全国性的抗震救灾应急出版中,行动快、成效大、反响好,受到了上至党和国家领导人以及中宣部、总政、总后领导的高度称赞,下到各级地方政府、参战部队官兵的一致好评,除了上级支持、领导得力、员工支持外,究其深层原因,还是在于平时的积累。所谓"冰冻三尺,非一日之寒"。提升一个单位的应急出版能力,关键在于平时建设的根

基。这种根基主要体现在：一是强烈的大局意识。如果一个出版人没有对国家、对民族、对人民的强烈责任感、使命感，在关键时刻让他义无反顾地去奉献、去吃苦、去冒险，可能很难做到。人民军医出版社作为一个创立于红军时期的军队医学出版单位，几十年来一直把"围绕中心、服务大局、主动跟进、务求实效"作为自己的建社宗旨。特别是在近几年，更鲜明地提出了要把一线"忙什么、缺什么、急什么、难什么"，作为自己的第一出版信号，大局意识、服务意识、责任意识一直非常强烈，不管形势、任务怎么变化，正确的建社方向、服务方向，一直没有动摇，这在市场经济条件下，尤为难能可贵。二是有顽强的拼搏精神。在面临紧急出版任务时，全社员工争先恐后，踊跃请战。从接受任务那天起，大多数员工就忘了家庭、不顾健康，连续十几天通宵达旦，加班加点，吃住在办公室。应急出版中，军医人的位置虽然在后方，但他们的目光时刻盯着前方，他们的行动甚至赶在了前方之前。有了这种精神、这份自觉、这份担当，才能在党、国家和人民需要时，挺身而出，攻坚克难，以实际行动演绎出"兵马未动，出版先行"的精彩篇章。三是班子的表率作用强。汶川地震后，整个军医社之所以能形成一个坚强、高效的战斗集体，快速反应，顽强作战，社领导班子起到了坚强的战斗堡垒和一线指挥部作用。地震发生后第二天，我们就紧急召开党总支和社务会联席会议，进行抗震救灾工作部署，体现了高度的政治敏锐感、强烈的主动作为精神，自觉出版责任担当。在紧急外出组稿和组织社内员工突击加班中，冲在最前面的都是社领导一班人。特别是当接到代表中宣部为灾区紧急送书的指示后，我冒着震区将有 6～7 级强余震的危险，带领两位主任当即连夜飞往灾区，到灾区后，又从机场直奔车间，连夜组织突击印装，在这两天两夜里，我们睡马路、住帐篷，以纸为被，以地为铺，员工们开玩笑说我们"救灾的反成了灾民"。姚磊副总编刚做完手术，还未拆线，便冒着伤口被震开和感染的危险，连续几天几夜带领编辑突击加班。正如总后勤部王谦副部长精辟概括的那样："你们之所以能在第一时间做出反应，这是你们政治意识强、大局意识强、服务意识强的集中表现，是你们全面建设过硬、作风过硬、素质过硬的长期积淀。"也正如中宣部出版局领导精辟总结的那样："人民军医出版社的政治意识、大局意识和服务意识很强，组织力、执行力、突击力在危急时刻彰显得淋漓尽致。这次捐赠活动是对你们这支队伍的奉献精神、作风、意志、毅力、技术、管理的一次重大考验。事实证明，你们这支队伍是一支完全能够让上级机关信赖、完全能够打硬仗的队伍！"

九层高台，起于垒土。应急出版，功在平时！

让军医版的图书走天涯

　　发行与出版,历来被称为一个社的两个轮子。只有实现一体化互动,一个社才能高速发展。医学出版本身是小众出版,又分为中西医甚至内外妇儿几十个专业(科)。要把每年上千种新书,分门别类地发行到点、宣传到人、推广到位,是一项极具挑战性的任务。为此,我和军医社的同事们,在发行上开始了十年如一日的持续探索,终于实现了"发行与编辑"两个轮子的比翼齐飞。

在突破瓶颈中打开发行局面

图书市场出书品种迅速增加，全国省级新华书店陆续连锁改制，网络书店快速崛起及网络信息的飞速发展，对出版社的发货、销售、回款、退货影响都很大。面对这些新的情况和挑战，我在着力抓选题和产品质量的同时，和发行部的同志一起，采取了一系列有效措施，加强工作研究，着力突破"瓶颈"，以确保每年 25%~30% 的增长速度能够实现。

一是抓分进统结，突破连锁改制影响。2000 年以来，全国省级新华书店陆续连锁改制，普遍终止了出版社直接对地县级书店的发货权，将出版社主发新书改为省级店主订。由于省级店多数工作人员没有医学背景，很难对医学图书实施有针对性的订货与向下配货；有的省级店物流基地建设不配套，拆包、分拣缓慢；有的信息平台运行不稳定，看不到卖场的在架、动销数据，难以及时有效地组织添货，直接影响到销售。为缓解连锁初期的突出矛盾，我们明确要求发行要向下走，到基层店、卖场一线去了解市场情况，明确规定向省会城市、地级市配发新书的周期，先后与山东、山西、福建等多个省级店协商，实行分进统结，从而打通了向地县店发货的渠道，将连锁期间的负面影响降到最低程度。

二是抓有效发货以降低退书率。近年来，书业界发货多、退货也多的情况极为普遍。我社也不例外，退货率最高曾达到 20%。落实有效发货，遏制非正常退货，成为当务之急。根据社里要求，胡仲清主任带领有关人员，针对西医、中医、科普、考试等各类图书在新华书店、医学书店、网店的发货、退货情况进行面上统计,并重点解剖"麻雀",按品种、地区对退货进行组合排序,发现有的品种铺货范围过宽,有的铺货复本量过大,有的品种压根就不适合基层新华书店销售。根据分析结论,2008 年以来,我社先后四次调整核定各类图书首批铺货量,西医类图书主要针对医学书店或网店发货,但首批铺货数量仍要适度;科普类图书主要在新华书店及民营综合性卖场上架;考试书、中医书各类书店都可以发,但对特色书店应予以重点关注;面向零售市场的所有新书,都本着试销的原则铺货,重点跟进动销后的回添。由于减少了盲目发货,提高了有效发货,整体发货量不但没有减少,反而稳中有升。通过调整,全社各类图书的综合平均退货率呈逐年下降趋势。2010 年后,一直稳定保持在 12%~16%。

三是抓畅销书形成重点突破。书业界流传一句话:"积压有形,脱销无形。"滞销书走不动,积压在卖场,是"有形"的;畅销书脱销,不易被发现,是"无形"的,这种现象在零售卖场较为普遍。2009 年 5 月,我在分析《开卷监测数据报告》中发现,《经络穴位速记手册》《杨甲三针灸取穴图解》等畅销书在部分地区连续几个月出现零销售。经查,有的是由于摆放位置不当未动销,有的是添货未跟上断货所致,为此,我考虑提出并建立了逐月跟踪制度,使畅销书在大中型卖场脱销的现象明显缓解。为了促进畅销书在地县级书店的销售,我和胡仲清主任研究,决定对地县级书店上架情况进行摸底调查,并于同年 9 月筛选了 200 种畅销书,作为地县级书店指导性订货目录,在河南、山东等 28 家地县级书店上架部分品种试销,收效较好。2010 年继续试点 87 家,抽样分析了山东、湖南、辽宁、浙江、广西、福建、内蒙古等地的 6 个县级店和 5 个地级店数据,试点品种动销率 86%,码洋销售比例 77%。以后逐年扩大到全国 524 家地县级书店,发货达 2075 万元码洋。这些年,零售市场逐年下滑,我社零售市场占有率一直保持在 12% 左右,且稳中有升,与抓畅销书销售有直接关系。我社的这一做法,也受到了业界广泛关注。江西、广东、陕西、福建、甘肃、新疆等省级店领导明确表态予以支持。《新闻出版报》《中国图书商报》《新华科技书目报》、中国新闻出版网等媒体先后多次做了报道。

四是抓非专业发行渠道的拓展。多年来,我社图书一直集中于专业院校图书馆,而政府公共图书馆、非医学院校图书馆的销售一直未能进入视线。而我社科普书、中医书出书量都较大,此类图书在政府公共图书馆、非医学院校图书馆应有一定销路。为此,我要求发行部对此进行专题调查研究。于是将各省、省会城市、部分经济较发达的地级市政府公共图书馆及部分非医学院校图书馆作为重点,采用走出去、请进来等不同形式,先后与郑州市、天津市、江苏省、上海市、海南省、内蒙古自治区等部分大中型政府公共图书馆,以及广东中山大学南方学院、航海学院和成都锦江学院等许多院校图书馆成功建立了合作关系,并利用各地新华书店、民营综合类图书公司每年举办的图书馆装备订货会这一机会,将其作为拓展非医学图书馆的重要平台。有针对性地选配参展品种,扎实做好宣传推广,有重点地引导北京人天、武汉三新等综合类图书公司侧重非医学图书馆的装备,通过培育,这块市场已初见雏形。据不完全统计,从 2009 年以来,我社每年向非医学图书馆装备科普书、中医书等达 500 余万元码洋。还争取到财政部的送书下乡工程近 200 万元码洋;广西新家庭文化屋 437 万元码洋;全国总工会的职工书屋 100 余万元码洋;四川、湖南、安徽、新疆、陕西等 10 个省中小学图书馆装备 577 万元码洋。2009 年在新疆首次试点通过非医学书店推广教材,与新疆地区的石河子护校、石河子卫校、哈密卫校等 10 多所医卫院校建立合作,首批就发货12.9 万册,达到 488 万元码洋。

鲁迅说:"世上本没有路,走得多了,就成了路。"出版发行之路的开拓,又何尝不是如何呢?

依靠政策机遇创造新的增长点

我当社长的这 10 年，适逢国家新闻出版大力推进改革和重大项目建设的重要时期。军医社抓住了这一历史机遇，乘势而上，在发行工作上谱写了绚丽多彩的新篇章。

一是有声有色地推进了"农家书屋"建设。2008 年以来，我社积极响应党中央、国务院关于实施文化扶贫战略的号召，认真落实新闻出版总署有关指示，以实际行动支持和配合各地"农家书屋"工程建设。农书工程一开始，我们就启动了农书工程选题计划，从专业角度研究农村需求，深入分析"农家书屋"医疗健康类图书的结构，确定重点建设农村常见病、家庭生活、婚育知识、中医小技法、心理卫生等主要板块，并系统梳理和突击出版了一批选题。2009 年 3 月，我专门邀请主管"农家书屋"建设工程的阎晓宏副署长及王岩镔司长来我社指导，并向他们专门展示了军医社为"农家书屋"准备的近百个品种图书，得到了总署领导的充分认可。从科普和中医两类 2000 多种的流通品种中，筛选出价格低、内容好、读得懂、学得会的近百个品种向总署推荐。最终进入总署推荐目录的我社 41 种图书中，20 元以下的有 32 种，占 54%；连续 4 年以上被总署推荐的有 15 种，占 36.6%；眼病、白癜风、烧烫伤、农药中毒救治等农村常见病的几个品种，总署连续四五年推荐，定价都在 20 元以下，全国单品累计选用在 20~36 万册。6 年来，原新闻出版总署先后推荐过我社 41 种图书、25 种光盘、7 种音像制品，除上海、西

阎晓宏副署长参观我社医学科普图书展览

藏外，其余的 29 个省市选用我社图书共计 722 万册，光盘和音像制品 64 万盘，共计发货 1.44 亿元码洋。考虑到部分"农家书屋"配有计算机，我社于 2009 年有针对性地开发了"大众健康馆"等系列数字医学光盘，其中皮肤病、两性健康、胃肠病等单品被选用在 10 万盘左右。这些出版物，为向农民朋友普及健康知识发挥了重要作用，受到各级主管部门的高度评价和农民朋友的广泛赞誉。

在"农家书屋"工程建设过程中，我们坚决执行总署有关规定，印装环节确保印装质量，不准偷工减料，确保与上报的样书一致；严格按照各地的订数备货，从未因订数少而调换品种，即使亏损也照常重印。为缓解地方政府经费紧张的压力，我社还先后对河南、江西、湖北、山东和江苏淮安等革命老区和艰苦地区的"农家书屋"无偿捐赠优质图书 12 万册、300 多万元码洋。为探讨农书发行特点和规律，重点开辟大省市场，发行部杨守堂和张金龙分别走遍了河南和辽宁的各个地级市，陈明辉跑遍了新疆等西部边陲，为"农家书屋"进入各省基层一线，付出了辛勤劳动，做出了贡献。

　　我本人也曾专门赴河南、江苏、吉林、辽宁等地,拜访河南詹玉荣局长、吉林胡宪武局长、江苏徐毅英局长,就"农家书屋"共建进行沟通,并专程向湖北红安、山东沂蒙山、江苏淮安(刘老庄82烈士)等老区捐赠图书,支持老区"农家书屋"建设。实施农书工程,我社最大的收获是结识了一大批好朋友,充分展示了我社品牌形象,大大锻炼了发行队伍,扩大了在全国8亿多农民心目中的影响,对促进军民关系做了重要贡献!

　　二是大步拓开了医学图书馆装备新路子。2005—2008年,教育部组织全国高校评估达标。为抓住这一机遇,我对地下室库房布局进行了调整,专门设立了供图书馆现采的样书室,建立新书数据备用统计,定期更新图书目录,在书目上增加了条码,以方便各地医学书店带图书馆进京现采,抓住各种机会与各地医学图书馆的同志交流,介绍我社近年的发展变化、产品类别特点、在医学图书市场的地位和影响,听取图书馆的意见建议。经过几年接触,许多院校图书馆已经发展成为我社的核心客户,不少校图书馆馆长后来还与我成了很好的朋友,如广州中医药大学符雄馆长。2005—2008年,我社在品种规模有限的情况下,仍实现每年向医学院校图书馆配书1200万元码洋左右。2009年以后,图书馆装备进入常态化,每年按地区实行地毯式跟踪,始终紧盯这块市场。2010年实现发货1200万元左右,近两年已达到1700万元码洋以上。

　　三是全力开拓考试书应用的新天地。2007年以前,我社医学考试图书品种较少。2008年曾进行了初中级职称考试类图书的尝试,但投放市场后走势很一般。为此,我安排发行部、考试中心和市场部组成联合调查组到一线去调研,通过深入研究查找原因,探寻医学考试图书出版发行的规律,最终确定了突出重点、精选内容、与权威部门合作等策略。我曾先后多次去总政部找有关同志沟通,于2009年推出了兼顾服务军队考生,以护理专业为重点的初中级职称考试系列书104种。发行部还专门制作了颇有特色的视频宣传片,很受业界欢迎。全体发行人员还分片深入到护考人群集中的院校,先后与新疆、辽宁、黑龙江、内蒙古、山东、甘肃等地的数十所院校建立了护考培训合作,每年发行《护考急救包》上万套。为应对同类社在各省大型医学书店实行的"独家代理、代理独家"政策,我社避实就虚,充分发挥全国新华书店、各地中小医学书店在零售市场中的作用,确保面向考生零售的渠道畅通。2009 年,仅发行部就向全国发行了初中级职称考试书 1300 万元码洋,实现首战告捷。2010 年以后,我社在医学考试板块逐步形成了涵盖初中级职称、执业医师、执业药师、高级职称、三基等系列考试产品,其中职称考试书在全国已形成较强的品牌影响力, 年考试书发行达到 5500 余万元码洋,成为国内医学考试市场的一支生力军。

让发行在特有的轨道上运行

发行工作虽然与编辑工作有着同一个目的,但毕竟是一种完全不同性质、不同类型的工作,必须按照其固有特点与一般规律来运行。在我任社长的十年间,我坚持将是否有利于提升军医社的品牌和影响力,是否有利于提升军医社的综合实力,是否有利于调动全社上下的积极性,作为衡量发行工作的主要标准,并据此推行了一系列建设和改革。

一是不停顿地推进发行制度完善。发行管理是集科学性、可操作性于一体的综合性管理工作,其政策规定必须随市场发展变化及时修订调整。近十年,我社先后 4 次修订发行管理规定,到 2010 年 7 月,已形成了一个涵盖宣传推广、渠道划分、折扣管理、铺货添货、网点建设、合同约定、重印预警、账务核对、退货处理、库存管理、信息反馈、奖励处罚、统计报表等各方面内容,相对完整健全的制度体系,共 6 章、21 节,长达 2.4 万字,对于促进发行工作制度化、规范化管理发挥了重要作用。

我当社长的前几年,一直在为掌握不准重印书的数量而困惑。因为稍微疏忽就会造成畅销书和长销书断档,重印数多了会形成新的库存积压,重印数少了又会增加印次,同样会造成人力、物力的浪费。为此,建立重印书测算模式和预警制度,就成了我始终思考的一个问题。从张卫民主任开始,我先请他选择 50 个品种进行试测算,以找出其中的规律性。历经几年探索,到从 2007 年终于正式建立了预警制度,对重印数论证程序也做出了明确规定。当然，具体到每一本书，还要视具体情况而定。如对《中国国家处方集》要求预警 1 万册，对《临床技术操作规范》《实用骨科学》等畅销书预警 700 册，一般图书预警 400 册。在零售半年后运用重印书测算模型分析走势，根据需要上报重印方案。实行这一规定后，再未发生过畅销书和长销书断档的情况。通过数据分析确定重印数量，大大提高了重印书合理的比例。通过对 2010 年以来的重印书进行回顾性研究分析，印数合理的一直保持在 90%。这也是精确管理、精确发行在减少库存方面的一个成功尝试和重大突破。

发行部的业务主办（有的出版社叫地区经理）是出版社的骨干队伍，一般都具有一定学历或较强的实际工作能力，每人负责几个省的发货、回款业务，掌握某家书店发什么书、发了多少、折扣、有多少应收账款，其日常工作相对独立，可以说是"大权在握"。作为用人单位，除加强对员工的培养教育、给予高度信任外，更应该设计严密的制度来约束，既是对事业负责，也是对工作人员的爱护。为之，我社发行管理规定中，要求业务主办与发行部内部统计、本社财务、书店每年对账一次，确保账目一致；每年年底提供书店法人代表签字、加盖单位公章的债权债务确认书，其目的就是要通过这样一种内外结合的监管控制，将"权利"装进制度的笼子。同时，当书店发生不良状况时，出版社也可以拿出维权的证据。2008 年，湖北一家民营书店倒闭，欠我社 39.6 万元书款，由于对方提供过欠款确认书，与之前签订的经销合同、发货凭证等形成了证据链，海淀法院依法判决我社胜诉。我在社长岗位上工作十年，对这项制度一直是常抓不懈。发行部一直坚持每年组织业务主办与本社统计、财务及书店系统对账，及时调整未达账项，确保账目清楚，账账相符，从未发生过任何违纪行为。

二是建立最大限度调动积极性的考核机制。对发行环节的考核，是业界的难题，既要考虑到调动发行部和发行人员的积极性，又要权衡出版社的投入与产出以及部门间的相对平衡。许多兄弟社的主官们在一起交流，普遍为此感到困惑纠结。我社经过长期摸索、不断调整，基本形成了一套特色鲜明的发行考核机制。2007年后，党总支确定发行部的工资奖金总额以上年为基数，按照年度回款增长比例确定发行部工资奖金总额的增长，使发行部全体人员都很清楚：发货多、销售好、回款量大，发行部工资奖金总额才能增长，可谓"锅里有饭，碗里才能有饭"。与此同时，社里对发行部年度发货、回款、退货率、库存率、上架率、呆死账率、发行成本率、零售市场占有率等实行指标考核。

在个人考核方面，提出围绕提高有效发货、扩大销售、拉大分配差距、确保出版社持续发展等原则性要求，由发行部结合市场情况及个人业绩实施考核分配，并据此摸索出了一些考核办法。如：设立季度回款达标奖，要求业务主办第二季度回款达到全年回款的35%、第三季度达到全年回款的60%，较好地保障了回款淡季的资金周转；为配合策划编辑分配改革，实行逐年核定业务主办的基本工资，与完成年度发货任务、近三年有效发货率挂钩；根据不同时期的工作重点，先后对畅销书、医学与非医学图书馆装备、"农家书屋"、中小学图书馆装备、"职工书屋"、考试类图书、教材等项目推广实施了专项考核。将发货、回款、退货率、回款率、市场占有率、新书首发期限、到账率等作为对业务主办量化考评的基本指标，与遵章守纪、协调沟通、团队精神等定性测评相结合，按照不同的权重折算成分值，综合排列名次，作为年终考核、评选先进员工、兑现年度奖励的重要依据。为充分调动保障人员的积极性，将一线业务主办的回款、发货、退货率与业务协办（后台）捆绑考核，利益共享，奖罚共担，有效提高了团队协作的能力。

三是通过健全流程来落实职责。部门所属的各个岗位，就像一台机器，由不同的零部件组成，只有发挥好各个岗位的作用，才能保证一个部门工作的良性运转。我们系统分析了发行各岗位的功能，制定了发行部工作制度及发行部主任、副主任、室主任、业务主办、业务协办等 7 种岗位的职责。2009 年,对发行部所涉及的印发、销售、回款结算、费用控制、库存管理等五大环节、18 项业务流程进行了深入论证,做到分工明确,环环相扣,有效避免了职责不清、推诿扯皮等现象。发行部还对业务流程进行了深入论证与优化,在满足内控制度需要的前提下,废除了业务协办、录入退货等大量重复性劳动,将人工录入订单改为电子订单转换,有效提高了工作效率。近十年来,我社发货、回款增长近 10 倍,但发行部总人数始终保持在 20 人以内。

发行与编辑处于出版工作的上下两端,要让这两大部门高效协调运转,很大程度上要靠社领导做细工作。当发行和编辑双轮快速驱动起来后,出版社的腾飞就指日可待。

在为发行奔波的日子里

在我任主官的十年中，有三位班子成员协助分管过发行。

陈祺福副社长分管发行的时间最长(1993年初—2004年1月)，其中有四年是我任主官期间(2000年—2004年1月)，陈祺福及原发行部主任孙家荣等老一代发行人，经历了出版社从单一发行渠道(京所)向全国新华书店、民营书店直接发行等重大变革，在网点开发、自办发行的探索等方面奠定了较好基础。陈祺福同志待人热情、诚恳，在业界有口皆碑，迄今为止，书业界许多老朋友提到他仍是赞不绝口。

2004年初，陈祺福同志退二线后，党总支安排曾星副社长分管发行工作四年多(2004年1月—2008年8月)。曾星同志工作扎实，有激情，为人正直，善交朋友，特别重视维系客户关系。他经常深入到一线检查指导工作，多次到卖场清点我社的上架图书，及时发现卖场管理中存在的问题；曾多次利用自身资源，帮助客户求医问药，排忧解难；与部分新华书店高层领导、医学专业书店老总建立了良好的关系，为发行工作顺利开展提供了便利条件。

2008年8月，党总支班子成员岗位轮换时，安排姚磊副总编分管发行五年多(2008年8月—2014年2月)，姚磊同志1983年从第四军医大学毕业后，一直在图书编辑部工作，具有丰富的编辑工作经验。让一个一直做书的副总来管发行，目的是期望他能推进编辑与发行工作的深度融合，促进编、发环节的相互理解、相互协调，提升面向市场的整体效能。他果然不负众望,较好地实现了编辑和发行工作的双轮同步推进。

作为主官,我深知发行工作的重要性。但军队出版社主官外出控制很严,我平时专门为发行出差的机会很少。为弥补这一影响,我每月都要仔细研读开卷研究所的市场报告,以在第一时间了解发行情况。每逢到外地参加会议或其他活动,发行部也都会抓住机会插空安排,就近考察卖场、接触书店;发行人员、编辑出差回来的情况报告,我都会认真阅读,抓住重要信息和有价值建议,及时做出决策调整;业界高层或重要客人来访,我会尽量参与接待交流。发行部每年的年终工作总结,对各片区的点评,我都全程参与;发行部每年年初要汇报新年度工作设想,我都会组织班子成员集体听取汇报,深入研究应对市场变化的策略。对发行部提出的重要建议,我都会高度重视、大力支持。2004年9月,在准备调整胡仲清同志到发行部任职前,我们之间进行过两次深谈。胡仲清同志也深感这副担子的分量,很慎重地考虑了两天,然后提出了三条要求:为确保发行队伍的整体素质,人员的进出要尽可能倾听部门领导的意见;为保持发行队伍的相对稳定,应逐步提高发行人员的待遇;为方便面向市场开展工作,应给予一定的经费审批权限。在党总支会上,大家对前两条要求没有过多争议,但个别成员对赋予部门领导一定的经费审批权限有些不同意见。我也非常客观地阐明了我的观点,发行部的职能确有其特殊性,就像战场上的一线指挥员,最了解前线的情况,既然期望他去打胜仗,就应赋予他果断处置情况的一定权限。最终还是形成了一致意见,5000元以内的业务费开支可以由发行部领导审批,但要求发行部切实加强管理,厉行节约,让有限的经费产生最佳效益;同时要求财务部门认真负责,切实加强财务监督。与一些大社相比,这种权限不算啥,但在我社却是唯一,这项规定执行到2013年上半年,对于方便发行工作的顺利开展发挥了很好的作用。在发行部人员调整、逐步提高发行人员待遇方面,也都兑现了当时的承诺。

军医社的产品是图书。在每个工作日推出4~5本新书的情况下,帮助发行人员在第一时间内把握每本书的特点,是做好精准化营销的关键。为此,从2006年开始,我提议建立每周的新书介绍会制度。即每周一上午上班就安排策划编辑到发行部,参加由发行部主任主持的新书介绍会,向发行部业务员介绍新书的特点与卖点、作者与读者对象、同类书情况、铺货与推广建议等,让编辑与发行人员之间就新书的首批铺货数量、范围、预防退货等问题展开深入的交流。从几年的实践来看,这项工作很有必要。作为医学专业出版社,我社每年出版的品种多、门类全,覆盖了西医、中医、教材、考试、科普、数字出版等医学的全部类别及学科。实际工作中,作者的学术地位、在业界的知名度直接影响着销售;每种书所定位的读者人群、层次、数量、地域分布各异;与市场上同类书相比,有的具有内容优势,有的具有价格优势;有的书适合在医学书店或网店销售,有的适合在新华书店销售;有的适合在省会城市的大中型卖场展示, 有的可以发到地县级书店展示;有的书首批铺货可以高达好几千册,有的却只能发200~300册;有的需要实施针对性的宣传,有的书内容好、作者名气大、读者人数多,投放市场后就能火爆,等等,情况非常复杂。通过新书介绍,销售人员能在投放市场前基本了解其内容、特点,以及在铺货、销售、宣传等方面的要求,有利于实现对每种图书的精细发货、减少不必要的退货,有利于提高整体经营水平。我多次讲,策划编辑策划的每一种书,都像自己孕育的孩子,总认为最好,但到底好在哪,不可能直接去向读者介绍,主要还是得依靠发行人员,通过书店,去传递这方面的信息。所以开好新书介绍会尤为重要。在我的支持下,这项制度一直沿用至今。

十多年社长当下来, 我在图书发行界结交了一批非常优秀的朋友,如山东的刘强、山西的周爱平、湖北的华应生、辽宁的张振忠、深圳的何春华、郑州的朱顺田等省市店的老总,以及张曙光、邹勇、冯哲伦、韩雪岩、于凤才等一批各地民营医药书店的老总。我和他们的关系既"亲"又"清"。作为在当今中国医学出版界有影响的企业家,他们让我学到了很多。

数字出版领域的再开拓

　　数字出版作为新时代的产物，正以势不可当之势，呼啸而来。但它的投入大、难度大、风险大，是公认的一把手工程。作为在社长岗位已饱尝数字出版艰难的自己，想要在退下来后在数字出版领域有大的作为，岂非难如登天？无论是大笔资金投入的争取，还是由传统出版向数字出版转型的推动，都面临着很大的阻力和挑战。因此，打破常规，另辟蹊径，抓住国家大力推进数字出版的难得机遇，利用我在医学和出版领域积累的资源优势，采用以重大基金项目为牵引的办法，就成为我做数字出版的唯一选择。由于不用或少用本社的资金投入，成功规避了本单位大额资金投入的风险，也就从根本上消除了领导和员工对上马特大型数字出版项目的顾虑。

　　以大型项目为牵引，推动军医社的数字出版延续辉煌，一条新的独具一格的出版转型之路，就此拉开了帷幕。

出版转型的成功与艰辛

2009 年，随着"全军数字医学集成应用系统"在总后正式立项，军医社数字出版转型进入了快速发展期。到 2010 年年底，已在电子书、数据库、平台三大领域均取得了突破性进展。在电子书方面，既包括同步具备读、听、看、带等多种跨媒体功能的增能型电子书、光盘版单主题电子书，也包括将电子书和数据库关联起来的增值型电子书，融纸书、电子书、数据库为一体的复合型电子书，还包括电子墨水版阅读器——第一代"军医掌上图书馆"；在医学数据库方面，建成了由疾病库、药品库、辅助检查库、循证医学库、临床技术操作规范库、手术学库、手术图谱库、医保药品库和疾病研究进展库等组成的中国核心医学数据库群；在平台方面，建成了"军医在线""名医指路"为代表的军网和互联网平台，共推出了 5 个大类 15 个系列共计 650 余个品种。今天回想起来，当初如果不是张雁灵部长和部办公会力主上这个项目，军医社的数字出版转型是很难取得成功的。这其中，不仅仅是因为给了这个项目 700 万元资金，更重要的是，表明了总后卫生部对数字出版转型的坚定支持。这就从思想、认识和投入风险上，为军医社的数字出版扫清了障碍。

作为"全军数字医学集成应用系统"项目的主要负责人，从 2008 年初酝酿提出、年底立项，到 2009 年和 2010 年的持续推进，我为这个项目倾注了大量心血。从军医社社长岗位上退下来，使得我有时间对这一项目进行系统回顾和审视。一方面，我觉得这个项目确实进展很快，成果很多，效益也很明显，特别是在 2009 年年底就促成了全社数字图书与纸质图书的同步出版，推出了以"多媒体阅读卡""部队数字医学图书馆""家庭健康知识库""军医掌上图书馆""军医在线"等为代表的一批在中国数字出版领域的创新产品，创造了可观的效益，这在中国出版界是前所未有的；但另一方面，我也发现这个项目还有几个短板亟须补齐，主要表现在：一是原来做的电子书格式都是板式数据，既不能满足对手机及各种类型平板电脑的自适应，也不便于已有出版内容资源的标引、加工和分类。二是原先所选的电子墨水阅读器，当时觉得不错，但随着电子技术的快速发展，已不适应对医学图书中的图片特别是彩图更好显示的需要；加之原阅读器自带功能单一，也严重影响了读者对阅读器多功能交互使用。三是原有的军医版图书虽然已做成了"军医书库"，但品种偏少，同时还未成为一个能独立对外销售的产品。四是数据库系列产品只用于与电子书的关联阅读，本身的销售还未真正迈开步子。五是在数字产品为部队的服务上，也还有大量工作要做，使之在部队卫生建设中发挥出更大作用。六是数字出版的一个方面——电子期刊的出版，军医电子社在这方面还是一个短板，亟待加强。

问题找准了，工作的切入点和路径也就清晰了。

在板式数据向流式数据的改造上，我找了做电子书的老朋友曾永红，请他把军医社的电子书格式全部改为流式数据即 EPAB2 的格式，既满足对手机及各种类型平板电脑的自适应，也便于对内容的标引、加工和分类。他几乎是用不到成本价的价格为我帮忙，很快就为我们做出了 3000 多本常用版本。更重要的是，随着这些版本成功地改造成为 EPAB2 的流式数据，为我们下一步建设军医社出版资源系统，奠定了重要的格式基础。

在移动阅读终端与系统的改进上，我首先请数字部徐敬东副主任在对市场广泛调研的基础上，提出一个电子墨水阅读器的新产品替换方案。他经过反复调研比较，最终提出了用三星最新一款 9 寸平板电脑来作为"军医掌上图书馆"的终端。这款终端画面清晰、速度很快、内存较大、功能齐全、价格也较合理。为了把书和目录选得更为精准、适用，我和数字出版部徐敬东副主任、王玉煌、朱恺等人一起，对入选书目进行了认真筛选，并重新拟定了目录分类，从而确保了新的版本硬件和内容同步最优。样品出来后，我让曾永红装了两本样书，特地请总后卫生部任国荃部长和王玉民副部长审看，两位部首长都感觉很满意。王玉民副部长还就开机画面专门提出了改进意见。新款"军医掌上图书馆"于 2012 年年底推出后，很快赢得了总后卫生部机关和广大军医的欢迎和好评。2013 年春节期间，由于预订量太多，数字部和曾永红公司均加班加点，三星北京总部仓库的全部库存品都全部调来，还难以满足需要，由此可见市场对优秀数字产品的旺盛需求和热捧，颇有点出乎我的预料。紧接着，为了满足地方医师和广大军地普通读者的需要，我们又以"军医掌上图书馆"为基础，将里面的图书目录按照地方医师、老干部、社会上一般读者的不同需要，分别改造推出了"医师掌上图书馆""老干部保健图书馆"和"家庭健康书库"，以满足各类人群的个性化保健知识学习需要。同时，我们还请曾永红公司专门按照我们的需要，制作推出了"军医书城"网站，以满足购买"军医掌上图书馆"系列产品读者在网上下载自选图书的需要，以实现与"军医掌上图书馆"终端相配套的跟进服务。

在研制为部队服务的军医版图书数据库方面，由秦新利主任牵头，和张子修、金惠珍、王飞等一起，把原有的军医版电子图书加工改造成"部队数字医学图书馆"（网络版）。自 2013 年开始，已被总后卫生部选为全军疗养院配备产品。目前，全军近 30 个疗养院已基本装备完毕，受到了机关和疗养单位的好评。

在"中华医学核心数据库群"的市场拓展方面，鉴于依托现有传统纸书销售渠道很难走开，而市场又有相当需求的情况，我经过反复思考，觉得清华知网作为一个专门做网络数据库的公司，不仅技术力量强，而且在专业、产品、渠道上和我们高度吻合，特别是在市场开发方面力量较强，用户口碑也相当好，是一个很理想的合作伙伴。当我把这一想法和知网张振海副总裁兼总工程师提出后，他当即表态支持。回公司后，他很快促成了我对知网的访问。在知网王明亮董事长的大力支持和分管销售的张宏伟副总裁、葛文礼销售总监的共同努力下，2012 年 7 月 1 日，军医社和知网很顺利地签署了战略合作协议。合作两年多来，"中华医学核心数据库群"已成功地进行了市场拓展，军医社和清华知网通过这项合作实现了很好的双赢。

在电子期刊出版方面，我从 2010 年初开始正式启动这项工作，在范晨芳主任的协助下，经过反复做工作，于 2011 年上半年被新闻出版总署批准了 6 本电子期刊。这也是军医社历史上第一次有了自己的电子期刊。这 6 本电子期刊分别是：《心血管外科》《心电图杂志》《临床检验杂志》《功能与分子医学影像学》《灾害医学与救援》《国际感染病学》。这些电子期刊的正式出版，不仅为军医社的数字出版源源不断地积累了大量鲜活丰富的内容资源，也为提升军医社的行业地位、争取和团结作者、促进书刊互动提供了新的平台与阵地，并对军医社整体实力的提升具有重要意义。

一个"名家手术"项目引领了"四大工程"

　　"名家手术"项目指的是"中国当代医学名家经典手术",是我主持的第二个大型数字出版项目。酝酿和启动这项国家级重大出版项目,要从小时候心中的一个情结说起。

　　那是在我5岁的时候,我母亲患左眼急性虹膜睫状体炎,老家医院说要到上海大医院开刀才行。但最终还是由于在老家耽误的时间太长,错过了最佳手术时机而导致双目失明。从那时起,当一个能开刀的好医生,就成了我儿时最大的梦想。若干年后,在我自己做能开刀的外科医生的四年中,经常跟着上级医院的外科大夫做手术,多次领略那"妙手回春"的神奇,使我对名医名刀更加钦佩、神往。到了北京之后,家乡的亲友因病到北京开刀,托我为他们找医生。看着他们拖家带口、背井离乡、八方求人、四处寻医,更使我萌生了把名医大家的手术技术,用视频这一形象的手段进行推广,以拯救千千万万像我母亲那样的病人的想法。

　　怀着这样的想法,当我于2010年1月底去上海专程向第二军医大学东方肝胆外科医院院长、中国著名肝胆外科大师、中国工程院院士吴孟超教授请教,谈起想做一个"中国当代医学名家经典手术"项目,把他和全国各个医学名家大师的手术经验通过视频提供给全国中青年医生学习时,他对这个想法大为赞赏。我记得那是一个周末的下午,5点左右,他刚从手术台下来,以刚刚做完的手术为例,说这种肝癌手术,医院的常规做法一般都需要 4 个小时,但他的这种做法,只用不到 2 个小时。他说,他一年只能带一两个进修生,而全国肝癌的发病率相当高,如果能把这种手术向全国成千上万的医生推广,那将会造福多少病人。回到北京后,我当即找到新闻出版总署基金办李保中主任汇报,他对这个想法也给予充分肯定,他说,这是一件造福行业、造福百姓的大好事,也是前人所做、当代急需,也能传之后世的项目,完全符合国家基金资助的方向。交谈中我们还谈到,全国医学院士这么多,不少人年事已高,如能为全中国的医学院士出版一套院士文库,同样很有意义。

有了中国顶级医学大家和国家基金办主要领导的认可,我的信心更足了。从上海回来以后,我立即投入到"中国当代医学名家经典手术"视频和"中国医学院士文库"这两个项目申报报告的组织撰写中。为了争取国家对项目的重视与支持,也为了有别于市场上手术视频在结构上平铺直叙的老套做法,在进行产品设计时,我产生了将手术视频设置为八个板块的构想,即每个手术都分为术者简介、适应症与禁忌症、解剖要点提示、麻醉与体位切口、步骤与方法、技巧与创新、手术失误防范、术后处理要点这八个部分,以便于读者根据需要点击查看;为防止分散制作带来的格式不统一问题,要求每部手术视频均统一按照格式制作,包括标准的片头、片尾和"八段论";为使该产品能走向国外,全部采用中英文双语字幕;为便于对深部手术部位及细微手术部位的展示,尽可能地采用图谱和动画等多种方式综合体现;为确保质量和防止盗版,所有作品均由我社组织专家进行严格审查,以经过加密处理的数字出版物形式出版发行。

这个申请立项的报告于 2010 年 7 月上报,国家出版基金办办公室对这两个项目很重视,在评审中专门列为重大项目,并通知我和姚磊副总编作为项目主要负责人去评审现场答辩。评审结果是这两个项目全部顺利通过评审,并分别获得了 590 万元和 500 万元的国家政府出版基金资助。评委们考虑到项目申报的 1500 台手术数量太大,在正常情况下一个社一年只能做 10 部手术视频,担心军医社难以完成,故建议将项目分为两期推进,第一期工程先上 500 台手术,后续手术视项目进展情况续报。当政府出版基金刚刚立项的时候,一个出版社能一次性获得两个大项目超过上千万元的资助,这在当时是罕见的。考虑到这两个项目工作量太大,经社务会研究,由我负责"名家手术"项目,而"院士文库"则由姚磊副总编负责。

一个出版项目能得到 590 万元的资助,虽说在那几年已是相当可观的,但距离项目实施所需的实际资金需求,还有几千万元的缺口,一方面军医社自行筹集部分资金,剩余缺口希冀通过项目合作方式补齐。比经费缺口更让我焦急的,是技术队伍和水平尚有所不足。手术视频出版与图书出版是截然不同的,后者只要有时间、有电脑,就可以关在家中按部就班地编写。然而,录制一台手术,不仅事前要与手术名家多次联系协调,还要历经协调术者撰写中英文字稿、拍摄方案及脚本、协调手术室、现场录制、录音

2014 年 4 月 29 日,"中国当代医学名家经典手术"(二期)编写工作会议

配音、制作、合成、特效、审校、质控、编程、加工生产等 30 多个流程。由于各个手术学科、手术病人、手术部位的高度差异化，每台手术的拍摄方案、拍摄设备、拍摄方式、拍摄技术也各不相同，这就对手术录制的人员素质、技术、设备及协调沟通能力，都提出了很高要求。军医社下属的解放军音像出版社承担了一部分项目任务，但因其自身工作已很繁重，难以承担更多，加之项目实施对于特殊设备、录制技术、专业人员的几大内在要求，再加之国家要求项目必须在两年内完成，寻找到一家符合上述各项要求，又要具备合作精神、作风硬朗且能够攻坚克难的合作单位迫在眉睫。

正当我为找到一个理想的合作单位而四处探寻时，一个在国内手术录制行业颇有名气的"医视界"专业手术录制单位进入了我的视野。在到该单位考察并和该单位主要负责人杨英、俞晖和录制负责人张沛然、高鹏等深入接触并多次商谈后，我觉得"医视界"正是自己一直在寻找的最佳合作伙伴。"医视界"拥有上百人的专业拍摄录制团队，录制设施设备先进齐全，已与国内众多的医学教育科研单位、医疗机构及医学名家建立起视频录制服务的长期合作关系，尤其是在手术录制方面具有丰富的实践经验和深厚的综合实力，卓有建树。"医视界"的团队有活力、有朝气、勇于担当，他们对手术项目的发展前景高度认可，其领导班子一致同意在人财物各方面将对项目建设无保留地投入。这正是军医社在手术项目上的理想合作单位。正所谓"踏破铁鞋无觅处，得来全不费功夫"。当我把这个合作建议向社总支和社务会汇报后，社里当即派出了胡仲清、唐泽、秦新利、张国深、李旭、徐敬东等同志到"医视界"进行实地考察。社总支和社务会在听了考察组汇报并经慎重研究后，一致同意进行合作建设。在互信、互利、互赢的基础上，很快签订了战略合作协议。有了理想的技术团队和充足的经费支持，加上军医社上到领导班子，下到各个策划中心的大力配合，我对完成这个项目已成竹在胸。至此，我心中的一块石头终于落了地。

与项目合作建设同步推进的,是组织顾问委员会、编写委员会、专家指导组、术者队伍及工作班子。作为一个要动员全国数千名医学名家大家参与、举军地之力合建的国家级重大项目,必须有深得众望的医学大家来领衔。所以,我在和石虹社长商量邀请项目名誉主任委员时,不约而同地想到了全国人大常委会副委员长、九三学社主席、中国科协主席、中国科学院院士韩启德。韩副委员长在听取了项目情况的汇报后,当即明确表示对这一项目的支持,并提出了请中华医学会帮助遴选名家和选择手术,以确保入选手术和入选术者质量的重要指导意见。请了时任国家卫生部部长陈竺和总后卫生部部长张雁灵担任编委会主任。邀请了中华医学会、中国医师协会、中华口腔医学会领导以及相关临床学科院士担任副主任委员。委员邀请了中华医学会23个专科分会主任委员等专家担任委员。编委会下设专家指导小组,由中华医学会相关专科分会主任委员、副主任委员和常务委员组成,负责对项目进行指导和审核把关。术者队伍由我国医学院士、学科带头人,以及国内公认的、手术技术精湛的临床专家组成。在术者的遴选上,则得到了国家卫生部医政司王羽司长和中华医学会常务副会长兼秘书长刘雁飞的大力支持,并组成了以近400名外科领域名家为主体的专家队伍,组成了社内编辑与"医视界"技术两套工作班子,完成了这一超大型项目的组织架构建设。

2012年2月7日下午,经过精心筹备的"中国当代医学名家经典手术"视频和"中国医学院士文库"编委会暨编写工作会议,在京西宾馆隆重开幕。会议由中华医学会刘雁飞常务副会长主持。全国人大常委会副委员长、中国科学院院士韩启德,卫生部副部长刘谦,总后勤部卫生部部长张雁灵出席会议并做重要讲话。我国临床学科著名专家以及人民军医出版社领导和编辑、"医视界"领导和员工等120人参加了会议。

韩副委员长即兴赋文"中华人民共和国六十三年,岁在壬辰,早春之初,会于首都之京西,研讨编写巨著事也。群贤毕至,少长咸集。此地虽无崇山峻岭,茂林修竹,亦无清流激湍,映带左右;然引以医界群英,列坐其次,各抒己见,亦足以畅叙幽情,立于史册……"可见韩副委员长对这两个项目的期许。

随后,韩副委员长在会上做了重要讲话。他指出,组织编写"中国当代医学名家经典手术"和"中国医学院士文库",具有彪炳史册的历史意义。能参与其中是处在这个时代的一种荣幸、幸运,同时也是一种责任。两个项目对中国医学特别是临床医学百年以来的进步和走过的道路,会是非常好的反映。今天这么多医界领袖人物都能积极参与,就已经说明其意义重大。对于做好这两个项目,韩副委员长提出了五点要求:一是要立足于创新。内容上要反映出我国医学院士、名家的个性和鲜明的特色;形式上也可以保持不同作者自己的风格,不要千篇一律,使其可读性更强。更重要的是突出科学意义及人文意义。二是要注重严谨。特别是"中国当代医学名家经典手术",外科医生会将其作为范例为病人做手术。在编写上要下苦功夫,特别注意医学的严谨性。三是要注意实用。使大家能够运用,使两部著作的意义得到彰显。四是要注意包容。因为手术技术在不断发展变化,手术又有艺术性,有时难以比较和评价,中华医学会特别是外科学会和其他的学会,要给予把关。要把集体的智慧、集体的贡献体现在著作当中。五是要大力宣传。让更多的人了解这两个项目,让更多的人来帮助这两个项目的出版。

在领导讲话和合影后,参与"中国当代医学名家经典手术"项目的院士和专家在我的主持下,就如何做好手术视频进行了专题讨论。讨论会上,付小兵院士、卢世璧院士、汪忠镐院士等20名院士和专家先后在会上发言,就"当代医学名家"和"经典手术"的界定和遴选、手术学科交叉、手术数量等问题展开热烈讨论,并提出了不少有价值的意见和建议。会议明确,在手术专家的遴选上,确立了只列举了6类人选:(1)我国临床学科的中国科学院、中国工程院院士;(2)中华医学会相关专科分会历届主委、副主委、常委和委员以上专家;(3)全军医学科学技术委员会历届常务委员以上专家;(4)中国医师协会、中华口腔协会专科分会副主任委员以上专家;(5)其他在临床手术方面有重要创新并得到业内公认的专家。由"中国当代医学名家经典手术"各专家指导组按照遴选标准进行初选,然后征求本学科院士、中华医学会相关专科分会领导意见后,上报项目编委会审核并确认。在手术的遴选上,确定了以下几类:先进、成熟、疗效确切、具有临床推广价值的手术;对传统手术进行术式改良和创新,并获得同行认可的手术;代表本学科最新发展趋势与前沿技术并得到业内认可、具有推广前景的新手术。由"中国当代医学名家经典手术"专家指导组按照遴选标准进行初选,然后征求本学科院士、中华医学会相关专科分会领导意见后,上报项目编委会审核并确认。为保证质量,会议明确,要建立手术及入选专家评审机制,组织相关院士、编委会委员及专家指导小组成员组成评审小组,负责视频片审核定稿。这次会议开得非常成功,起到了统一认识、集思广益、鼓劲加油、推动工作的作用,圆满达到了预期目的。国家领导人、国家与军队卫生界的主要领导同近40位医学院士、专家一起,共同研究讨论一个出版物的编写工作,这在人民军医出版社的历史上是第一次,在中国医学出版史上也未曾见过先例。

参与项目一期的17名院士和近400位专家,都肩负着十分繁重的医教研任务。为了完成项目一期任务,他们挤出宝贵的时间,加班加点,精心撰写文字稿件、严格选择病例,根据术式特点指导拍摄方案,基本上做到了"一台手术一套方案",不少专家亲自到制作一线与技术人员一起进行后期制作。有的专家为了做好一个视频连续工作30多个小时,有时甚至连续加班几个通宵。吴孟超院士、董家鸿教授为项目一期提供了精心制作的手术样片。郑树森院士为了做好肝移植手术录制工作,先后做了8次手术,历时近半年,才最终遴选出最为理想的一例。汪忠镐院士为了确保手术质量,手术录制后坚持随访病人9个月才确认手术成功。为了把好终审关,各个学科的主委(主编),都在百忙中挤出一到两天的整块时间,组织终审专家对本学科手术逐一进行全程审核。项目一期建设过程中,还有许许多多感人的故事。各位医学大家科学严谨的治学态度,勤奋扎实的工作作风,开放包容的胸怀格局,使我们深受感染和教育,激励着大家克服困难并扎实推进每一项工作,把每一台专家手术做成高质量、代表国家水平的"名家经典手术"。

为了高标准、高效率地落实好韩启德副主席的指示要求,从项目一开始,军医社就成立了由社主要领导牵头的领导小组,抽调骨干组成工作班子,制定了多项配套制度,坚持每周召开专题会议,由曾星副社长和我共同主持,跟踪研究解决问题。凡是工作协调有难度的专家,曾星副社长和我大都要亲自出面,有时候一个专家一个医院竟要跑上五六次。各个策划中心的主任和编辑如郭伟疆、黄建松、秦速励、马莉、高爱英、张利锋也大都做了大量工作。

项目的实施实践,充分验证了我在选择项目合作伙伴时的准确判断。"医视界"团队在合作过程中表现出了过硬的技术、作风、合作、创新精神和"不打一分折扣的坚强执行力"。他们专门为"名家经典手术"项目组建了60多人的技术团队,成立了10个摄制组,按片区进行了责任分工,以满足多地、多点、多台同步录制需要。12个后期制作组专门负责视频后期制作加工合成工作,系统平台研发组由近30名技术工程人员组成,负责组成的视频点播系统开发和加密技术研发,创造性地整合、运用了多种跨领域数字出版技术,其中包括全学科手术拍摄技术、手术视频后期编程技术、视频点播系统技术、手术数字示教技术、出版物数字加工技术、视频加密技术、视频服务器运载技术等最新技术,确保了该项目的高水平集成和高技术含量。

为确保与专家的顺畅配合,坚持录制前与术者逐个沟通。为了配合专家选择最佳病例,摄制组为一个手术多次往返、多次录制,最多的往返达 8 趟之多。为保证后期制作质量,他们不怕麻烦,严格坚持三审三校,坚持对素材像素、码流、画幅比例的严格审核,并做到与术者循环审改,成片全部经过专家评审委员会终审把关。为了显示好颅脑、盆腔深部手术,合理使用 3D 技术动画手段进行手术演示。为了使这个体现国内最高水平的项目走出国门、走向国际,全部手术视频实现了高清摄制和中英文双语字幕。

韩启德副委员长在百忙之中一直牵挂着这个项目。2013 年 2 月 24 日上午,在总后勤部副部长秦银河中将、国家出版基金规划管理办公室财务总监祁德树、总后卫生部副部长王玉民少将和科训局局长周先志大校的陪同下,韩启德副委员长亲临我社检查了解项目进展情况。首长参观了军医社的出版成果成就展览,饶有兴趣地观看了数字网络产品演示,仔细听取了我和姚磊关于“中国当代医学名家经典手术”和“中国医学院士文库”两个项目进展情况的汇报,并做了重要指示。他说:“要成为一个著名的乃至走向世界得到国际认可的出版社,还是要靠自己的品牌出版物。对军医社承担的‘中国医学院士文库’和‘中国当代医学名家经典手术’这两个项目,我真的觉得很兴奋,如果我们军医社把这两个项目的工作做到极致,我想是一定能够成为军医社在新时期的品牌的。有了品牌,就可以把我们其他出版物、其他工作带动起来。听了你们的介绍,我感到这两个项目的进展是非常鼓舞人心的。对此,我是真的很钦佩! 如果不是我们部队的出版社、我们人民解放军的这种精神,在这么短的时间里头完成这么大的工作量,简直难以想象! ”

他说:“‘中国当代医学名家经典手术’这个项目,前景太美好了。我 20 世纪 60 年代末 70 年代初大学毕业到农村做乡村医生,刚下去的时候没什么技术,就凭一颗为百姓服务的心。当时卫生院只有我一个正规大学毕业的医生,有些小手术我就自己琢磨着做,那时候也没有指导老师,我只能是偷偷跑到西安一个区的医院去看看,跟着当助手,回来照猫画虎地做。当时我要有现在这些手术光盘的话,那就太好了。现在我们这个项目里都是最好的专家和最好的手术,做成影像,有的甚至是 3D 的,这不仅适合大医院的医生,而且从县医院到乡村医院医生都可以学习参考。我们这套'中国当代医学名家经典手术'视频,可以使无数的基层卫生人员受惠,进而也使得广大的老百姓受益。所以,我一直认为,这是一件功德无量的事情,一定要把这个项目做好。刚开始我有个担心,就是到底选谁的手术,谁做得最好是很难讲的。所以,我提议要交给中华医学会这样的学术共同体,由他们来选。中华医学会也可能会选错,但是没有比这更好的办法了。刚才听你们汇报,到目前没有产生太大的矛盾,说明这个办法是可行的。虽然目前这个项目还没有收益,但一开始就要设计好。现在投入是比较多,但我相信将来是会收回来的。即使收不回来,整个军医出版社依托这个项目也会产生别的收益,所以这个项目对你们出版社是有好处的。""军医出版社要走向世界。比如说'中国当代医学名家经典手术'这个项目,不仅向发达国家介绍,也可以考虑向国外欠发达国家推荐,可以作为对外援助的一个重要项目。比如我国对非卫生援助,可以把我们的'中国当代医学名家经典手术'提供给援非医疗队,用于培训当地医生。所以,'中国当代医学名家经典手术'不仅仅会产生经济效益,还有重大的政治意义。这对我们出版社的影响也会很大。在'中国当代医学名家经典手术'的作者里,我不知道有没有包括港澳台的专家,我们要把港澳台的院士、专家的好的手术加进来,这在政治上也是有影响的,都是中国人嘛! 再下一步也可考虑扩大到华人圈,比如把美国华人专家的手术也加进来。总的来说就是要开放,面向国际,走向世界。"

总后勤部秦银河副部长也做了重要指示。他说:"人民军医出版社两个国家级出版项目,在韩副委员长的领导、指导下,取得了阶段性成果。这两个项目确实是意义重大、影响深远的医学文化工程。这种规模，这种影响，它产生的意义，可以说是彪炳史册的，具有重要的历史意义。我们一定要把这个工作完成好，要把首长这次视察指导，当成一种再发展的契机，要按照韩副委员长的指示和要求，严把质量，把这两个出版项目做成中国医学图书的精品之作、经典之作、传世之作，为弘扬中华医学文化，维护人民群众的身心健康，做出我们人民军医出版社的巨大贡献。"

国家出版基金规划管理办公室祁德树财务总监在讲话中说："听了军医社的介绍，看到了高水平的手术演示，感受到有那么多的院士参与和支持，其感想是无法用语言表达的。概括地讲，就是水平很高、功德无量。其意义怎么评价都不为过。项目在实施过程中确实还存在一些困难。国家出版基金的支持力度还不是很到位，资助金额和项目支出的总成本相差太远。一定要按照韩副委员长的指示，扎扎实实地推进，不要急于求成。"关于"中国当代医学名家经典手术"项目分期申请的问题，他要求军医社对第一期实施过程中所发现的一些困难，以及预计不到的新的问题，在第二期申报时尽量地想到位、提到位，这样出版基金的支持才能到位；国家应该给予支持的而没有支持，对支持者和被支持者两方面来说，都是一件比较遗憾的事情，希望能够在国家的支持下，恰如其分、恰到好处地把这个这么好的项目推进好。

在韩副主席、秦副部长和各级领导的关心推动下，"中国当代医学名家经典手术"项目一期任务得以高标准、高质量、高效率完成。2013年12月完成了全部500部手术视频的摄制工作，成品数据总量达1.5 T，文字500万字，视频90万秒，音频7500分钟，图片5000幅，手术教学系统（1.0版）平台同步建设完成。项目于2013年12月23日，以93分的优异成绩通过了国家组织的基金项目验收（其中财务管理为满分），被总局领导和国家出版基金规划管理办公室誉为"全国基金项目中的优秀之作、精品之作"，实现了学术内容和制作质量的同步双优。

2013 年 11 月 17 日,"中国当代名家经典手术"(二期)项目顺利地通过了国家出版基金评审;2014 年 2 月 19 日, 再次获得国家出版基金的重点、重大资助。项目二期总体任务仍为 500 台手术(按照 800 台遴选,为项目三期做准备),手术学科 25 个,编委会由 99 位领导和专家组成,并组成了 200 人的专家指导小组和 400 名的手术专家队伍, 参与的编辑技术人员将达155 人,计划于 2015 年 6 月 30 日完成。

2014 年 4 月 29 日,"中国当代医学名家经典手术"(二期) 项目编写会议在京西宾馆隆重召开。全国政协副主席韩启德、国家卫生计生委科教司副司长金生国、总后勤部卫生部副部长周先志、中国医师协会会长张雁灵、中华医学会副会长吴明江、中华口腔学会副会长俞光岩以及张金哲、郑树森、郭应禄、汪忠镐、韩德民、夏照帆院士和中华医学会 26 个外科分会的主任委员及专家指导组成员共 150 人出席会议。会议由人民军医出版社余化刚社长主持。大会开始时,首先由我做了"关于项目一期工程完成情况和项目二期工程的安排意见"的报告,简要地报告了项目一期的完成情况。我主要从以下四点概括了项目特点:一是起点高。创作者皆为中国外科领域顶级医学名家大家,入选的手术均为临床实用、经典、创新手术。二是规模大。实现了对手术学科全覆盖,手术名家全参与,手术术式全程展示。1500 台手术,将产生 2.25 万分钟音频、6 万分钟视频,质量、数量、体量上均为国内外医学出版以及教育领域所罕见。三是标准严。手术操作严格遵照《临床技术操作规范》,编制各环节严格按《编写制作规范与要求》标准执行,中英文双语讲解,按高清标准录制,辅以二维、三维高清动画,实现跨平台多终端应用。四是创新性强。手术作品内容全部原创,在手术术式、手术技巧、拍摄、动画制作、后期合成上均有多点创新,实现了医学、视频技术、数字出版、网络技术、移动互联网技术的跨界创新与融合。

我还从项目得益于韩副主席和各位领导的高度关心和帮助指导,得益于各位专家的全力参与支持配合,得益于项目全体参与人员的坚强执行力(以上只列举了三个方面),总结了项目顺利推进的原因。从要严把手术和术者入选关,要强调科学严谨,要便于教学,要落实主编负责制,要规避版权问题,要增进专家、编辑、录制、信息技术四个团队间的协作,要建立共建共赢机制,要为走出国门创造条件等八个方面,对抓好项目二期实施工作进行了部署和要求。韩副主席和张雁灵会长、周先志副部长、金生国副司长分别做了重要讲话,对项目一期的高水平、高质量完成给予了高度评价,对如何做好项目二期做了重要指示。

韩副主席在讲话中提出了三个方面的重要指导意见。讲话一开始,他首先说:"我们打造的是一个精品,这在一期工程中得到了很好的体现。但是我觉得对'经典'这个定位还要再深入地理解。第一,要传世,要把它传下去,不要丢掉,所以这是一个传世作品,具有历史意义,同时还反映20世纪和21世纪交际之际,中华民族开始腾飞这样一个时期的外科手术状况,今天各位领导讲话中强调要代表中国文化向世界传播,我觉得更确切的是对中国现代化进程的一种传播。要做好这样的精品,最重要的就是精益求精,质量,质量,还是质量,把它做到极致。项目一期工程的发行工作一定要做好,工作做好了,就可以对二期工程产生好的影响。在推广应用中,我们要有意识地收集一些应用的案例和意见,及时了解一期工程有哪些不足之处,认真检讨并反馈给各位手术专家,使二期工程做得更好。我们能不能有三期呢? 或者就不叫'医学名家经典手术',再弄个《县医院适用手术》,或者《乡镇卫生院小手术》? 我想这对我们现代医药卫生体制改革,加强基层工作的实用性是非常强的。我当年看到过一本《克氏小外科》,深受裨益。我的体会是基层还是有很多小手术要做的, 建议军医出版社适应时代的需要,专门编写适合于基层医生的经典手术。第二,在一期、二期完成以后,出版社要开始考虑生产衍生产品了。不能要求读者对整部作品要么不买,要么全买。《十万个为什么》就是把产品拆散,分开卖,然后把里面最经典的内容再抽出来,做校园版等等。所以做完基础工作以后,根据市场需要,我们可以搭配出各种各样的衍生产品。因为对有的消费者来说,可能只有几个手术对他适用。当然也要有整部的,因为我们整部作品是用来传世的,但要考虑衍生产品,甚至要考虑跟网络教育怎么结合。现在军医社获批了两本电子杂志,包括《手术电子杂志》,那么二期工程的一些手术就可以放进这本电子杂志中,这也是一种衍生产品。"

最后,韩副主席语重心长地说:"王羲之写的《兰亭序》,距今已经 1600 多年了,现在还是人人皆知。我们这个作品,1600 年以后的人们不会认为是最好的,但我相信它肯定是有历史意义的,可以使那时的人了解 21 世纪初期中国的医学状况,对研究医学史的人是非常有价值的。所以,我们打造传世作品,就是要拿出最好的东西,留给我们的后代,同时为当代造福。"

国家卫生计生委科教司副司长金生国在讲话中说:"'中国当代医学名家经典手术'通过视频、图像、文字等多种形式,把全国当代著名外科医学专家的手术,用数字化技术集中起来,通过网络等形式在全国各地使用,对于提高我国医疗卫生队伍的外科手术水平,特别是对于提高基层医务人员的业务能力和技术水平具有重要的意义,在住院医师、专科医师培训,特别是在继续教育当中是一个很好的学习示范教材。这个项目虽由军队出版社负责组织实施,但它代表的是国家意志,反映的是我国最高医学水平。各级卫生行政管理部门、相关医疗机构和学会进行大力支持与配合。通过方方面面密切协同,形成合力,以确保项目的顺利推进和完成。"

总后卫生部副部长周先志在讲话中说:"得到了全国人大、全国政协、总后勤部、国家卫生计生委、国家新闻出版广电总局和中华医学会、中国医师协会、中华口腔医学会,以及军地有关医疗机构等各级领导的高度重视和大力支持。项目二期工程再次交由人民军医出版社负责，这既是对一期工程的高度肯定，也是对军队的充分信任，更是对出版社的锻炼、考验、鞭策和鼓励。人民军医出版社要把完成二期项目作为难得的学习提高机会，牢记使命、不负重托，树牢精品意识，本着瞄准一流、打造精品、精诚合作、携手共赢的原则，圆满完成二期编写任务，为提高我国医学技术水平，推动医学事业的繁荣发展，做出更大的贡献！"

中国医师协会会长张雁灵在讲话中说："'中国当代医学名家经典手术'项目，把名医大师们在职业生涯最佳黄金期所做的手术创新和关键技术，进行记录总结、推广发扬，为中华医学文化宝库增加当代珍品，为子孙后代留下永久流传的精品力作，是一项刻不容缓的紧迫任务，也是我们这一代人义不容辞的时代责任。我国是人口大国，病种多、患者多、临床医生实践机会多，为我国手术技艺的发展提供了得天独厚的环境条件，成长出一批国家级名家大师。他们的手术技艺不仅在国内领先，也被国外同行关注认可，不少创新手术在国际上居领先地位。海外华人中也有许多成就卓越的名医名家。'中国当代医学名家经典手术'的建成，不仅可显著地提升中华民族医学在国际上的地位和影响力，还可作为一个高水平的对外援助项目，为其他国家和地区提供医疗服务和技术支撑。这对于传播中华民族的先进医学文化，为人类健康服务带来福音，将产生不可估量的重要作用。"

我作为这个特大型国家出版项目的第一负责人，从 2010 年酝酿启动这个项目到现在，已经经历了五个年头。为了这个项目，我和我的同事们一起付出了艰辛的劳动，也收获了奋斗与创造的巨大喜悦。"中国当代医学名家经典手术"虽然只是出版项目，但在国家领导人、国家卫生部领导、总后首长、总后卫生部领导和上千名中国顶级的医学专家眼里，既是一项功在当代的"民生工程"，也是一项意义重大的"兴医工程"；既是一个利在千秋的"文化传承工程"，也是一项国内首创、国际关注的中国医学文化"走出工程"。一个项目引领了"四大工程",说明这个项目的巨大价值、前景和生命力。作为一个退下来的出版人,仅用了国家几百万的投入,就为国家建成了几千万的项目;作为一个老社长,在基本未用本社人力财力物力的情况下,为社里创造出了巨大的收获;至于这个项目的社会效益、健康效益、服务效益、产业示范效益,更是无法计算的。

打造中国版的"国家医学电子书包"

　　作为一个医学出版人，长期以来我一直有一个愿望，那就是希冀在网络与出版技术成熟的时候，能够将医学这门学科，用数字化全媒体的形式来承载和表现。原因之一，是我觉得医学这门直观性、实践性、形象性、交互性、关联性都很强的学科，特别需要也特别适合用数字化的形式来体现。原因之二，是我在多次耳闻目睹国内医药院校的学生们背负沉重书包的无奈后，真切地感受到他们对数字医学读物的渴求与喜爱，我明显地感觉到社会与市场上有一个潜在的巨大需求。2006年，我从相关资料上看到新加坡明德中学使用电子书包已近十年，日本、韩国也在部分中小学中开始试用电子书包，我更真切地感到，一个全新的全媒体教材出版时代，正挟带着强劲的网络优势和时代需求，大步向我们走来，而我多年的期望也有可能成为现实！

　　从那时开始，我就高度关注和留意有关电子书包的进展和动向。但上马电子书包，除内容资源和人才技术外，还需要政策和大额资金支持，需要一个科学的顶层设计。在政策、资金这两条还不具备的情况下，我开始从资源、顶层设计、技术这三个方面为此进行准备：

　　在内容资源准备方面，利用上马"军队数字医学集成应用系统"的机会，全面推进"中国医学核心数据库群"的建设，并全力推进"军队数字医学图书馆"的建设。到2011年年底，已建成了11个共计10亿字的医学数据库群,加上已上马的"中国医学名家经典手术"(一期)项目已开始全面建设,都为上马"医学电子书包"奠定了扎实的内容资源基础。

在顶层设计方面,主要考虑了目标定位、指导原则、总体架构三大部分。在目标定位上,提出要以国家《教育信息化十年发展规划(2011—2020年)》为依据;以海量医学内容资源、矩阵式架构设计、全媒体立体化方式呈现、多终端跨平台应用、适用传统和教改等不同教学模式的个性化需求为基本定位;以数字化手段对教材、教辅、习题、试题、课件、专业数据库、参考书库等文字、图片、音频、视频、3D多媒体等内容资源深度重组为方法;以突破传统医学教育模式局限,使我国医学教育跟上信息化发展步伐,实现对优质医学教育资源的整合利用,提升医学教育的整体水平和质量,增强我国医学教育的质量、效率、创新力为目标。在原则与要求上,提出了"贴近需求、瞄准前沿、海量内容、矩阵架构、广泛集成、深度创新"的二十四字原则,"整体、精准、灵便、优质"的八字要求;在总体架构上,提出了"三大板块""四个层级""八个打通"和"十大功能",开始描绘出了较为清晰的设计蓝图。

在技术力量准备方面,考虑到这个项目规模宏大、内容庞杂,必须有一个技术先进、阵容强大、作风硬朗、实力雄厚、规模超过上百人的团队来支撑,才能承担和推进好这个项目。根据我对业内数字医学出版单位的了解,经过反复考虑,还是觉得只有"中国医学名家经典手术"项目的战略合作单位"医视界"才能够承担这个重任。在和"医视界"团队的合作中,他们所表现出的综合实力、领先技术、过硬作风、积极合作精神、负责任态度以及创新进取的文化,已赢得了军内外上千名专家和全社同志的认可。我的想法得到了当时社里主持全面工作的曾星副社长的大力支持。2012年8月17日,人民军医与"医视界"的战略合作正式签署,标志着"国家医学电子书包"的技术团队正式到位。战略协议签署后,"医视界"迅速对内部机构进行了战略重组,建立起以杨英董事长为总协调人、以俞晖总经理为运营负责人、以延琦副总经理为技术负责人、以邱磊副总经理为制作排版负责人的100多人的执行团队,并成立了以刘江苏、胡双双主任等分工负责的多个编写协调组,为"国家医学电子书包"的顺利实施,提供了坚实有力的团队和技术支持。

2010年初,新闻出版总署正式决定将电子书包项目纳入"十二五"国家数字出版重点支持项目。总署领导在多次会议上强调,对于电子书包这颗"数字出版皇冠上的明珠",要充分利用技术、资源、人才、资金等各方面力量进行攻克。国家主管部门的明确表态,表明在政策层面上上马这个项目的时机已经成熟。为此,从2011年9月起,我开始正式动笔起草"国家电子医学书包"申报报告提纲。按照分工,报告内容的起草由我负责,技术方案、平台和经费预算由杨英董事长负责,课程的设置安排和各学科主编人选由夏泽民副总编负责。考虑到"国家医学电子书包"项目要涉及全国上百所医学高校和数千名医学教育专家,在建设规模、难度和影响上,都要远远超过"中国医学名家经典手术"视频项目,必须由最有远见、最有声望、最有号召力和影响力的中国医学领袖来担任最高负责人。为此,在项目总顾问的人选上,大家再一次不约而同地想到了全国政协副主席韩启德。在我们将报告呈报韩副主席后,第二天就接到孙功谊秘书(现驻毛里求斯大使)的电话,说韩副主席看了我们的报告,已批示同意担任这个项目的总顾问。次日,我就收到韩副主席的"同意"的亲笔批示。在项目编委会主任委员兼总主编的人选上,我们觉得时任第四军医大学校长、中国工程院副院长樊代明院士,是一位横跨基础医学、临床医学、数字医学、医学教育与医学科研多个领域、成就卓著的医学大师,由他出任最为理想。2011年12月下旬,利用他到北京参加总后勤部党委扩大会的机会,我到他下榻的京丰宾馆当面汇报了我的想法,他当即表示了对这个项目的认可。在韩副主席的亲切关怀和樊代明院士的亲自指导下,2012年2月底,我们正式向新闻出版总署呈报了"国家医学电子书包"立项报告。同年5月27日,总署正式批复,该项目被列入"国家新闻出版改革项目库"重点项目。

2012年12月27日,国家财政部正式通知总后勤部,"国家医学电子书包"获国家文化产业发展专项资金2000万元的当年最高额度资助。期盼多年的愿望终于成为现实!高兴与喜悦之情难以言表!但在高兴与喜悦之余,我也知道,这2000万元用在一般项目上,应该是绰绰有余的,但要建成一个代表国家水平的真正意义上的医学电子书包,这个经费缺口还是相当大的。据美国回来的有关同行介绍,哈佛联手斯坦福等大学上马的医学电子书包,整个项目投入5亿美元。我们这个项目,即使再节省也不会低于8000万元人民币。由于总后和军医社受军费管理政策限制,不能按国家文化产业基金所要求进行配套投入。正当我们为这项目还差6000万元缺口而着急时,"医视界"杨英董事长和俞晖总经理挺身而出,表示由他们来承担,克服了项目上马前的最后一个障碍。

接下来是紧锣密鼓地搭建组织架构,筹建编写班子。为了争取国家主管部门领导和全国各医学高等院校的理解和支持,从2012年2月到5月,在这近三个月的时间,我与曾星、杨英、夏泽民、俞晖、延奇、邱磊、刘江苏、秦新利、徐敬东、张迎新等人,先后到国家有关部委和国内各著名医科大学,进行密集走访,汇报情况,宣传项目,争取支持。每到一处都得到了各个医科大学校长们的高度重视和大力支持。有了全国各大医科大学领导的支持,我们的信心更足了。很快建立起了以韩启德副主席为总顾问的顾问委员会,以樊代明院士为主任委员的编写委员会,以我为主任委员,杨英、曾星为常务副主任委员的组织委员会的三级组织架构。组织委员会下设7人工作部,主要负责为专家提供教材编写工作服务,以及除教材编写工作以外的全部工作。

2012年5月上旬,我又分别向教育部主管医学教育的林惠青部长助理(现为教育部副部长)和高教司石鹏建副司长、国家卫生计生委刘谦副主任、新闻出版总局孙寿山副总局长进行了专题汇报,得到了国家相关主管部委领导的高度重视。林惠青部长助理在听了我的汇报后,高兴地对我说:"齐社长,你现在做的事,正是我过去多年想做未做成的事,希望你们一定把它做成做好!"并表示,产品一旦做出来后,要优先列入"十三五"国家规划教材。孙寿山副总局长听了我的汇报后,明确指示一定要做成精品,为国内数字医学出版率先走出一条路子来。

在走访的同时,我们在樊代明院士的带领下,紧锣密鼓地推开了样章的编写工作。根据樊院士关于"先要编写好样书,再面上推开"的要求,我们从52本待编教材中,选择了解剖、生理、病理、生化、药理5门基础课和内、外、妇、儿、神经病等5门临床课,外加1门医学影像,共计11门,作为首批样章编写学科。

2013年6月2日,第一次样章编写工作会议在总后一招召开,会议由首都医大吕兆丰校长和李玉林校长主持,内科主编王吉耀教授、外科主编郑树森院士、妇科主编郎景和院士、儿科主编桂永浩校长、神经病学主编王拥军教授、解剖学主编柏树令教授和欧阳钧教授、生理学主编王庭槐教授、病理学主编李玉林教授和卞修武教授、药理学主编苏定冯教授、生物化学主编药立波教授、影像学主编徐克教授出席了会议,名师济济一堂,拉开了开创中国首部医学电子书包的建设帷幕。在余化刚社长致欢迎词后,我介绍了编写指导思想、编写架构和编写要求,大家进行了热烈讨论,对我们原先提出的编写思路和要求,给予了充分肯定。会议结束时,樊代明院士和我对编写质量和进度做了强调。会后,13位主编立即展开了紧张的编写工作。这13位主编虽然都是名家大师,著作等身,编写全国医学本科教材都已是轻车熟路,但全媒体数字化教材编写,对于各位主编来讲都是第一次做。为了帮助各位主编尽快熟悉这种全新的编写方法,我们为每位主编选派了一名责任编辑,提供具体帮助和跟踪服务。各位主编虽然身负繁重的医学教研任务,但对编写这套教材都格外重视,挤出时间进行认真研究,妇产科主编郎景和院士还多次到编辑部来,亲自和编辑一起制作重点样章。

在推进样章编写的同时,我们花费很大的精力组织了对52本教材主编副主编的遴选工作。为此,我们专门面向全国100多所医学院校进行了征集报名,并特地建成了网上申报平台。由于军医社过去对医学本科教材领域没有涉足,大部分医科大学对军医社都不熟悉,因此,对一些名家大师级的重点学科主编,基本上都是我和曾星、杨英、夏泽民等负责人亲自出面做工作。仅我亲自出面邀请的就有《医学免疫学》主编、中国医学科学院院长曹雪涛,《医学分子生物学》主编、协和医科大学院士詹启敏,《口腔学》主编、华西口腔医学院院长周学东,《病理学》主编、原吉林大学常务副校长李玉林教授,《医学英语》主编、西安原交通大学医学英语系主任白永权教授,《皮肤病学》主编、安徽医科大学校长张学军等多人。虽然辛苦一点,但能把这些名家大师邀请过来,还是很高兴的。他们的加盟,对保证教材质量,提升教材的地位和学术影响力起到了重要作用。

2013年8月17日,在北京召开了由樊代明院士主持的第二轮样章研讨暨主编遴选会。会议决定选出《生物化学》《系统解剖学》《妇科学》《儿科学》4本作为示范样章,在编写大会上进行推荐和展示,并作为52本教材全面推开编写时的样本。会议还对52本教材的主编、副主编人选进行了逐一筛选,从而为召开编委会全体会议暨编写工作会议,做了全面细致的准备。

在前期各项筹备工作就绪后,经报韩启德副主席亲自决定,"国家医学电子书包"编委会暨编写工作会议于2013年9月27日在北京科学会堂隆重召开。韩启德副主席和樊代明院士与总后勤部副部长秦银河中将、总后卫生部部长任国荃少将、国家新闻出版总局副总局长孙寿山、教育部高教司副司长石鹏建、国家卫生计生委科教司副司长王辰、中国医师协会会长张雁灵、中华医学会常务副会长刘雁飞、中国口腔医学会会长王兴及350名主编、副主编一起出席了这次盛会。在总后卫生部任国荃部长致了热情洋溢的欢迎词后，编委会主任委员、中国工程院副院长樊代明院士做了《生逢其时，就要身负其事》的精彩讲话。他说："编写国内第一部NMETS（全国高等教育医学数字化规划教材的英文缩写），我们是生逢其时。这项工作是一种创新、颠覆和突破。"与传统的纸质教材相比，他认为这部教材有四大特点：

第一，它是一个国家级的重大创新项目。到目前为止，也是医学数字教材编写领域唯一的一个。因此，国家政府和医学界、教育部都给予了高度关注，并投入高额资助。但是，它又是一个前所未有的项目，因此，无样书可仿，无经验可循，很多需要白手起家、从头做起，不能照搬照抄，还要摒弃旧念，不是把文字版变成电子版就算了事。因此难度之大可想而知，需要我们自己闯出一条新路。

2013年6月2日，中国工程院院士、中国工程院副院长樊代明（左五）主持"国家医学电子书包"样章编写会

第二,它是一个国家级的重大教改项目。它要对教学内容、教学方法、教学手段进行一次整体、全面、深层次的改革,以适应世界医学教育前沿的发展。而不是仅仅在低质教材层面上的微小变化,需要动一发而顾全身。因此,难度之大可想而知,需要我们自己闯出一条新路。

第三,它是一个国家级的系统协作项目。需要各行业的广泛协作,涉及医学、教育、信息、出版等多个领域的协作配合,也涉及各种科学技术的应用和创新。同时,它也是一个庞大的系统工程,单打独斗成不了大器,需要千名以上各行业专家共同合作,发扬"两弹一星"的精神来完成编写的全过程。因此难度之大可想而知,需要我们自己闯出一条新路。

第四,它是一个适时贯彻整合医学理念和实践的国家级项目。千百年来的医学发展和近百年来的医学教育,总体来说是成功的,但是基础与临床的分科细划、专业细划,医学教材的高度专业化和重复性,使医学生乃至医生的知识面越来越窄,局限性越来越突显。如果不加以纠正,不久的将来,现今的医学教育将把医学引向歧途。因此,我们需要尽力、尽快、尽好地把整合医学的理念和实践引入编写全过程,在全面了解现代医学发展前沿的基础上,从有所不为中找到自己的有所为。因此,难度之大可想而知,需要我们自己闯出一条新路。

总之,与纸质的教材比,NMETS 形式形象生动,也就是要从纸质的"读剧本"到数字的"看电影";NMETS 知识全面广泛,是从纸质的"单航线"到数字的"全球通";NMETS 易于更新知识,是从纸质的"老面孔"到数字的"新人像";NMETS 容易分层次,既适用于医学生和研究生,也适用于医生或专家,是从纸质的"平地走"到数字的"步步高"。

教育部高教司石鹏建副司长代表林惠青部长助理在讲话中说:"前段时间人民军医出版社带着'国家医学电子书包'11 门样书样章去给林助理做汇报。林部长助理表示,人民军医出版社的新型数字化教材的建设已经取得了阶段性成果。这个项目立意很好,起点很高,思路明确,构架严谨,技术路径清晰,可以说是向着建成中国特色医学电子书包的方向迈出了关键的一步。看了样章,我感到眼前一亮。它以全媒体的形式,生动、鲜活、形象、准确地来表达各学科内容。我们有理由相信,这部新型教材将会把深奥难学的生命科学从呆板枯燥的纸质教材中解放出来。这既是一个创新性的项目,也是一项复杂的系统工程。教育部将全程参与和关注这个项目,把这个项目作为医学数字化教材建设的一个实验点和试验田。对于数字化教材建设中遇到的困难和问题,我们将会责无旁贷地帮助解决。"

国家新闻出版广电总局孙寿山副总局长在讲话中,对项目的重大意义给了高度肯定,他说:"教育图书的数字化是数字出版领域的重要组成部分,也是传统出版业转型发展的难点和关键点。医学电子书包是国家重点数字出版项目,在编写医学高等教育数字化教材的同时,还将构建包括大型医学数据库在内的数字化教学平台,这对我国医学教育的发展具有十分重要的意义。'国家医学电子书包'作为国家重点数字出版项目,将发挥数字化教材的示范和引领作用,为推动我国出版业数字化转型和数字出版产业的发展积累宝贵经验。医学电子书包是我国目前体系最完整、门类最齐全的医学数字化教材。医学电子书包项目又是一个系统工程,具有创新性、前沿性的特点。人民军医出版社包括齐学进同志在内的几届领导班子,从10年前就开始着手建设数据库群,在国内率先实现跨媒体出版转型。目前阶段的工作进展顺利,基础扎实,但接下来的编辑、研发、建设工作任务将十分艰巨,需要举全行业之力和各方面的支持与协作,来实现项目预期目标,为我国数字出版医学教育工作做出新的更大的贡献。"

总后勤部副部长秦银河中将在讲话中代表中央军委委员赵克石上将和总后政委刘源中将做了重要讲话,他说:"'国家医学电子书包'肩负着推动我国医学教育跟上当代网络化信息化发展步伐,推动我国医学教改迈出实质性步伐的重要使命，也是我国医学教育发展史上，具有里程碑意义的一件大事、盛事。既是对我国现行医学高等教育模式的重要变革，又是以信息化带动和促进医学教育改革的有益探索。'国家医学电子书包'大量的自学和培训都能通过全媒体教材和信息化的平台来实现，实际上相当于为广大卫生人员提供一部可随时随处学习查询的医学百科全书。'国家医学电子书包'作为国内第一部全媒体数字教材和超大型的数字医学教学系统，将从理论与实践、人才与技术、平台与内容、建设思路与建设路径等方面，为各军队医学院校的教育改革提供全新的借鉴，并为下一步编写《军医大学数字化统编教材》和启动'军医电子书包'，做好人才、技术和资源准备。'国家医学电子书包'在国内是首创项目，在国外也刚刚起步，具有跨界多、整合面广、创新性强的特点，在国际上也没有成熟经验可供借鉴，一切都要从零开始，工作难度很大。作为落实国家《教育信息化十年发展规划》的先行项目，作为国家医学数字化出版转型的示范项目，它体现的是国家意志，代表的是国家水平，国家部委领导寄予厚望，医学和教育界同人充满期待，不仅要搞好、完成好，而且要做成国内外同类产品中内容权威、平台先进、功能强大、使用便捷、师生喜爱的精品、极品。"

全国政协副主席、项目名誉主任委员、九三学社主席、全国科协主席韩启德院士在讲话中说："军医社承担编写的《全国高等教育医学数字化规划教材》，也就是'国家医学电子书包'，我看了样章，很受启发。觉得数字化教材确有优越性。第一，它的表述比纸质的更加生动、易懂。第二，它有利于互动。第三，有利于分层次，满足不同学历、不同学校、不同学生的不同的要求。一本纸质书那么厚，太沉。电子书容量大，可以有基础的内容，可以有引申的、前沿的、很深入的内容。学生学习需要的内容，不用到处寻找，都能在电子书包里找到。这是非常有利于学生学习的，也更有利于自学。特别是一些不发达的地区，一些医学院校师资力量非常薄弱，有了这样的教材，对提高那些学校的教学质量是很有帮助的。最后，我觉得更加有利于修订。现在纸质版修订也是在电脑里改但是需要重印，修订周期很长。如果是电子的教材，修订就很方便，电子书再版，电脑修订，电子复印，甚至实现在网上同步重新改编。所以，数字化教材肯定具有它的优越性，人民军医出版社决定出版这一套医学数字化教材是非常有意义的事情，对推动我们国家的医学教育发展有非常积极的作用。

"但这又是一项很艰巨的工作。第一，这是一种从纸质到数字化的转变，从技术方面乃至到我们教学理念方面都会面临一个全新的挑战。第二，我们国家的医学教材也包括纸质教材共同面临的问题，就是我们正面临着医学教育学制的改革。从长远的方向来看，我们已经基本确定还是要搞五年制教学，加上三年住院医师规范化培训。这是一个挑战。第三，我们一定要有精品意识，提高编写效率但不能赶工。第四，要充分发挥协作精神，要听一线教师的意见，听我们编委以外的同志的意见。这要多发挥我们学会、协会的作用。最后，我认为最重要的还是负责任的精神。我们一定要把这件事当作自己最大的责任。既然领了这个责任就要把它做好。这个项目我是总顾问，我是反复地思考，我们既然做这件事情，就要把这套教材编好。

"在中国，我们是第一批吃螃蟹的人，我们就一定要把它做好。医学教育是我们所有医学院校老师的首要责任。所以我趁这个机会表示一下我对这部教材的重视和对我自己责任的理解。我会尽我的能力把这部教材做得尽量完善。教材是千锤百炼的，一版一版出的。国际上很多经典教科书，也是这么弄出来的，大家在使用当中不断地筛选修订。现在，我们要赶快把这个数字化的教材补起来，先让它冲出去。我希望在这个医学电子书包教材里面能有若干个做得非常好的精品。然后不断地完善，不断地修订。因为我们起步早，所以占了先机，那么在今后也要一步一步地站稳。只有带着对教

全国政协韩启德副主席听取我对"国家电子书包"汇报后合影

科书发展规律的清醒认识来做这件事情,我们才可以把事做好。我的这番话,也算我作为总顾问表示的一些心声。总的来讲,我希望大家珍惜这个机会,把这件事当作自己主要的任务,把它当作自己的孩子一样来精心地呵护、照看,让它茁壮地成长!"

在领导们讲话结束后,我在大会上介绍这个项目的情况以及样章编写规范。郑树森院士、郎景和院士以及药立波、王拥军等11位专家教授携他们精心打造的全媒体教材样章在大会上做了演示。与会代表反响十分热烈。在紧接着进行的分组讨论中,不少代表们兴奋地谈到,新型的医学电子书包"令人耳目一新","多年来的医学教材改革之梦有望实现了"!

中央电视台、《人民日报》等主流媒体对此项目高度重视,央视一套在新闻频道做了详细的专题报道。央视七频道和《光明日报》《健康报》《医师报》均在黄金时段和显著位置做了报道。在国内教育界、卫生界和出版界,均引起了强烈反响。会后,不少单位和听众纷纷来电了解,索要资料。特别是前期未能参加申报的院校,纷纷来电来人要求补报编委,参加编写;已有编委的单位则反复要求增加编委名额。到 2013 年 10 月底,参编院校数量已达到 146 家,参编专家超过 3500 人。加上编委秘书、助手、编辑和技术人员,项目参与总人数达到 5000 人。这样一个强大的出版阵容,在国内外的出版史上,也都是极为罕见的。

大会以后,整个编写工作开始全面顺利展开。52 本教材的主编、副主编按照统一部署,开始组织编写班子,准备样章,逐门筹备召开编写会议。只要时间允许,各学科如外科学、口腔学、医学影像学、皮肤病学、生物化学、局部解剖学、有机化学等学科的编写会议,我都与会与大家一起讨论。由于前期准备工作做得细致充分,教材编写工作展开得非常顺利。在迎接中华人民共和国成立 65 周年的时候,这套凝聚着全国 100 多名院士、5000 多名教学专家和数百名数字出版工作者巨大心血和劳动的"国家医学电子书包"终于按计划全面编成,并在 60 多所试点院校试用,受到了极为热烈的欢迎和好评。

策划并主持这样一个超大型项目,对我本身和我的团队来说,都是一个巨大的挑战。作为项目的第一负责人和项目的发起者、策划者、组织者,我深深地感激全国政协副主席韩启德,特别是在我 2013 年年底将满 60 岁面临退休之际,他出于对医学电子书包和名家经典手术两个项目的顺利进展考虑,专门向总后首长提出让我延迟退休,从而防范了一次可能因项目主要负责人调换而导致的后果与影响。总后副部长秦银河和总后卫生部张雁灵老部长、任国荃部长,教育部林惠青部长助理和石鹏建副司长,国家新闻出版广电总局孙寿山副总局长和数字出版司张毅君司长,国家卫生委刘谦副主任和科教司王辰、金生国副司长,财政部文化产业基金办公室王家新主任和高书生副主任,以他们卓识、远见和对国家医学教育改革高度负责的精神,对医学电子书包给予了始终如一的支持,使这个项目得以克服重重阻力而顺利成长。中国工程院樊代明副院长为这个项目所倾注的巨大心血，曹雪涛、郑树森、李兰娟、黎介寿、詹启敏、郎景和、胡盛寿、韩德明等各位院士对这个项目的高度重视和全力付出，吕兆丰、王宪、桂永浩、孙颖浩、罗长坤、黎孟枫、步宏、徐克、周学东、冯友梅、雷寒、李玉林等各位中国著名医科大学校长满腔热情的参与和指导，巴德年等近百名院士为之推荐和审稿把关，以柏树令、王吉耀、王庭愧、药立波、苏定冯、王拥军等为代表的近两千名当代中国医学教育名家携手共同打造，军医社曾星副社长与周晓州主任等20位编辑尽心投入，"医视界"200多名技术团队夜以继日拼搏奋战，才使得这部牵引全中国数万名医科大学老师和学生目光的国家医学电子书包克服重重难关得以顺利推进。每当想到这一点，我的心中就充满了深深的感激之情。

　　随着"国家医学电子书包"的全面推广应用，中国的医学教育，将掀开崭新的一页！

军医模式的国家认可

经过前后近 10 年的努力，军医社的数字出版终于成功走出了一条为行业所认可的成功之路。

2011 年 7 月，《名医指路——家庭健康知识库》荣获全国 2010—2011 年度数字出版优秀奖；2011 年 11 月，"名医指路——跨媒体出版网"荣获 2011 年全国新闻出版业网站荣誉评选"内容资源多元化经营"示范网站奖；2012 年 12 月，"名医指路——跨媒体出版网"荣获"2012 年全国新闻出版业网站百强"奖；2013 年 7 月，"军医掌上图书馆"获首届"解放军出版"奖，可谓硕果累累。特别是"中国当代医学名家经典手术"与"国家医学电子书包"，收获了来自国家教育部、新闻出版总局和行业的广泛认可。军医出版社也由于这个重大项目的成功推进，而获得了一系列荣誉：2012 年 9 月，获得"2012 年度中国数字出版领军品牌单位"称号；2013 年 7 月，获"全国数字出版创新企业"奖；2013 年 7 月，被国家新闻出版广电总局评为全国首批"数字出版转型示范单位"（国内医学出版单位仅此一家）。在 2013、2014 和 2015 年那几年中，在新闻出版总署于北京、江西、安徽等地举办的全国新闻出版局局长培训班上，都指定我在会上重点介绍军医社数字出版的经验。

2014 年 9 月 27 日，正是国庆节期间，时任国家新闻出版广电总局党组书记、副局长蒋建国用了整整半天时间，主持由中国出版集团李岩、中国教育出版集团李朋义、中国科技出版集团林鹏、中国工信出版集团敖然、北京卓众彭金良5位老总和我共6人参加的小型座谈会。在我做重点发言后，建国书记即席总结说："齐社长介绍的9条经验，我听后很受启发。特别是'一种资源、多元开发、多重利用、多次出版'的经验，值得高度重视。齐社长介绍的经验，我概括为4句话，即依托主业，延伸发展；内容为王，产品至上；数库支撑，平台展示；客户第一，利在其中。"建国书记对我的发言给了极高评价。在随后总局下发的关于推进数字出版的文件中，又把蒋建国书记对军医社"一种资源、多元开发、多重利用、多次出版"的经验总结正式写入其中，作为全国出版转型的模式和方向性要求。所以，今天回过头来看，军医社的数字出版探索，不仅是军医社自身的成功和对军队建设的贡献，更是对全国数字出版战略转型的成功探索和重大贡献。它所产生的综合效益，绝不是几百万、上千万元的金钱所能衡量的。

至于军医社的数字出版转型经验，也就是被蒋建国局长肯定的那9条，特附在此处：

在总局数字出版座谈会上的发言

2014 年 9 月 27 日

一、人民军医出版社数字出版情况概述

人民军医出版社的数字出版起步于2004年。10年来，按照"理顺关系、打牢基础；整合资源、快速发力；着眼需求、创新产品；科学布局、设计先行"的思路，逐步形成了传统出版与数字出版同步发展的格局，在以"电子书"为代表的第一代单媒体出版和以"数据库"为代表的第二代跨媒体出版基础上，正在朝着以"医学电子书包"为代表的第三代全媒体出版业态大步迈进，走出了一条依靠产品创新实现营利之路，取得了良好的社会、军事和经济效益。

迄今,我社共研发数字产品 16 大类,650 个品种,直接回款近 3000 万元,加上数字延伸产品超过 1 亿元。其中,2 种产品荣获第一届"中国出版政府奖电子出版物奖提名奖";2 种产品连续荣获第三届和第四届"中华优秀出版物奖——电子出版物奖";10 余种产品分别入选"国庆 60 周年献礼图书"和"农家书屋"工程;4 种产品经总后卫生部批准配发给全军师、团、营、连四级医疗卫生机构,1 种产品作为医疗卫生装备列入"军医背囊";跨媒体网站获全国新闻出版业评选的"内容资源多元化经营"示范网站;3 种产品入选"十二五"国家重点图书出版规划项目。成功申报军队和国家重点出版 1 项,获得研究经费 700 万元;成功申报国家出版基金资助项目 3 项,获得 3421 万元资助;"国家医学电子书包"获得财政部"文化产业发展专项资金"资助 2000 万元。

2012 年,我社获"中国数字出版领军品牌单位";2013 年,获"国家数字出版创新企业";今年初,又被总局授予"数字出版转型示范单位"。

二、人民军医出版社的主要数字产品介绍

(二)军医社主要数字产品介绍

我社数字产品共分六大类:

1.第一大类,完全依附于纸书的电子书出版

1.1 原版原式电子书

即光盘电子书。它是 DVD-ROM 格式,具有原版原式、放大缩小、阅读标记、盘内检索、语音功能和视频等多媒体功能,这种光盘可以单独或组合上市。由于这种产品价廉物美、内容丰富实用、信息量大,已有多个品种入选"农家书屋"。该产品荣获第四届"中华优秀出版物奖-电子出版物奖"。

1.2 U 盘版的电子书——《中华传世医书》

本书整理、汇编了上至黄帝下至民国五千年中华历代著名医学典籍

360种,分为17个类别,涵盖了现代中医学的全部学科。各类之下,均全文收录能代表该类学术成就的典籍。

为方便现代读者阅读,全书改古籍的竖排、繁体为横排、简体,增加新式标点,在保证底本原貌的情况下,对原书讹误之处进行校正。每章前对该书的整理进行了说明。该丛书兼目录学与丛书双重功能,是一套中医学的百科全书。该产品入选"十二五"国家重点图书出版规划项目。

1.3 增能型电子书(跨媒体十大功能,单书卡)

将原来功能单一的纸质图书加工成电子图书,具有了读、听、看、查等多种跨媒体功能,我们称之为增能型电子书。其特点是与纸质版图书同步发行,读者在购买纸书的同时,即可免费获得该书的跨媒体网络版电子书。虽然没有直接收益,但对方便读者,提升品牌,起到很大作用。

1.4 光盘版的电子书集成——部队数字医学图书馆

我社从已做的电子书中,选择500本适合部队师(旅)团营连各级需要的图书,以光盘形式,制作成部队数字医学图书馆,2009年被总后卫生部集中采购,配发全军师(旅)团营连各一集。这些电子图书下发全军卫生单位后,受到全军基层卫生人员的热烈欢迎和高度好评。总后勤部原部长廖锡龙、原政委孙大发分别为产品题词。

1.5 手持阅读器——军医掌上图书馆(第一代)

"军医掌上图书馆"是我社利用自主版权内容开发的一款手持医学阅读器。其中预装了1000本医学专业书、科普书和部分文学名著。我们专门建设了"军医书城"网站作为内容补充更新的后台支持,可多方位地满足部队卫生人员的阅读需要。2010年总后卫生部首长批示,将其作为后勤保障设备列入基层部队军医背囊,先在某军区做试点。由于该产品具有书籍多,内容实用,携带方便,操作简单等优点,在试点单位颇受部队官兵好评,称赞我社为其提供了一座"流动的医学图书馆"。

1.6 手持阅读器——军医掌上图书馆(第二代)

"军医掌上图书馆"第二代产品选用了7英寸平板电脑。与第一代相比,该产品使拥有大量图片和公式的医学书籍有了更直观的展示。

1.7 手持阅读器电子书——军医掌上图书馆(第三代)

随着市场上平板电脑产品的快速发展,"军医掌上图书馆"的阅读终端也在与时俱进。第三代产品我们选用了三星10.1英寸平板电脑。借助该机型强大的技术功能,让阅读内容与载体之间形成更加完美的结合。该产品荣获首届"解放军出版奖-电子出版物奖"。

1.8 手持阅读器电子书——军医掌上图书馆衍生产品

在此基础上,我们又陆续研发了面向老干部的"军医保健图书馆",面向专业医务人员的"医师掌上图书馆"和面向普通大众的"家庭健康书库"等系列衍生产品,获得用户好评。

2.第二大类,取于纸书、异于纸书的数据库出版

2.1 中华医学资源核心数据库群

这个数据库群是我社数字产品的主要后台支撑,其本身也可以作为产品直接销售。它由疾病库、药品库、辅助检查库、循证医学库、临床技术操作规范库、手术学库、手术图谱库、医保药品库和疾病研究进展库等子数据库组成,总字数达10亿字,是目前国内最大的医学专业数据库群。

2.2 名医指路——数字医学图书馆(局域网版)

含我社2000余本跨媒体数字医学图书,并全部实现与数据库关联阅读。目前已与全军疗养机构等单位进行合作,以局域网版的形式提供服务。

3.第三大类,电子书与数据库相结合的拓展型出版

3.1 单主题组合型电子书(主题阅读卡)

共50个品种,每个品种就是1个主题。每个主题含有10余本主题相

近、内容互补的图书。能够让读者方便地做到一卡在手，一个主题的系列图书都得到，一个方面的问题都能解决。

3.2　自选型电子书（自助阅读卡）

这种自助卡相当于一本具有充值功能的购书卡。读者可用该卡提供的账户及密码到我社名医指路网站任意选购与卡等值的跨媒体电子书。

3.3　多主题网络版集成型电子书

"名医指路"家庭健康知识库，该库由50张光盘和相应的50张"主题阅读卡"配套组成，全库含600余本图书、300余部视频，并可预览3000余本医学电子图书。2010年荣获第三届"中华优秀出版物电子奖"。

3.4　增值型电子书（跨媒体功能+数据库群关联，单书卡）

此类电子书除纸书全部内容和电子书全部功能外，还附加了与数据库相关联的注解型、拓展型等深度阅读功能，大大实现了对纸书的内容与价值增值，故称之为增值型电子书。书中的医学专业词汇作为索引词，点击后能自动链接疾病库、药品库、辅助检查库和循证医学库等数据库，使读者、特别是非医学专业的普通读者能轻而易举地克服阅读医学书的"拦路虎"。这种融注解型、增值型、拓展型阅读为一体的深度阅读，在国内外医学出版界尚属首家。

4.第四大类，融纸书电子书数据库为一体的复合型出版

此类产品除了电子书增加跨媒体功能和数据库查询功能外，还以光盘形式单配了与该书内容相关的手术视频和课件等专业性内容，故又称之为增值增容型电子书。定价为纸质图书的120%，虽然价格较高，但因其强大的拓展阅读功能，市场走势良好。

5.第五大类，纸书数据库加培训的叠进型出版

"全能护考急救包"是配合护考培训项目的一种产品，含指定辅导用书、基础学习DVD光盘、高仿真模拟试卷、网上学习卡，加上考试前到各个主

要城市进行考前现场培训，融多种出版形态与培训服务为一体，效果很好。

6.第六大类，网络产品，为数字出版转型提供了强有力的支撑

6.1 名医指路——跨媒体网站（www.ebook.pmmp.com.cn）

该网站分医学科普、医学专著、医学视频等板块。电子图书数量共计3000余种，具有读原版原式电子书、与书友互动阅读等功能。特别是所有电子图书均实现了与医学专业数据库的知识元无缝化链接。有效解决了医学名词看不懂、查不准、找不全等难题。先后被评为"内容资源多元化经营"示范网站和"出版业网站百强"等。

6.2 手机网站"健康卫士"(www.jkws.net)

针对手机用户研发的生活健康类阅读产品。目前网站已开通 10 个栏目。除具有内容丰富——形式多样的特点外，实用方便的搜索查询功能，也受到使用者的欢迎。

6.3 军医在线——军网+卫星网

该网站是我社为部队官兵建设的健康教育网站，拥有军事医学和健康图书 1500 余本、健康教育视频与讲座 300 余部。2010 年上半年在军网和军用卫星网上先后开通后，受到部队好评。该网站上线被总后卫生部列入"2010 年军队卫生工作十件大事"。

6.4 军医书城(www.yxsk.net)

针对"军医掌上图书馆"(pad 版)用户研发的具有商务电子功能的服务平台。含 3000 余本电子书，分 10 几个大类，购买 pad 产品的用户可登录网站进行电子书下载、更新。

7. 第七大类：大型深蓝型高端手术视频库出版

建设全国外科医生急需、而国内外尚没有的系统完整的医学名家手术视频库。这种产品，用纸质出版只能出图加文字，其功能远不能满足广大外

科医生对形象、立体、连续的手术观摩及学习需要。爱思维尔等国外出版集团虽有一些零星产品，但都不是统一策划制作的，数量和质量都满足不了读者需要。为此，在争取国家卫生部和总后卫生部同意后，我们在国家出版基金的支持下，用了三年时间，举全国军地卫生之力，终于建成了国内外领先的"中国当代医学名家经典手术"（一期）视频数据库，将我国临床一线著名的外科院士、医学专家的先进成熟并具有临床推广价值的经典手术，进行系统整理和集结出版。一期工程为500部手术视频，全部采用中英文双语字幕，中文配音，高清录制。每部手术视频均统一按照8个板块制作，并通过文字、配音、图谱、影像、二维动画等多媒体形式综合体现。由于国内外市场没有同类产品竞争，相对于图书市场太多同类间的惨烈竞争（深红），我们把它称之为深蓝型产品。目前第二期工程500台手术正在建设之中，预计明年6月完成。遵照全国政协韩启德副主席关于"要为基层做些实用小手术"的指示，我们已将"基层实用小手术"上报为国家出版基金第三期工程，如能获准，我们将于年内启动。它的建设对于提升中国外科医生整体手术水平，进而造福中国基层的老百姓，是一项兴医工程，民生工程，抢救与传承工程，也是中国出版走向国际的一张名片。这个项目既是高端的数字出版内容资源建设，也是一个全新的产品建设。具有极为广阔的应用前景和价值。

8. 第八大类：新一代大型全媒体"医学电子书包"

打造能够用全媒体方式对出版内容进行最佳表达的新一代数字出版产品，是一个数字出版物的最佳形态，也是数字出版的方向。2013年初，我们利用财政部文化产业发展专项资金资助——"医学电子书包"的机会，正式建造中国第一部全媒体的医科大学电子书包。项目是以海量医学内容资源、矩阵式架构设计、全媒体立体化方式呈现、多终端跨平台应用、适用传统和教改等不同教学模式的个性化需求为特征，将医科大学全部教材、教辅、习题、试题、课件、专业数据库(共计 20 个专业数据库)、参考书库等文字、图片、音频、视频、3D 多媒体动画等海量内容科学系统整合。目前,经过全国 146 所国内一流医科大学、3100 名医学名家学者,1000 多名志愿者、200 多名数字出版编辑人员的近两年的共同努力,首批《病理学》《医学免疫学》等已建成,并于今年 9 月 1 日在 36 家大学试用,明年 9 月将在全国医科大学全面使用。全国政协韩启德副主席、国家新闻出版广电总局孙寿山副总局长、国家教育部林会青部长助理对此予高度评价。中国工程院樊代明副院长说"这不仅将导致中国医学教育的一场所革命,也将导致中国医学的一场革命"。这种崭新的全媒体出版,是当前和今后一个时期数字出版的前沿和方向,代表着数字出版的最高水平和走向。

三、做好数字出版转型的主要体会与思考

(一)产品第一,模式第二。有了能持续赢利的产品也就具备了成功的赢利模式

从军医社已经赢利或有望大幅赢利的产品看,数字出版要赢利,关键不在于有无赢利模式,而在于有无能赢利的产品。从这个意义上讲,产品第一,赢利模式第二。在我们处心积虑地考虑赢利而不得的时候,不如把精力聚焦到对新产品的开发和研究上。组织好数字产品的开发,能否研究市场,瞄准需求,准确定位,选准渠道,是产品开发成功与否的关键所在。从我社的产品看,凡是内容新,功能强,分量重,市场空白的产品,都有不错的销路。

(二)乱花迷人眼,内容才是王。有质量的数字出版必须建立在优质内容出版的基石之上

数字出版年代,"内容为王"不仅没有过时,反而更显重要。这既是读者在第一时间获得精准信息的需要,也是一个出版社由传统出版向数字出版转型的资本。失去系统、优质、海量的内容支撑,这样的数字出版再花哨好

看,也只是搭建在沙滩上的临时建筑,是无水之源。一个出版量很小的出版社在纸质出版年代尚可存活,而在数字出版时代则难以有所作为。

因此,在考虑向数字出版转型的过程中,出版社首先要对选题进行系统化、整体化布局,抓紧对缺门内容资源的快速补充,抓紧对高端资源的抢占和争夺,从而奠定数字出版的内容根底。同时要抓紧储备除文字内容之外的多种信息,包括视频、音频、动漫、课件等,为数字出版提供必备条件和要素。此项工作如同在股市"建仓",一定要尽早动手,择优从速进行。

(三)条条大路通罗马,总有一条是捷径。建好数据库才算登上了数字出版的快车道

数字出版的最大优势在于它的海量信息、节约空间、传送迅捷,因此把出版内容,无论是文字、图片,还是音频、视频,经过碎片化、条目化加工后,在此基础上建成数据库,是数字出版的基础工程,也是数字出版的核心和赢利主体。有了海量的碎片化、条目化信息,加上采用多媒体交互的编辑出版技术,就可以极大地拓展出数字出版的空间,很方便地实现"一种资源,反复使用,持续赢利"的目的。如我社建设"中华医学资源核心数据库"就是我社按照上述思路,举全社之力、并与多家机构合作、历时多年倾心打造而成的。虽然建设数据库费时费力,但一旦建成,就能多点收益,长期收益。

(四)八面来风,风归一处。建好网站平台才算有了展示产品、吸引客户的真正卖场

有了内容资源和数字化加工能力,这只是拥有了数字出版的初步基础,要把数字出版物提供给用户使用,必须搭建一个集产品推销、展示、服务功能、与客户交互功能、方便快捷的电子商务功能为一体的网站平台,这也是数字产品的主要"中盘",更是数字产品走近客户、服务客户、赢得客户的主要通道。从我社数字出版物看,为读者提供的各种服务,都是在我社现有的几个主要平台上进行的。

（五）借船出海，舵掌手中。成功的主导性合作是数字出版的重要路径

作为一个以内容资源见长的传统出版社，要凭一己之力，做全数字出版的上中下游各个环节，是绝对不可能的。即便是苹果、谷歌、亚马逊这样的国际巨头，也得走合作共赢之路。关键是如何合作？我们选择合作的原则是"三要三不要"，要选择最好的技术、要计算最低的投入、要以我为主，不要轻卖资源、不要出让财务控制、不要与信誉不佳的单位合作。自始至终掌握主导权、主动权，确保建设成果归自己，确保内容不外流，确保利益不受损，让技术商、网络服务商为我所用，防止在合作中丢城失地，损害出版社利益及作者权益。

（六）不谋全局者不足谋一城。登高望远，抓好顶层设计，才能使数字出版有序展开，不走弯路

要想把数字出版工作做好，科学的顶层设计即整体布局和统筹规划是关键。为此，我们制定了数字出版"十二五"发展规划，明确把"为屏阅读提供全方位的医学科技知识服务，实现从图书内容提供者向信息服务者的战略转型"作为整体目标，以"依托主业、内容为王、加强整合、支撑转型"为发展思路，"以电子书为先导，以网络平台为中心，以医学数据库为支撑，以内容整合为手段，以优质高端资源为后盾"为主要战略，整体规划，矩阵结构，从总到分、衔接有序地开展工作。一方面加强电子书及相关产品的研发，另一方面着力建设为电子书服务的平台、数据库，使内容、流程、产品、后台、平台、软件、硬件等多要素间紧密关联，相互呼应，这是把千头万绪的数字出版工作，协调有序推开的关键。

（七）管理者的认识高度决定着事业发展高度。数字出版转型首先是思想转型借势、借力、借道，千方百计地争取各种资源为我所用。

思想有多高，路就能走多远。一个单位数字出版事业发展的高度，可能接近出版社一把手及一班人的认识高度，但绝不会超越这个高度。一个出

版社要推进数字出版转型,一班人与时俱进、时不我待的紧迫感和危机意识,对数字出版规律的深入学习、系统研究和独到把握,特别是对自身的出版特色、资源优势、所依托系统平台支撑能力的准确把握、总体设计、深度整合与掌控驾驭,从根上决定转型的成败。

(八)时来天地皆同力,运去英雄不自由。要充分利用国家发展文化产业提供的政策机遇加快数字出版转型

近年来,党和国家关于文化大发展大繁荣的历史决策,催生了从中央部委到各省市的一大批文化产业基金,而且普遍以数字出版项目为支持重点。军医社也正是通过全军数字集成应用系统的上马,建成了数字出版平台,推出了一批电子书产品;通过上马"中国医学名家经典手术"视频项目和"电子医学书包",实现了向全媒体出版的转型。没有国家和军队的支持,军医社的数字出版要走到今天是不可能的。所以,抓住机遇,善用外力,像三国里的诸葛亮先生那样,当时机到来时,要敢于从天上借风,从雾里借箭,竭尽天时地利人力,为发展事业所用。切莫错失良机,追悔莫及。

(九)劝君莫奏前朝曲。创新,永不止步的学习、实践和创新,才是数字出版永远鲜活的灵魂

数字出版是对出版业务、网络计算机技术、通信技术和相关专业业务的深度结合,需要对网络计算机技术、通信技术和本行业专业领域的密切关注和贴近跟踪,需要在出版形式和内容上高效而有灵动的创新。它像一个新奇而跳动的精灵,无时无刻不在发展和变化。它在考验、在追赶也在诱惑着我们。它不给我们回头的机会,不让我们墨守过去的出版经验不放。它要求数字出版工作者,以一颗的空灵的心灵去走近它,以鲜活的灵感去感受它,以敏锐的思维去挖掘它,以广博的积累去对接它,以一往无前百折不挠攻坚克难的勇气去征服它。这样,我们就一定能数字出版的肥沃大地上,播下追求和春华,收获成功和秋实。

第十一辑

让每个人都快乐地奔跑

——记军医社的文化建设

新时期出版人改革亲历丛书

2005年6月1日，著名的京西宾馆，第十五届中国科技出版社社长总编辑年会正在隆重举行。会议安排我代表军医社在大会做"建设和谐出版社"的经验介绍。当我的发言结束时，新闻出版总署邬书林副署长带头起立鼓掌，说："如何建设和谐出版社，军医社做得很好。齐社长把这个问题说清楚了！"

军医社之所以在2001年下半年就开始以建设和谐出版社为核心的社风文化建设，源于我在持续推进军医社的一系列调整改革中，深感没有价值观的支撑，没有文化的认同，没有理想的滋润，所有的改革都显得过于生硬。真正成功的改革，必须与文化同行。

文化建设从这里进步

在推进军医社的高速发展中，我一直在思考，要把军医社高速发展的势头十年如一日地保持下去，关键是要让全社员工保持永不衰减的事业激情，让他们一直为一个心中之梦而奋进，而绝不能让他们沦为没有理想、没有追求、没有职业自信，只是为了养家糊口的编校出版机器。

我记得有一个故事，讲的是有一个人去教堂的建筑工地上，遇到三个建筑工人在干活，他问他们在干什么。第一个工人无精打采地回答道："我在为养家糊口而卖苦力。"第二个工人不紧不慢地回答说："我在盖一座教堂。"第三个则高兴地回答："我在盖一座伟大的教堂，一件举世无双的艺术品！"20年过去了，第一个工人仍勉强支撑着在工地上干活，但已是又老又病；第二个工人也还在工地上干活，只不过随着工作年限的延长，成了一名资深员工；第三名工人则成长为一名有名气的建筑师，但仍保持着那份愉悦、朝气和健康。这个故事告诉我们一个道理，人生一定要有梦。当平凡无奇的工作被赋予价值、事业与理想的梦之光时，并把这种精神融入平凡的工作之中时，这种化平凡为神奇的力量，是工资奖金所能给予和带来的那点快乐根本无法比拟的。它那样神奇而富有魔力，并会改变你的心态甚至整个人生。

这个故事让我很喜欢，并多次在全社员工大会上与大家分享。精彩地干，是一天；平庸地混，也是一天。与其目光短浅、得过且过、将就凑合，甚至牢骚满腹地干活,还不如充满自信、满怀追求、目光远大、心情愉悦地工作。我觉得我作为一社之长,我的最大责任是赋予员工这样一种来自平凡职业但却是深入灵魂深处的那种追求、那种快乐、那种自信和那种高贵。让他们在为推动高速发展的事业登坡中,能够唱着歌奔跑,最终在推动军医社发展的同时,也能收获属于他们自己的成长和成功。

为此,我开始了为期十年的社风文化推动。

"忠诚、亲和、创新、卓越"

——八字社风的孕育形成

　　社风文化的核心是价值与追求。共同价值观使陌路成为知音,而价值冲突则会让至爱亲朋分手反目,形同路人。全社200多人,每个人成长环境不同,入社时,每人的价值观相差很大。当然,在入社前,对这样的员工如能拒之门外,那么对他们本人和军医社来说都是一件好事,所谓"道不同不相为谋""捆绑不成夫妻",这比后来分手的痛苦要小得多。但员工既然进了军医社,我们就要尽可能地让他们在事业追求和价值实现上,能够得到最大程度的认同,从而夯实最大限度合作共事的基础。

　　那么,在众多的文化价值取向中,我们究竟希望军医社的员工有一种什么样的价值追求,才能和军医社的发展目标相契合呢? 经过反复思考,我觉得来军医社工作的人,首先应该是热爱医学出版事业、热爱军医社的人,是一心一意而不是三心二意地为军医社的建设和发展做贡献的人,是一个对事业、对团队、对服务对象忠诚度很高的人。否则,他给你带来的伤害往往比一般人要大得多。军医社的发展需要人才,尤其是德才兼备的忠直之士。因此,我把"忠诚"列入了社风文化的第一条要求。其次,来军医社工作,不论是编辑还是发行,不论是一线还是二线,对外要为专家、书店、读者提供热情周到的服务,对内要与各部门间和谐协作。精诚的合作态度,与人为善的心地,凡事多为他人着想的品行,热情爽朗的态度,亲和作者、亲和读者、亲和同事,创造亲密和谐的工作氛围与环境,显得特别重要。因此,我把

"亲和"列为第二条要求。再次,从事新形势下的医学出版工作,正面临着数字出版、网络出版、移动出版的重大挑战,墨守成规、循规蹈矩、抱残守缺是不行的,必须有强烈的创新意识和创新能力,善学习、肯动脑、有见解、有定力,思维敏锐,反应灵敏,勇于并善于在医学出版领域大胆创新,这对军医社这个有着 50 多年历史、传统背负很重的老社来说,显得尤为重要。因此,我把"创新"列为第三条要求。最后是做人做事的追求与标准,必须拒绝平庸,追求一流,追求最佳,追求完美。尽管世上没有完美,但这不能作为我们不追求完美的理由。古人说:"取法乎上,仅得其中。"如果我们追求的起点不高,那得到的结果只能是下下了。因此,我把"卓越"列为第四条要求。这四条合在一起,就是"忠诚、亲和、创新、卓越"。经 2002 年 8 月 1 日在全社老同志座谈会上征求意见,2002 年 11 月 8 日在全社"全员改进活动"总结会上宣讲,2002 年 11 月 20 日社总支通过,同日,在全社学习十六大精神大会上宣布,到 2003 年新办公楼竣工时,八字社风文化被用四种字体镌刻在军医社一楼大厅的文化墙上。从此,"忠诚、亲和、创新、卓越"这八字社风,成为军医人共同认可和共同实践的价值观,高高地飘扬在军医人的旗帜上。

"家庭、学校、争先、净土、快乐"
五种氛围的酝酿和倡导

提出"忠诚、亲和、创新、卓越"八字社风后，在实践中我感到，作为一种价值观的倡导，八字社风已经很全面，方向和目标也已经很明确，但在实现目标的过程中，还需要一种氛围和平台，一种过程中、行进中的文化。

出于这种考虑，那么，建设八字社风文化，究竟需要的是一种什么样的氛围呢？首先，我觉得，你要让员工把心交给你，长期稳定地为军医社做贡献，你就要让员工在军医社找到家一样的感觉，努力营造"家庭"一样的氛围，让他感到温暖和关心；你要让员工不断进步，实现与社里事业的同步成长，就要努力营造"学校"般的氛围，让员工每天都在工作和学习中成长进步；你要员工实现卓越，克服平庸，就要营造强烈的"争先"氛围，让先进分子感受到尊重，感到光荣；要在社会上风气总体不太好的大环境下，努力把内部小环境建设好，给员工一个"净土"般的环境，不钩心斗角，不搞拉拉扯扯和团伙亲疏，内部关系简单纯净，让员工专心做事，干净做人，不为复杂的人际关系分心分神或疲于应付；要努力创造条件，做让员工开心、高兴、心情顺畅的事，不做、少做让员工添堵增烦的事。让员工快乐地工作，快乐地相处，这就需要各级领导由威权型领导向民主型领导、由职务型领导向魅力型领导、由控制型领导向激励型领导转变，这对军医社不少领导从习惯于简单命令向人性化的科学管理转变，也提出了新的挑战。"家庭、学校、争先、净土、快乐"这五种氛围的提出，实现了与八字社风的互相补充、相互促进,二者相得益彰。

2003年5月8日,我代表总支在全社"全员改进活动"交流会上正式提出后,很快就得到全体人员的认同。不少员工反映,提家庭氛围,让人心里舒坦;提学校氛围,让人好学上进;提争先氛围,让人充满豪情;提净土氛围,让人感到脱俗;提快乐氛围,让人感到一个字——爽!这五种氛围,和八字社风正好相辅相成,形成了军医社社风文化建设的完整内容体系,并共同组成了军医社社风文化的核心。

把激越豪迈的社歌唱起来

也许我对年轻时候高唱着《铁道兵之歌》，从容面对千般苦、万丈豪气薄云天那种精神的怀念向往，使我对一首军歌鼓舞士气、培养作风的巨大作用，有着深切的体会。以我长期在基层、在前线、在机关工作的经历，我能很轻易地从歌声中判断出一支部队的士气是否高昂、作风是否硬朗、战斗力是否顽强，从而给出钦佩或赞赏或喜欢或不怎样的评价。到了大机关工作以后，我发现，除了登台演出以外，绝大多数单位平时是唱不响甚至唱不起来一首军歌的。军医社能不能唱响一支歌，并通过唱响这支歌，起到砥砺斗志、激励士气、加油鼓劲、为理想而奋斗的作用？我梦想有一天，在军医社中，能够唱响一支歌，一支军医人自己的歌，一支为大家所喜爱而百唱不厌的歌。这支歌，必须要唱出军医人的理想和追求，唱出军医人的奉献与高尚，唱出军医人的豪情与志气，唱出军医人的情怀和精气神。很显然，这支歌，只能是军医社的社歌，是军医人自己的歌。我虽然从未写过歌词，文笔也不行，但脑海中的这种念头一直在萦绕，内心中的这股激情一直在涌动，它迫使我把它写出来。因此，2004 年 8 月，我写出了第一稿歌词。后来觉得不满意，我自己就把它枪毙了。现在我找出了这一稿，虽然写得不好，但仍然寄托了我对全社员工发自内心的美好祝福和深情希望，也表达了我的办社理想和信念：

社歌（第一稿）

你来自军营，我来自地方，
理想把我们召唤到一起。
共同的信念，共同的追求，
共同的称号都是军医人。
你也光荣，我也自豪，
像温暖的朝霞映在脸上，
军医人的心中多么阳光！

你战斗在一线，我战斗在后方，
使命把我们集合到一起。
快乐地学习，快乐地工作，
快乐地奋斗属于军医人。
你也向上，我也向上，
像欢乐的浪花你追我赶，
军医人的岗位是多么高尚！

你追求成功，我追求完美，
事业把我们凝聚到一起。
美好的环境，美好的工作，
美好的前景激励军医人。
你也无怨，我也无悔，
像奔腾的骏马一往无前，
军医人的前程多么辉煌！

因觉得它对军医出版人的内涵挖掘不够,文字偏长,且力度不大,对社风文化的表达也有距离。于是,我又重写了第二稿:

社歌(第二稿)

理想把我们召唤在一起,

军旗下走来人民军医。

播下新知,传承文明,

我们的追求多么高尚。

忠诚,亲和,创新,卓越,

啦……

像那红烛一生奉献,

照亮了多少成功的希望!

事业把我们凝聚到一起,

军旗下走来人民军医。

洒下心血,铸造精品,

我们的岗位多么荣光。

忠诚,亲和,创新,卓越,

啦……

像那浪花一路追赶,

奔腾着我们奋进的歌唱!

啦……

争先向上,奔向明天,奔向辉煌!

这首歌词写好后,2014 年 10 月底发全社征求意见,11 月改写出了第二稿,征求军内作曲家意见,当月改出第三稿。2004 年 12 月 16 日,请我国著名军旅作曲家、兰州军区战友歌舞团李杰作曲。2004 年 12 月 6 日下午,兰州军区《西北医药杂志》编辑部王秦岭主任受李杰老师委托,来军医社组织全体员工教唱。这首歌词经李杰老师谱曲后,曲调雄浑有力,慷慨激昂,每次唱后,都让人全身上下充满豪气和力量。不少员工在上下班路上或上班间歇,常不由自主地哼唱。同年,社里组织了各大部门社歌比赛,社里集会前集体高唱社歌也成了惯例。新员工从踏入我社第一天起,在第一堂课上,也是由我主讲社风文化教育,并学唱社歌。学唱和比赛,不仅使社歌人人会唱,更重要的是,军医人的使命、理想、追求、品格、风范、情操,都通过这首歌,走进每一个军医人的心中。

在 2006 年的全年总结大会上,总后卫生部的白书忠部长、傅征副部长、科训局的周先志局长、杜晓梅协理员和全社员工一起高唱社歌。此后多年的年终总结大会上,李建华部长、张雁灵部长和傅征副部长、陈新年副部长、王玉民副部长也都和大家一起高唱。看到这首社歌得到首长和全社员工的认可,我的心中也满是幸福和甜蜜。

文化是渗透进军医社每一项工作中的精灵

以上所说的八字社风、五种氛围也好，社歌、社徽也好，都是属于军医社的文化产品。毫无疑问，这是一个单位文化建设的重要内容，也是文化建设的必有之义。但一个单位的文化建设，仅仅停留在这个层面是很不够的。文化产品，它仅是狭义的文化。作为一种真正融入单位灵魂的文化，它不仅是一种全员的价值观，一种全员认同的理念，一种至高无上的追求，一种责任，一种义务，一种行为指南，更重要的是，它是一种蕴藏在全社所有工作之中、融入各项工作之中的神灵。正因为这样，文化不能独立地站立与行走，它不能游离于一个单位的战略、体制、机制、制度建设而单独存在。它有点像空气，当它单独存在时，它没有价值，也不可能发挥和实现其价值。只有当它被你吸进身体，它就会融入血液，汇入五脏，营养你的五脏六腑，滋润你的每一个细胞，提升着你的精气神，让你保持生生不息的动力与活力时，你才会体会到它的巨大价值。一个单位的文化也是这样，当它水乳交融般地与你的单位方方面面的建设真正融为一体时，它才能称得上是单位的文化，它才会发挥出它的独特作用，它就会变成无时无处都在养护、生长、照应你的精灵，它会让一个单位充满勃勃生机与无限活力，它是这个单位的真正的灵魂。只有这样，这个单位才算有了真正称之为文化的文化，它也就与很多挂在墙上、写在纸上、念在嘴上的文化以及单纯的文化产品，一刀划清了界限。

如果不是仅仅从文化产品,而是从大文化的角度,军医社以"忠诚、亲和、创新、卓越"为核心的社风文化建设,其实质是一种具有军医社特色和以人为本理念的管理方式,这种大文化特点,可以归结为以下4个方面:

1.文化是愿景,是一面高高扬起的旗帜

军医社是老社,虽然成立于1950年,但囿于自身体制的局限等诸多原因,发展的步子一直未能真正迈大。到2000年初,年销售额仅为2780万元码洋。市场份额不仅排在人卫之后,也排在上海科技、医药科技、中医药科技等出版社之后。在制定2000—2005年发展规划过程中,全社出现了两种意见:一部分同志认为,作为一个既无教材、又无系统内发行的医学专业出版社,能走出近年来的徘徊局面,争取每年保持5%的发展速度,五年累计增长率达到25%,就相当不错了;而另外一部分同志则坚持认为,在内部仍有较大潜力可挖,外部仍有较大发展空间的情况下,只要我们从改革入手,坚持和发扬军医社的专业出版特色,充分调动全体员工的积极性和创造精神,每年增长15%~20%,实现五年翻一番,是完全有可能做到的。前一种想法稳当、压力小,但平淡、没有愿景,起不到激励斗志、鼓舞人心的作用,甚至会在一定程度上束缚部分想干事同志的手脚。两种意见不仅反映了两种增长速度、不同奋斗目标的差异,还代表了两种不同的精神风貌和不同的进取追求。为此,我们在全社范围内进行了长达两个多月的大讨论和深入调研,最后把奋斗目标统一为年增长20%、五年翻一番,并在此基础上形成了"人民军医出版社2000—2005年建设发展规划"。

这个规划的确定和奋斗目标的提出,至少起到三个方面的重要作用:一是在全社上下扬起了一面旗帜。这种愿景不仅仅是提出了一个数字、一个压力很大的年度任务指标,更重要的是,它是由全社员工共同参与、共同描绘出来的一幅出版社建设和发展的美好愿景,以及这种愿景提供给每一个员工更多的发展机会,从而使全社员工有了新的追求和动力。二是起到了破除保守、推进改革,凝集人心、齐心干事,统一思想、振奋精神的作用;对于推进出版社的各项配套改革起到了整合、统领作用;对社里各项建设起到"火车头"的拉动作用。三是对那些原本对社里发展前途持怀疑、观望态度的一部分骨干起到了留心作用,对那些压力与动力不到位的懒散员工起到了激活作用,从而扫除了部分员工身上的萎靡心态和负面情绪,给全社注入了一股热气腾腾的奋发进取之气。正是在这种愿景的感召和全体员工的共同奋斗下,全社持续多年保持了25%的高增长率(最高的达35%),并提前2年实现了"十五"规划目标。实践证明,只有基于对共同愿景与目标的追求,以及根植于这种共同追求之中的合心、合力与和谐,才是一家出版社大步发展不可阻挡的源头所在。

2. 文化是价值观,是难以复制的灵魂

如果说发展的起点是共同愿景、共同的目标和共同的追求,那么发展的途径则需靠先进的文化来实现。我们这个班子在成立时,大家就有一个共识,即一家出版社,如果自由主义、个人主义盛行,重要员工跳槽不断,违规违纪事件时常出现;如果员工关系紧张,部门以邻为壑,上下不通心曲,告状于上,争吵于下;如果多少年一贯制的老思路、老做法、老局面,既没有与时俱进的开拓,也没有独出心裁的创造,甚至连新的想法也没有;如果员工对学习失去了兴趣,对工作失去了热情,对质量失去了责任,对团队失去了信任,对班子失去了尊重,等等。总之,只要一个单位失去了和谐,那么,这个单位的建设和发展就丧失了根基。而这类问题和现象,在每个单位总是或多或少不同程度地或隐藏、或显露着。这种失和,最大量、最经常的表现,是通过利益层面反映出来的;但这些利益冲突的背后,又源于价值观的冲突。而消弭这种冲突,重塑价值观,只能通过社风文化或企业文化建设来实现。

几年来,我们在这方面进行了一些探索和努力,并在实践中逐步形成了军医社的特色：在社风文化建设主题上，我们提出了"忠诚、亲和、创新、卓越"的八字社风，即"忠于事业，忠于团队，忠于职守；亲和同事，亲和客户，亲和读者；创新体制，创新机制，创新制度；质量卓越，管理卓越，业绩卓越"，并以此为主线统领社风文化建设的全局。在社风文化建设导向上，我们提出要营造"学校、家庭、争先、净土、快乐"这五种氛围，并把它作为单位风气建设和引导、调整、重塑员工心态与价值观的主要标尺；在社风文化建设的具体举措上，我们通过每周五下午的"全员改进活动"和学习培训，促进风气养成和素质提升；通过表彰、宣传先进员工和批评查处不良的人和事，使正反两个方面的激励与改变都达到较大力度，能够对员工起到触动作用；通过每周一的编辑出版例会和周三的策划发行联席例会，创造条件让部门与员工及时沟通和充分交流，有效地防止了问题积压、矛盾掩盖和感情隔膜；通过把"八字社风"量化为 4 个方面 18 条考评标准，并辅以相配套的奖惩措施，使抽象的社风文化具体化为看得见、摸得着、能操作的行为准则，从而把社风文化建设由软导向变为了硬要求；通过办社报、开年会、唱社歌等，采取一切能够利用的有效手段和方式，充分发挥社风文化对每一位员工春雨润物般的熏陶、哺育作用，从而潜移默化地影响、重塑员工的精神面貌与价值取向。通过几年的努力，上述工作收取了良好效果。不少来我社参观的专家教授都有这样的评价：参观军医社，感到的是一片和气，一派热气；接触军医人，感到的是一身朝气，一派正气。而这"四气"的背后，则有一个共同的支点在支撑，那就是共同的价值观和深入人心的社风文化。

3. 文化是以人为本，对员工关心、尊重，促使其成长是终极目标

在建设"亲和"文化的过程中，我深深体会到，一个出版社的真正和谐，必须要把亲和之根深扎在全体员工的内心，这也是建设一个和谐出版社的根本和关键所在。在这个问题上，我们也经历过一个认识上的变化和深化过程。长期以来，我们总是讲"大河有水小河满"，重视集体，而忽视了个体；

我们总是强调员工对集体的责任,而在一定程度上忽视了集体对员工的关爱;我们总是对员工的短处看得太重,而对如何把员工的长处发挥到极致考虑太少;甚至把员工追求个人价值的实现和事业成功,误认为是"私心太重";我们总是教育员工要当"一块砖",而较少想到主动为每一个员工提供能够自己选择的舞台;我们一方面抱怨人才难得,另一方面却任人才消沉和流失;我们强调"集体意志",但却或多或少地忽略了每一个员工的心情;我们对跳槽的员工常给予指责或者不满,却很少想到跳槽背后所暗示的诸多启示和警告;我们总是指责、抱怨员工对待遇要求的"不知足",却很少想到要让员工和企业一起成长和成功……长期以来正是这些忽视、误解和冷漠,构成了一个单位、一个出版社不和谐的深层原因。

近年来,当我们以"以人为本"的理念,重新审视和反思这些问题,并采取一些相应的对策进行调整和改进后,我们发现,建立一个和谐出版社的关键,也正隐藏在这些问题的背面。为此,我们从关心人、尊重人、成长人为切入点,取得了很好效果。第一,我们以极大的热情抓了人才的培养和成长,除了有计划地安排进修、学习、办班等常规办法外,我们还探索走出了一条全员立足岗位成才的路子,那就是常年如一日地在全社坚持开展"全员改进活动",即每周五下午以室组为单位,集中查找本周、本岗、本部门工作中的问题,分析原因,研讨改进对策。由于"全员改进活动"是把工作与学习结合为一体,从而做到了工作学习化、学习工作化;由于是把目光盯在问题和改进上,从而培养了一种创新意识;由于是全员、全环节、全程参与,从而在全社培养形成了一种精益作风。广大年轻员工都把周五的"全员改进活动"视作为学习、进修、提高的难得机会,并把它称之为"一所大学校",感到自己"天天都在进步"。几年来,通过"全员改进活动"不仅提出了近千条改进意见和建议,改进和节约各种开支近千万元,而且还培养、成长起了一批新人,走出了一条被中国版协、中国科技出版委领导赞誉为"在建设学习型出版社方面进行成功探索"的路子。第三,我们坚持以新的人才观,即坚持"人人都是人才",坚持"长处用人",坚信"十步之内必有芳草",打破身份、学历、资历限制,不拘一格,在社内挖掘、启用了一大批优秀员工,帮助他们走上成长之路。目前全社的中层干部和部门负责人中,既有退下来的老同志,也有优秀的新招员工;既有博士、硕士等高学历人员,也有从普通岗位上成长起来的骨干;既有从网上招聘进来的专业人员,也有从军内外聘请来的资深编审。有退下来的老社长、老主编,有从打字员岗位成长起来的财务骨干,有从司机班中走出的省区销售代表,有电工出身的物业管理主任,有仓库保管员出身的业务主办,他们都是自学成才、并在重要岗位上发挥了重要作用。第三,我们本着"你有多少本事,我就为你搭多大的舞台"的理念,为优秀员工更快成才创造了更大空间和条件。在 2005 年初的新一轮编辑部中层干部配备中,我们把原来的"十个策划中心"体制,分类改成"中心、室、组"三个层级,以满足不同类型骨干对不同管理岗位的需求,从而一改"人才适应舞台"为"舞台适应人才",受到了各类骨干的普遍欢迎。第四,我们在组织体制和分配机制上,变过去的"拉郎配"和领导定收入,改为员工自己选专业、选搭档和选收入档级。前者我们称之为"亲密组合、朋友团队",后者我们称之为任务、收入和奖金"三自主",深受员工好评。第五,我们以"公平、公开、公正"为原则,把分配改革方案,全部向分配对象公开,并反复征求意见,真正做到了起点与规则公正,制度与收入高度透明。由于收入与质量、效益紧密挂钩,完成社里的指标要求就变成了员工的自觉行动。第六,我们把员工的收入的成长速度和社里效益的增长速度紧密挂钩,并承诺在制度上明确员工收入的增长速度不低于社里的发展速度,真正把员工收入与社里效益捆在了一起,使每年员工收入都随社里发展而同步提高。第七,我们对跳槽人才敞开回来的大门,承诺"出去自由,回来欢迎",并发足离社后的各项应得待遇,充分体现出社里对所有员工的善意、理解和尊重。第八，我们还通过给全部员工办理"四险一金"，每年春节为员工家庭寄慰问金和新年贺信，为每个员工定制生日蛋糕、为每个生病员工送去上门探望，同时定期组织联欢、春游等活动，使员工得到充分的尊重，感受到友爱和温暖。总之，我们通过实实在在的工作，在全社营造出了一片祥和、顺心、舒畅和愿干事、能干事、能干成事的良好人文环境，从多个层面上满足了员工的多方位需求，从而深深赢得了广大员工的心。每一位员工都发自内心地感到，出版社是真诚地在关心员工、尊重员工、成就员工；感到在这里工作，他们能实现个人价值和事业追求。这时，他们就会把人和心一起交给出版社，交给这个他们可以信任、可以托付的集体与团队。也正因为如此，我们的队伍中才涌现出那么多优秀的员工，如有的员工毅然谢绝其他公司的高薪诱惑，有的员工辞职后又回来工作，有的员工把家从城东搬迁到社周围落户，有的员工身患绝症还常年坚持上班……正是这些用多少金钱也买不来的真情、真心、真爱，共同奏出了出版社和谐之歌的最强音。

4. 文化是以上化下，风清气正的关键靠领导表率

一个出版社和谐不和谐，集中体现在领导与群众的关系上。一个单位的领导如果忘记了表率与自律，或以权谋私，中饱私囊；或放纵贪欲，腐败堕落；或拉帮结伙，争权夺利；或斗志衰退，精神萎靡，那么，这个单位要实现和谐是不可能的。因此，上下和谐，不仅指领导亲和下属，更重要的是要领导做好表率与自律。

我们这个班子成立以来，始终坚持严格要求自己。班子成员普遍能严格自律，以身作则，并见诸行动。领导干多少拿多少，往往是群众盯着的一个焦点。我们这个班子成员虽然最忙最累、负担最重、压力最大，但在全社人员的收入总额中，社领导从没有排进前3名，总是把最高的收入让给在编辑一线的同志。以我为主牵头组织策划的《临床技术操作规范》及组织编

写的防"非典"系列图书都有很高的效益提成,但都一分不留地捐给了社里。营建问题是大家盯着的另一个焦点。我们社新建的近 8000 平方米的现代化办公大楼,由于支部一班人坚持原则,打破情面,顶住来自方方面面的压力,坚持按最优的质量与造价比严格招标,使整栋大楼节省经费超过 1000 万元。全军"百项重要工程"检查组的专家们一致称赞这是他们近几年所见到的从设计、质量、管理到造价方面均是最优的工程,军医社大楼成为北京市万寿路地区的标志性建筑,更成了总后大院一座名副其实的优质楼、形象楼、干净楼。用人问题也是出版社的敏感问题之一。几年来,我社共招聘进社员工近百人,但从未照顾过社领导的一名亲戚、家人、朋友或同学。对老同志特别是前任领导和班子的态度,往往能反映出现任班子的品格与胸怀。我们坚持有成绩不忘前任班子打下的基础和贡献;有了问题也绝不向前任班子身上推。现在,我们社的前任班子中 5 位正副社长、3 位主编和多位年逾 60 的老编审,从班子或岗位退下来无一例外都被聘请回社里工作,有的继续担任重要的领导职务。这种"四世同堂"的现象,被总政宣传部——全军出版主管部门誉为"全军出版社中仅此一家"!

支部一班人和管理层吃苦在前、奉献在前、索取在后、享受在后,加上方向明、思路清、干劲大、能力强、自律严、形象好,以及团结、民主、风正、务实的良好风气,推动着全社的建设、改革和发展驶上了"快车道"。全社连续多年保持了年均 30% 的速度增长,把一个年销售额 3000 万元码洋、总资产不足 5000 万元、市场份额排位为国内医学图书市场第六的中小出版社,迅速发展成为年出版码洋 3 个亿、市场份额跃居第二、总资产翻了 10 倍多的医学出版强社,人均效益与书均效益同步创历史最好水平。出版社被评为"全国百佳出版社"和"一级出版社",连续三年获"讲信誉,重服务"先进单位,总政宣传部连续四年指定我社在全军出版年会上介绍经验,我社党支部连续六年被总后卫生部和总后勤部评为"先进党支部",并受到通报表彰。总后首长称赞"军医社发生了翻天覆地的变化"，全国科技出版委向全国科技出版社转发了我们建设和谐出版社的改革和建设经验，国内外同行也对我们的工作给予了充分评价和肯定。

十年的实践证明，一个出版社的市场表现，取决于其品牌与市场占有额；而决定其品牌与市场占有份额的，则靠它的实力和创新力；而决定其实力与创新力的，则是一个出版社的优势文化（有的叫企业文化，有的叫社风文化）；在这种优势企业或社风文化中起主导作用的，则是一个出版社内在的亲和力、凝聚力，或者叫和谐力。它不是一个出版社的硬件，即人才、资金、设施、体制、领导等条件，但它却是一个出版社硬件建设的驱动力、支撑力与精神动力，也是一个出版社迎接各种挑战与困难的力量之源。因此，从这个意义上讲，这才是一个出版社的核心竞争力，也是真正支撑一个出版社长期稳定发展的基石，更是一种他人不可复制的制胜法宝。

第十二辑

服务行业的另一番天地

　　我从军医社社长的岗位上退下来的前九年中，除了数字出版的咨询和教学外，也逐渐有时间能为出版行业和医疗行业做点事。我感到在位时，为行业尽力甚少，能有机会为出版同行和医疗同行做点服务，这种发自内心的喜悦，是无法用语言表达的。

在科技出版委工作的日子

2010年9月1日，当我卸下军医社社长兼总编的担子半个月左右，接到科技出版委俸培宗主任的电话，希望我能过去帮助工作。当时，我在社里的工作还未明确，刚从忙碌的社长岗位上退下来，还真有些闲得慌。能有机会到科技出版委和我所景仰的科技出版前辈们一起工作，这对我来说是求之不得的，我当即答应下来，并于当年10月10日正式到化学工业出版社的科技出版委上班。

科技出版委作为中国版协的分支机构，汇集了全国科技出版界最有影响的出版家和领军人物。主任俸培宗，是中国版协副主席、化学工业出版社社长，是一位在中国科技界深孚众望的行业领袖。周谊、于国华两位名誉主委和曾铎、张学良两位顾问，分别担任过中国建筑出版社、高等教育出版社、中国地图出版社和国防工业出版社的社长，周谊、于国华还曾任过第三届、第四届和第五届科技出版委主任，他们都是在科技出版界德高望重的老一辈出版家。秘书处虽然只有李洁、彭兴杰两位正式工作人员，但她们业务熟、工作主动、认真负责，秘书处的日常工作主要靠她们两人。

我到科技出版委后，曾铎常务副主任兼秘书长和肖振忠副秘书长分别和我进行了交班。俸培宗主任和我说，原定于当年年底召开的数字出版社社长总编辑论坛和第十九届全国科技出版社社长总编工作会议，由于曾铎常务副主任委员兼秘书长患病，筹备工作一直未能展开，希望我能抓紧时间,把这两个会议筹备工作尽快抓起来,并力争赶在 11 月上旬和 12 月中旬召开。

由于我刚到科技出版委,各方面情况不熟,要在这么短的时间把这两个会议筹备好,这对我是一项不轻的任务。但这么多年的军旅生涯,使我养成了知难而上的习惯。在俸培宗主任和周谊、于国华老主任的关心帮助下,我集中精力投入于这两件大事的筹备之中。

首先是抓了以"加快数字出版转型、探索可行赢利模式"为主题的全国科技出版社数字出版社社长总编论坛的筹备工作。由于我对数字出版比较熟悉,我提出把数字出版会议放到军医社开,得到了俸培宗主任委员的同意,并得到石虹社长的大力支持。军医社数字出版部全体同志做了很好的现场准备。

2010 年 11 月 16 日,有 80 多人参加的"全国科技出版社数字出版社社长总编论坛"在军医社顺利召开。我和人民邮电出版社季仲华社长等在会上做了重点典型发言。军医社的数字出版成果,给代表们留下了深刻印象,并受到了代表们的普遍好评。

紧接着,我迅速投入到对第十九届全国科技出版社社长总编工作会议的筹备之中。我重点抓了会议主报告的组织起草、对会议典型发言经验材料的遴选和把关,以及对相关会务组织等工作。经过加班加点的紧张准备,2010 年 12 月 11 日,会议在北京京丰宾馆隆重召开,全国近 100 家科技出版社的社长、总编辑等 150 余人参加了会议。中国版协主席于友先,中宣部出版局副局长郭义强,新闻出版总署出版管理司司长吴尚之(现为国家广电局副局长)都赶来出席大会并在会上讲话。名誉主任周谊、于国华,副主任王建军、邓宁丰、向安全、刘增胜、汤鑫华、杨文银、吴宝安、宋纯智、张敬德、林万泉、季仲华、宗健、宗俊峰、胡国臣、敖然、黄一九,顾问张学良、梁祥丰,高级咨询专家蔡盛林、赵晨、杜肤生、王为珍出席了会议。副秘书长安达、鲜德清,地方工作部顾问杨新书、黄达全,法律顾问张杰等列席会议。会议由俸培宗主任做主报告,由我主持并做大会总结。人民邮电出版社社长季仲华、湖南科技出版社社长黄一九、人民卫生出版社社长胡国臣、上海科技出版社社长毛文涛、浙江大学出版社社长傅强、科普出版社社长苏青在大会上分别做了精彩的经验交流发言。大会开得很成功,受到了与会领导和参会代表的好评。大会一开完,好几个老领导对我说:"齐社长,你的这次考试合格了。"老领导的话语,表达了对我这个新接班的常务副主任委员兼秘书长的赞许和认可。

第二年一开年,除和秘书处的同志一起抓了两次主任扩大会议的筹备与组织、第7期策划编辑培训班和第19期新编辑培训班的筹备与开班、驻京部分出版社的调研外,主要是集中力量办了三件大事:

一是抓了科技出版委网站建设。针对原网站板块架构不全、信息来源太少、信息员队伍不健全、运行机制不畅等问题,我从成立科技出版委网站运营小组、建好建强各社信息联络员队伍、对各社信息联络员实行分组管理、明确各社信息员每月提供信息指标数量入手,来解决信息来源量太少太差慢的问题;从建立科技出版委秘书处网站管理员在接到上报信息后24小时内完成信息的审查与发布制度入手,来解决发布不及时的问题;对现网站的栏目进行部分调整,对内容长期不更新的栏目进行压缩,新增各科技社领导关心和编辑发行等一线人员所喜爱与关注的内容,来解决栏目架构贴近一线需求的问题;建立优秀信息员和优秀运营组长评比制度,对评选出的优秀信息员及优秀运营组长,将由科技出版委给予通报表彰和奖励,并在科技出版委员会网站上予以公告等措施,来解决动力机制问题。通过上述一系列措施的建立和实施,科技出版网的面貌很快为之一新。2011年全年,网站刊稿数较上一年增加了近两倍,对于及时交流各科技社的最新工作进展和工作经验,也发挥了重要作用。

　　二是协助抓了科技出版委成立30周年纪念文集和纪念邮集的出版。在2011年3月的科技出版委办公会上，我提出的将原计划出版科技出版委成立30周年大事记改为出版纪念文集的建议，得到了俸培宗主任和周谊、于国华、张学良、曾铎顾问的赞同，并成立了以于国华名誉主任为组长，周谊、张学良、曾铎、赵晨和我、彭兴洁为组员的写作组，在全国科技出版系统中征文，很快就收到了一批老同志写的回忆文章，加上周谊、曾铎、张学良三位老社长撰写的30周年大事记及所收集的历史珍贵照片，以及新闻出版总署署长柳斌杰、副署长邬书林、版协主席于友先等撰写的文章，一本内容丰富、史料翔实、生动感人的30周年纪念文集很快赶出来了，交由中国建筑出版社后，沈元勤社长亲自组织力量编辑加工。另一本纪念邮集，我提出总体设计方案后，也得到了俸培宗主任的同意。很快，这两本装潢精美的图书都赶在2011年10月月底前完成了出版，为科技出版委成立30周年献上了一份厚礼。

　　三是抓了第二十届全国科技出版社社长总编辑年会和纪念中国版协科技出版工作委员会成立30周年暨九九重阳节活动的筹备。为了减少会议，大会把30周年纪念活动、年会和九九重阳节活动合为一体。我主要负责大会主报告的起草，这对我这个对过去30周年情况了解甚少的人来讲，要对中国改革开放30年以来的科技出版工作进行全面总结，还是有一定难度的。幸亏30周年纪念文集的出版，为我的起草工作提供了系统的资料来源。主报告完成后，经过俸培宗主任修改和主任办公扩大会议全体会议讨论，很快得到了通过。继而我又为参会领导起草了讲话稿和我的大会总结讲话稿，并和李洁、彭兴杰一起逐一落实了会务相关准备。各项筹备工作就绪后，2011年10月25日至26日，大会在北京香山饭店成功举行，会议由我主持。新闻出版总署副署长阎晓宏，中宣部出版局局长陶骅，新闻出版署原署长、中国版协原主席宋木文，新闻出版总署原署长、中国版协原主席于友先，新闻出版总署原副署长、中国编辑学会会长桂晓风和全国科技出版界近300名代表出席会议。会议开得既隆重热烈,又内容丰富,受到了与会领导和参会代表的高度评价。

　　四是抓了科技出版委秘书处的内部建设。主要是抓了内部规章制度的制订、会议室的整理等。

　　2011年5月12日,军医社专门下达文件,明确仍由我负责电子出版社的工作,加上"中国医学名家经典手术"视频和"国家电子书包"项目已经或正在紧锣密鼓地上马。我感到要两边兼顾,实在有点顾此失彼,力不从心。在成功筹备召开科技出版委成立30周年大会后,我向俸培宗社长提出不再担任科技出版委常务副主任兼秘书长的请求,并得到了他的理解和支持。2012年1月12日,我将这一摊工作正式移交给了北京科技出版社的张敬德社长。

　　从2010年10月到2012年1月离开,我在科技出版委正式工作了一年零两个月。时间虽短,但给我留下了终生难忘的美好记忆。在这14个月的时间里,我一方面辅助俸培宗主任,做了一个助手应做的工作;另一方面,我向周谊、于国华名誉主任和曾铎、张学良、赵晨等老同志学习,收益很大,留下了极为难忘的一段时光。

做中国住培事业的一名拓荒者

2012年11月8日，中国医师协会第三届常务理事会在北京召开。我的老首长、原总后卫生部张雁灵部长当选为中国医师协会会长。我作为医学出版界的代表(也作为持有"医师证"的医师)，在这次会议上荣幸地当选为常务理事。从此，开始了和中国医师协会的深度结缘。

2013年4月15日晚，张雁灵会长给我打来电话，说他委托中国医师协会谢启麟副秘书长来见我，就医师协会的期刊出版管理工作听听我的意见。第二天，谢秘书长如约见面，希望我能来帮助做些出版管理方面的工作。作为一名老医学出版工作者，也作为一名资深医师和一名为医师服务的管理工作者，几十年来，不论是做医生还是做管理，直接和间接的主要服务对象，实际上都是医务人员这个群体。考虑到军医社数字工作已有曾星副总编和秦新利、徐敬东两位主任在主抓，我主抓的几个国家重点项目大都已走上正轨，也能够抽出时间和精力。因此，我很高兴地答应了谢秘书长，并于2013年5月8日到医师协会报到，开始每周一、三、五(上午)去医师协会，其余时间在军医社上班的新工作状态。

中国医师协会是全国400多万医师之家（包括260多万执业医师和130多万乡村医师)，成立于2002年，首任会长是原国家卫生部殷大奎副部长。张雁灵会长是我一直敬重的首长、兄长和战友，他2013年从总后卫生部部长岗位退下来后，就应李克强总理的要求，到中国医师协会担任会长。

和张雁灵会长相识相处的近 30 年中,我特别敬佩他的为人,也被他的水平和能力深深折服。而我在军医社任社长兼总编的 11 年中,一直在他的直接领导下工作,这也是我心情最为舒畅的 11 年。我能当好这个社长,军医社能够快速腾飞,他在关键时刻的指导帮助起到至关重要的作用。因此,能再到医师协会在他的领导下继续工作,也正是我一直所希冀的。

　　我到协会上班后,正式的职务是协会顾问,协助谢启麟副秘书长分管出版部。出版是我的老本行,做起来轻车熟路。但 2013 年 12 月 16 日,张雁灵会长又正式交办我另一件任务:配合国家卫生计生委科教司,负责推动中国的住院医师规范化培训工作。

　　对住院医师规范化培训(又称住培、规培),国内一般人可能比较陌生,但在欧美等发达国家, 它在 100 年前就已起步,80 年前逐渐成熟并成为国家制度。它是指医学生从本科毕业后,在培训基地医院上级医师指导下,经

主持召开一年一度的全国住院医师高峰论坛、全科住院医师高峰论坛、中国医学教育大会,参会总人数达到 9000 人。

过系统、严格、规范的临床培训,完成一个由医学生向合格临床医生的转变。进行住院医师规范化培训,是医学和医师这一职业的特殊性所决定的。医学是一门实践性很强的科学,医师是一个活到老、学到老的职业,医师的培养具有周期性、阶段性、连续性。因此,一名医师的完整教育包括院校教育、毕业后教育和继续教育这三个阶段。院校教育即大学本科阶段,一般为5年。毕业后教育包括3年的住院医师规范化培训以及2~4年的专科医师规范化培训(又称专培);而继续教育则是继院校教育和毕业后教育以后的终身教育。三个阶段构成了完整的医师培养与教育体系,也是国际上主流的医学教育模式和行业惯例。

在中国,协和和湘雅等一批名院早在20世纪20年代,就开始了住院医师培训探索,并形成了具有协和特色的深厚积淀与良好基础。实践证明,协和之所以成为协和,靠的是一大批医德高尚、医技精湛的人才,而人才的成长主要是通过规范严格的临床培训,把一个医学本科生由医师的"半成品",先经过毕业后医学教育第一阶段即住院医师规范化培训使之成为"成品",再经过毕业后医学教育的第二阶段即专科医师规范化培训使之成为"精品"。

当然,一个国家能否建立起包括住培、专培两个阶段在内的严格规范的毕业后医学教育制度,是一个国家的经济文化发展水平决定的。对于建立中国的毕业后医学教育制度特别是住培制度,党中央和国务院一直高度重视。1993年,原国家卫生部就曾印发过《临床住院医师规范化培训试行办法》;2009年,《中共中央国务院关于深化医药卫生体制改革的意见》中明确要求建立住院医师规范化培训制度。到2013年12月31日,终于由国家卫生计生委牵头,会同发改委、教育部、财政部、人事部等7个部委,正式制定印发了《关于建立住院医师规范化培训制度的指导意见》(以下简称《指导意见》),标志着中国毕业后医学教育制度第一阶段即住院医师规范化培训制度的正式建立和启动。

在中国正式建立住培这一国家制度,其意义非常重大而深远。正如著名的医学教育家巴德年院士在 2014 年国家住培启动大会上所说的那样:"在中国,新中国成立前老百姓生病,是找不到医生的;新中国成立后,共产党和人民政府为人民群众培养了"赤脚医生";而现在,共产党和人民政府要通过住院医师规范化培训,为广大人民群众培养合格的医生了。"只有成千上万经过严格规范的合格医生源源不断地充实到医师队伍,"千军万马上协和"的现象,全社会找好医生难的问题,才可能从源头上得到解决。它既是临床医生成长的必由之路, 也是提高医疗服务质量和水平的治本之策。

2013 年五一劳动节长假后,我正式到医师协会上班,此时是以顾问的身份,和谢启麟副秘书长共同负责协会的近 40 本医学期刊的出版管理工作。2013 年国庆节后,随着国家推进住培制度的步伐加快,科教司把建立住培制度的一系列重要文件,包括《住培管理办法》起草,《住培基地遴选标准》《住院医师培训内容与标准》(总则) 和 30 多个专业的培训内容与标准的制订,一并交给中国医师协会。张雁灵会长考虑到我是医生出身,在总后卫生部当过医疗管理局领导,又当过十年的军医出版社社长总编,医学专业知识、医疗管理经验包括文字、协调、研究能力都比较强,故临时决定让我在分管医学出版的同时,全面分管协会的住培工作。从那时起,我和邢立颖同志就在科教司王辰代司长、金生国副司长的领导下,与陈昕煜处长及教育处的王波等一起,开始了近 7 个月的高强度加班加点,有一段时间经常工作到凌晨 2 点左右。记得有一天半夜 12 点,我和邢立颖从国二招会议室出来,我的司机许宏惊讶地说:"今天才 12 点,怎么这么早呀?"虽然辛苦,但那确实也是一生中最为紧张也是最有意义的一段时间。加班虽没有一分钱的收益,但我们终于赶在国家七部委《关于建立国家住院医师规范

2016 年 5 月 31 日，佩戴参战与立功军功章光荣退出现役

化培训的指导意见》出台后的半年内，把国家建立住培制度的大大小小几十份文件，一份一份从草稿变成了红头文件，《住院医师规范化培训管理办法》《住院医师规范化培训专业设置目录》《住院医师规范化培训基地认定标准》《建立住院医师规范化培训制度工作规划（2014—2020)》(征求意见稿)，计 1 份规划，2 份总则，3 份办法，68 个专业细则，共计 74 份文件，总字数为 50 多万字。2014 年 7 月 16 日，经国家卫生计生委办公会讨论通过，正式下发执行。这些文件的下发，标志着国家住培政策体系与标准制度的基本成型，为各省各基地开展工作提供了指导和遵循的依据。这就从政策层面、管理层面、专业设置层面、建设与工作层面上，建成了体例科学、内容完整、衔接缜密的严密制度体系，标志着我国住院医师规范化培训制度架构的基本建成。

2014 年元旦，我受王辰司长和张雁灵会长委托，和王辰司长一起，主持有郭英禄、胡盛寿、赵继宗院士等 40 名医学大家代表参加的座谈会，研究并确定了住培专业的 36 个专业的设置方案（由国家卫生计生委办公厅于 2014 年 8 月颁发)。2014 年 6 月 3 日，科教司王辰司长专门到中国医师协会，代表国家卫生计生委，将住培的日常管理和技术指导任务，正式委托给中国医师协会。6 月 16 日，中国医师协会正式组建了毕业后医学教育部(又称毕教部)，由我任主任，邢立颖任副主任。6 月 26 日，中国医师协会第三届常务理事会第二次会议，正式通过补选我为中国医师副会长，主要负责毕业后医学教育工作。随后，国家又把专科医师规范化培训、全科医师规范化培训、中医师规范化培训的日常管理和技术指导工作,陆续委托给医师协会(具体仍由毕教部负责)。在随后成立的有 17 名院士任委员的中国毕业后医学教育专家委员会会议上, 选举中国医学科学院原院长巴德年院士、协和医院赵玉沛院长为主任委员,我为副主任委员兼秘书长;同时,任命我为毕教专家委员会执行委员会总干事,负责毕教专家委员会的日常工作。

五年多来, 我和毕教部各位同志作为医师协会参与此项工作的代表,在国家卫生计生委的高度重视与科教司的坚强指导下, 紧紧依靠全体专家,顺利完成了我国住院医师规范化培训制度建设的繁重任务。这项工作国外虽已推行百年,但在中国作为国家制度推开还是首次。作为一位在一线主持日常工作的领导,既缺人缺钱,又缺经验和先例。我面临着既要新订相关规章,又要设计并推进相关组织建设,还要推进面上实际工作的状况,同时还要解决似乎永远也解决不完的问题。由于是一切从头开始,不论是政策制度完善,还是培训与监管体系建设,所有工作都是边修路、边造车、边培训、边推进。在中国这样起点低、基础弱、东中西部发展极不平衡的大国中,在短短几年时间内要建成这一国家制度,工作的难度和强度都是极为巨大的。举例来说,美国负责此项工作全国毕业后医学教育认证委员会(简称 ACGME)有正式员工和志愿者共 800 多人,加拿大皇家医师协会有专职人员 200 多人,连香港也有专职人员 120 人。而他们的培训总量都无法与我们国家相比,工作基础也好得多。而我们毕教部组建前仅我和邢立颖 2 个人,到起步初期的 5 人,继而到 2018 年的五处一室,虽然发展很快,但专、兼职总人数也还不到 20 人。但毕教部的同志都能以一当十,在短短的时间内,做了许多亘古以来我们国家无人做过的大事。比如,我们在 2014 年推开住培时,短短半个月之内就建成上马了住培基地申报平台,一次上线成功并在 31 个省顺利投入应用;我们在三个月之内就从全国 2000 多家最好的三甲医院中, 成功遴选出了 559 家住培基地、800 多家社区实践基

地、1000 多家协同基地、800 多家专业基地(2017 年增加到 860 家),建成了
较为完整的培训体系;我们住培工作推开第二年就成功建立起了较为完整
的评估指标体系和一支高水平的评估专家队伍,并连续三年推行对 31 个
省主管部门和上百个培训基地和数百个专业基地的现场评估,亮出了几十
张红牌(基地撤销)和黄牌(限期整改),成功地建立起了对培训基地的动态
管理机制;我们在住培展开第三年即推开了有多个专业参加的专业评估和
飞行检查,实现了评估由制度落地为主体和向质量建设为主体的过渡;我
们连续四年组织了近 20 万名带教师资的培训,迅速建起了一支熟悉临床
带教的管理与师资队伍;我们从 2015 年开始策划组织召开一年一度的全
国住院医师高峰论坛和全科医师高峰论坛,人数已由 2015 年的 2000 人发
展到 2018 的盛况空前的 6000 人,成为全国住培行业培训的品牌盛会;我
们于 2017 年在部分省区推开了年度业务水平年度测评、360 度评估、质量
过程管理平台和数字化课件建设;我们从零起步建成了内外妇儿等 29 个

2018 年 1 月 9 日,在人民大会堂,张雁灵会长颁发聘书,开始在中国医师协会新
一个五年的工作任期

专业毕教专家委员会,以及考核、评估、模拟教学等4个专门委员会,将国内数千名医学教育名家和管理工作者凝聚起来,进而通过他们联系、动员、带动全国40多万临床带教工作者一齐参加到住培中来;我们通过连续三年组织全国 "住院医心中好老师""优秀带教老师""优秀住培管理工作者""全国十佳全科医生"的评选,很快在行业内树立起一批先进典型,起到了很好的示范与引路作用;我们建立的包括住培基地申报、评估、招收、结业管理等住培信息管理平台,使住培有了快节奏的任务部署、监测、反馈、评价和改进手段(这些平台都是协会住培战略合作单位——医视界投入数千万,免费为行业提供的)。在推进住培工作的同时,我们还于2017年推开了神外、心血管、呼吸与危重症等三个专科医师规范化培训的试点。我们在住培工作开展后的第三年,在国家新闻出版广电总局孙寿山副总局长的支持下,成功申办了《中国毕业后医学教育杂志》(张雁灵会长为总编辑,我担任执行总编辑)。中医师住院医师规范化培训虽然起步较晚,但进展很快,形势很好。当然,所有这些工作,也都是在国家卫生计生委和中国中医药管理局领导、中国医师协会张雁灵会长和科教司的有力指导下完成的。

我和大家的努力没有白费。2014年首批招收的5万名住院医师,经过3年培训并经过结业考核,现已作为首批经过规范培训的合格医师分到各单位,受到了用人单位的广泛好评。从明年起,每年将有近10万名住院医师经过培训,源源不断地补充到医师队伍中,这在中国医师队伍整体素质的提升上,是一个历史性的划时代的重大贡献。我们的工作得到了各级领导的高度认可。张雁灵会长在2018年4月研究新一届协会规划时,表扬毕教部说:"他们每年完成这么多工作,我都惊讶他们是怎么完成的。"国家卫生计生委李斌主任(现任全国政协副主席)多次对住培工作给予肯定。李克强总理接见世界卫生组织陈冯富珍时,也对住院医师规范化培训工作给予了肯定。

　　在承担我们国家这一特殊重要的工作中，我本人也从一名从事多年出版的老同志，转行为我国住院医师、专科医师、全科医师和中医师毕业后医学教育日常管理工作的主要承担者。我深知，我的学识和能力，与这一岗位对我的要求距离甚大。这一繁重的工作岗位，对我不仅是厚重的信任，更是一份巨大挑战。回想我这一生经历过的由战士到军医，由卫生所、卫生队到野战医院、中心医院、疗养院，由铁道兵到老山、者阴山前线，由昆明、成都军区机关到军委总部机关；由军医、助理员、首长秘书到研究室主任，从院长、局长到军医出版社的社长总编，前后共调动了 20 多个单位，但只有这一次，让我这个只熟悉部队管理、医疗管理、卫勤管理和医学出版管理的人，一下子转到毕业后医学教育，且是负责全国这一大块的日常管理，面对的是 31 个省、近千家基地（医院）、近万个专业基地、30 万住院学员、40 万带教老师这样的一个担子，远远地超出了我的能力和预期。但作为一个有着 47 年军龄、几十年如一日视荣誉、忠诚、担当高于一切的老兵，在国家有召唤、老领导有托付时，我不能让自己有任何推托和懈怠，只能竭智尽力，全力以赴，废寝忘食，夜以继日。而这也一直成为我这 5 年的主旋律。从接手住培工作以来，没休过一天假，没过过一个完整的星期天。以至于 2017 年 11 月，终于累病住院，在 301 住院了整整 2 个月。出院后第九天，虽然还未恢复，但面对岁末年初的一大堆事，我还是带着尚未恢复的身体上班了。我今年虽已 64 岁，中央军委也已于 2016 年 3 月批准我正式退休。但在组织上未接到合适的人接我之前，面对这一事关 14 亿人健康福祉、国家每年上百亿投入的伟大事业，面对中国医师队伍整体能力与水平提升的千钧重任，我必须而且只能鞠躬尽瘁，竭尽所能，担起重任，慨然前行。并力争漂漂亮亮、干干净净地完成好这一任务，以报效养育我的国家、关爱我的战友、厚爱我的领导于万一！

后记

从来没想到,我会写起第二本回忆录。

2018年5月的一天,江西高校出版社顾问朱胜龙处长和社科图书出版中心邓玉琼主任来到中国医师协会,说他们在中国韬奋基金会的支持下,正在组织"十三五"国家重点图书出版规划项目——"新时期出版人改革亲历丛书",并说他们看了由中国版协组织、中国劳动社会保障出版社出版的我的第一本回忆录《学进人生》,觉得写得不错,希望我能改写后纳入"新时期出版人改革亲历丛书"一并出版。

我听到后,确实有些为难。主要是因为我先于2010年从人民军医出版社社长兼总编辑的岗位上退下,又于2013年从人民军医电子出版社社长的岗位上退下来,已于2014年到中国医师协会担任副会长,工作特别繁忙,除了作为评委应邀参加过几次国家新闻出版广电总局组织的中国出版政府奖和国家出版基金的评选外,已很难抽出时间参加出版界的活动。如果要拿出大块时间对原回忆录加以改写,实在是有困难。但最终是朱胜龙处长和邓玉琼主任的一番话打动了我:"参加'新时期出版人改革亲历丛书'的编写,写这本回忆录,不是个人的事;而是通过撰写有代表性的个人经历,见证中国出版界的发展历程,从而为后人留下宝贵的历史财富。"

是的,军医社在过去十多年中,我和我的战友们环环紧扣地推进十年如一日的管理改革,实现了军医社波澜壮阔的三次腾飞;通过数字出版的成功转型,实现了一个传统老社向全国数字出版领军者的飞跃;加上走出去出版、应急出版的奇迹创造,质量监管、流程创新、分配机制与人力资源管理的基因再造,表面看起来是我这个社长的个人智慧,实际是全社200名员工的集体创造。今天,人民军医出版社已在军改中被合并,正式从我国和军队出版社的序列中消失,我更有责任把军医社腾飞发展的奇迹,用文字更好地记载下来,呈之同道,传之后人。我相信,无论将来谁来编写中国现代出版史或者中国军队出版史,军医社——这个军中出版的明星,一定会在其中闪烁熠熠的光芒!

正是怀着这种感情,我对《学进人生》进行了过细修改,章节由原来的16章调整为12辑;书名也改为《军旗下的出版人》。我觉得,虽然由于时间关系,对一些需要系统思考和总结的东西,还未能进行更加深度的提炼与精准表达,但还是基本上反映了军医社200多名员工的巨大智慧与创造。凡是用心阅读它的人,我相信他一定会从中有所感悟,有所收获。如能那样,我就十分满意了!由于水平及时间、精力的限制,失实片面之处,在所难免,祈望各位读者理解并予以指正。

朱胜龙处长和邓玉琼主任对本书的出版给予了极大帮助,我的爱人张雅娟在第一时间看了全部初稿并提出了多处修改意见。在此,我谨向他们一并表示衷心感谢!

齐学进

2018年6月26日于家中